U0449124

耶鲁中国缘

跨越三个世纪的耶鲁大学与中国关系史
(1850~2013)

Yale
and
China

A History Across Three Centuries
1850～2013

[美] 王芳——著

新 星 出 版 社　NEW STAR PRESS

Yale is at once a tradition,
a company of scholars,
a society of friends.

George W. Pierson, *Yale historian*

序　言

1850年，远渡重洋的中国第一位留学生容闳，来到耶鲁接受大学本科教育。他不仅在学业上取得成就，回国后更致力于教育。特别是通过容闳的努力，确保了100多名具有巨大潜力的优秀学生来到耶鲁以及美国东北部的其他著名大学学习。

王芳所著的《耶鲁中国缘》这本书，向我们讲述了耶鲁与中国源远流长的历史。首先是19世纪耶鲁毕业生到中国开办医院和学校的情况，接着是容闳的个人经历，尤其是他成功创办大清幼童出洋肄业局，为中国的现代化培养各界领军人物的事迹，再到历年耶鲁大学毕业生在美中关系中发挥的影响力以及今天广博的教育科研合作。本书所讲述的令人信服的事迹，或许会对其他国家或大学有所启发。今天，我们很荣幸耶鲁大学有近千名中国学生、学者在校学习，也很荣幸耶鲁每年都有数百名来自各国的师生到中国访问，从事科研活动。耶鲁大学在北京和上海都有主要的科研合作项目；耶鲁大学的教授和管理人员也积极参与，为在耶鲁和中国共同举办的高层次研讨班授课，研讨班覆盖政治、经济、教育、环保及企业管理等各领域。

自耶鲁大学300周年校庆时（2001年）将中国确立为本校国际化战略的核心以来，本书作者王芳为此作出了重大贡献。在罗琳达副校长的领导下，作为耶鲁大学助理校务卿、后又任东亚事务主任的王芳，不仅具体策划并安排、落实了校长和代表团20多次访华事宜，还帮助耶鲁大学的院系和教授们在中国设置、开发项目。王芳是学生和学者信赖的高参。她对中美文化独特的领悟以及对耶鲁国际化使命的重要贡献，确保了2006年胡锦涛对耶鲁具有历史意义的访问成功。我记得当时为安排胡主席赠书仪式，校长办公楼二楼的家具全部搬空，王芳席地而坐，全神贯注地一遍又一遍翻译并认真修改有关资料；那情景至今历历在目。由于她对中国的深刻了解，促进了跨文化的交流和个人之间的友谊，特别是耶鲁与中国的关系，并确保了耶鲁百人团、五十人团访华成功。如果没有王芳出色的组织协调工作，耶鲁大学百人访华团就不可能到中国农村访问农户；耶鲁50名研究生也不可能有机会尽享在中国普通百姓家包饺子的愉悦。她对耶鲁与中国独到的远见以与众不同的方式极好地展现于众。我谨对王芳为耶鲁所作的一切贡献表示最深挚的感谢。

理查德·雷文
耶鲁大学校长（1993~2013）

鸣　谢

耶鲁大学和中国有着悠久的历史渊源。从 1854 年第一位中国留学生容闳毕业于耶鲁，到胡锦涛访问耶鲁，耶鲁百人团应邀访华，2008 年时任副主席习近平会见耶鲁校长代表团，再到近年来举办不同领域高级研讨班，与中国教育领域的广泛合作等，耶鲁在中美教育、科研和文化交流中发挥了独特的作用。

耶鲁与中国的交流合作自始至终得到耶鲁校董事会、校领导以及各学院负责国际事务的管理人员，特别是从事中国问题教学、科研的教授们的帮助与支持。我钦佩理查德·雷文校长和罗琳达副校长将中国定位为耶鲁国际发展计划核心的远见卓识。我更由衷感谢校长和副校长对我委以重任并给予我个人充分的信任，使我能够放心大胆地提出意见并开展工作。我也借此机会感谢在过去工作中给了我很多具体建议和帮助的中国各级领导、相关部委、大学校长、媒体和各单位外办同仁及朋友。

这本书的缘起要归功于两个人：耶鲁大学校董查理·艾利斯和时任中国教育部副部长郝平。早在 2001 年耶鲁大学代表团首次访华并在中国引发很大反响时，校董查理·艾利斯就建议我将有关访问的情况记录下来以备今后写书。此后，耶鲁和中国的合作交流不断扩展。2004年我们举办了第一届"耶鲁大学：中国大学领导高级研讨班"；次年耶鲁又启动了"耶鲁大学：中国高级公务员研讨班"。校董查理·艾利斯和副校长罗琳达在家举行家宴款待远方的客人。查理再一次提醒我将耶鲁和中国的有关活动记录保存好，适当的时候要写出来让更多的人了解耶鲁和中国的交流合作，并建议我如工作较忙可以采用口述录音的方式。我觉得这个建议很好，就买了个录音机，重大活动都及时留有文字或录音记录。2007年我在北京见到时任北大副校长的郝平，他也建议我将自己亲身经历的耶鲁与中国的重大活动整理出版。正是由于查理·艾利斯和郝平两人的建议和鼓励，我才记录保存了许多有历史意义的资料，并萌生了撰写《耶鲁中国缘》的念头。

真正动手时我才发现要将有关资料以及保存下来的工作记录归纳整理出来，工作量相当大，特别是历史资料。这里我要特别感谢耶鲁大学档案馆和耶鲁校友刘宇晨。宇晨在本书的初稿写作过程中帮助搜集、整理了大量文字资料和照片。他的认真和投入令我感动。没有他早期的参与和付出，这本书就不可能问世。同时我还要感谢校友胡文、周子祺和陈钢帮助核实整理耶鲁各学院有关资料。雅礼协会会长姚南薰和中国法律中心执行主任贺诗礼帮助审阅各自有关章节，并提供了珍贵照片。本书也参阅了百度百科、维基百科以及耶鲁图书馆和网络的有关资料。在此一并表示感谢。

本书选用了一些照片作为插图，这里要感谢提供照片的摄影师和有关机构，他们包括：美国国务院（提供照片：希拉里·克林顿会见发展中的女性领导者耶鲁大学：中国高级研究班）；白宫摄影师及布什总统图书馆（提供照片：布什总统会见耶鲁百人访华团代表）；耶鲁大学摄影师麦克·玛思蓝德（提供照片：张艺谋荣誉学位、布兰福德庭院以及有关研讨班的照片）；陆成东（提供照片：部分耶鲁校园及建筑）；耶鲁大学艺术馆（提供照片：东亚馆藏）；耶鲁大学百人访华团、耶鲁五十人访华团摄影师及网站；耶鲁大学官方网站以及有关网站。此外还有一些照片出自本人之手。

很多人问我耶鲁的精神是什么，其实很难用一句话或者几个词来概括。不过，我觉得耶鲁的校训"光明与真理"能在很大程度上代表耶鲁精神的精髓。耶鲁大学的学科专业设置极少受到就业、毕业生工资这些现实因素的影响，而更注重开设的学科是否对学术和社会的长远发展有利，尤其重视坚守某些正在失去的人文主义思想，为需要研究的社会问题服务。

谨以此书献给所有对耶鲁与中国的交流合作给予支持和帮助的朋友和同事！感谢你们！

王芳
2013年春

目 录

第一部分　缘起 　1
第一章　中国历史上首位留学生：耶鲁大学毕业生容闳　4
第二章　留美幼童：耶鲁大学的中国财富　20
第三章　耶鲁大学与中国高校　36
第四章　影响中国和世界的耶鲁大学中国校友和学者　62
第五章　雅礼协会与中国　81

第二部分　有缘千里来相会　91
第六章　担任美国驻中国大使的耶鲁大学校友　92
第七章　新时期耶鲁大学中国留学生　102
第八章　耶鲁大学雷文校长访问中国　111
第九章　耶鲁大学百人团访问中国　135
第十章　耶鲁大学五十人团访问中国　153
第十一章　耶鲁大学音乐学院与北京奥林匹克　162
第十二章　张艺谋与耶鲁大学　165

第三部分　耶鲁大学的中国元素与合作项目　　　171

第十三章　耶鲁大学的中国研究　　　172

第十四章　耶鲁大学法学院中国中心　　　183

第十五章　耶鲁大学出版社与中国　　　195

第十六章　耶鲁大学与中国学术机构的合作　　　204

第十七章　耶鲁大学：中国研讨班　　　222

第四部分　了解耶鲁大学　　　233

第十八章　耶鲁大学校徽和吉祥物　　　235

第十九章　耶鲁大学校董事会和校长　　　238

第二十章　耶鲁大学建筑　　　244

第二十一章　耶鲁大学院系设置　　　267

第二十二章　骷髅会　　　322

耶鲁大学组织结构图　　　330

参考文献　　　332

第一部分　缘起

在所有的美国大学中，耶鲁和中国可谓"缘"远流长。追本溯"缘"，最早的结缘人要算彼得·帕克（Peter Parker）了。早在清道光十五年（1835年），毕业于耶鲁大学神学院和医学院的彼得·帕克远渡重洋，在广州创办了中国历史上第一家西式医院：广州眼科医院。19世纪60年代，广州眼科医院改名为博济医院，帕克担任院长。值得一提的是，弃医从政的孙中山曾经在这家医院当过实习生，后来为纪念孙中山，博济医院更名为中山医院。

彼得·帕克的强项是治疗眼科类疾病，特别是白内障手术。他不仅给当时的中国引进了先进的眼科治疗技术，还带来了截肢、麻醉、肿瘤摘除、再造手术等当时最先进的西方医术。至今在耶鲁大学医学图书馆内，还珍藏着当年帕克要求画家兰姆绘制的外科病理图共83幅，这些病理图为当时的中国人带去了一些近代西方医学理论。除了担负着将西方先进医学技术传播到中国的使命，帕克还主动扮演了向美国人介绍中国文化的传播者角色。帕克在中国期间，通过大量的日记、书信和绘画，记录下了当时的中国社会风貌和习俗，向美国人民展示了遥远东方古老帝国的实况。帕克的私人记录目前都在耶鲁医学图书馆中珍藏，这些资料在当时就激发了耶鲁师生们对中国的浓厚兴趣。

在彼得·帕克来到广州之后的四年，另一位耶鲁大学毕业生，1832届的塞缪尔·鲁宾·布朗（Samuel Robbins Brown，1810～1880），也来到了中国。他以兴办教育为己任，在澳门参与创办了马礼逊学校。该校始建于澳门，后迁到香港。早期招收的学生中就有第一位获得耶鲁大学本科学位的中国留学生先驱容闳。

第一章
中国历史上首位留学生：耶鲁大学毕业生容闳

早年求学

容闳（1828～1912）原名光照，字达萌，号纯甫，祖籍广东省香山市南屏乡（现在的中山市）。容闳七岁时，父亲通过一个朋友的介绍将其送到澳门一所由温施娣夫人（Mary Wanstall，？～1849）创办的教会学校就读，因为这所教会学校不仅免学费，还提供食宿。鸦片战争爆发后，温施娣夫人准备回国。临行前，特意将容闳介绍给塞缪尔·鲁宾·布朗教士。布朗于1832年毕业于耶鲁，获神学博士学位。布朗夫妇1839年2月抵华，同年11月在澳门正式开办马礼逊学校①，该学校也是中国第一所正式的西式学校。容闳得以在此校继续接受教育。在当时，这并不是什么令人羡慕的上策。因为从西式学校毕业后，无助于考秀才或举人，只不过有可能谋个洋务差事而已，这条路对容闳来说显然走对了。它不仅使得容闳此后出洋留学，接受现代西方教育，成为历史上第一个从西方大学毕业的中国学生，而且成为

---

① 马礼逊学校（Morrison School）由马礼逊教育协会（Morrison Education Society）为纪念英国传教士马礼逊（Robert Morrison，1782～1834）而命名。

西学东渐、洋为中用的倡导者,由他创办的大清幼童出洋肄业局,开历史先河,为中国培养了一批杰出人才。

马礼逊学校实行中英双语教学,布朗夫妇聘请了私塾老师教授中国的四书五经,希望这些孩子能在学习外语的情况下也不丢掉自己的母语。布朗夫妇对教育倾尽全力,尤其是视学生为自己的孩子的行为,给所有的中国学生留下了美好的终身回忆。容闳在他80多岁高龄时著书回忆道:布朗夫妇"很容易就受到孩子们的爱戴"。布朗本人则在日记中写道:"我们尽全力把他们当作自己的孩子,让彼此之间产生亲密无间的信任感,并且成为我们最好的朋友。"正是布朗夫妇对教学的兢兢业业,并且跟学生建立了朋友般的亲密无间的关系,使得容闳和其他学生对学习充满了兴趣,也形成了优秀的人格。耶鲁校友对中国学生早期的影响由此可见一斑。

布朗先生十分欣赏勤奋好学、通情达理的容闳。1846年,因健康原因布朗夫妇需返回美国。布朗先生在马礼逊学校做告别演说时,表示愿意带几个中国学生到美国继续学业。容闳和另外两名学生黄宽、黄胜当即举手,表示愿意随布朗先生前往美国。这一决定,不仅改变了容闳等人的命运;更重要的是,中国人迈出了走出国门到西方接受教育的第一步,为中国教育史书写了新的篇章。而容闳也从此开始了与耶鲁休戚相关的一生。

1847年1月4日,这三名中国的小留学生,随着布朗夫妇一起前往美国,开始接受系统的西方教育。他们也许在那时并没有意识到,这一举动将影响在此后一个多世纪里波澜壮阔巨变的中国社会。

▲容闳画像

▲右二为容闳(选自康涅狄格州历史学会网站资料)

◀2004年12月21日，在耶鲁举行了容闳铜像捐赠仪式。左一为时任教务总长、现任耶鲁校长苏必德（Peter Salovey），中间为耶鲁副校长罗琳达（Linda Lorimer）女士。

▲油画《彼得·帕克在广州》

远渡重洋赴美求学

去往美国的路途中,容闳所在的船经过圣赫勒拿岛(Saint Helena),这里是拿破仑被流放并最终辞世之地。容闳一行拜访了这位有着"东方睡狮论"的一代大帝的墓碑[①],并折取墓边的柳枝,到美国后栽植到位于纽约的阿朋学校(Auburn Academy)。七年之后,容闳从耶鲁毕业返回祖国时,当年的柳枝已长成茂树。

容闳到达美国后首先参观了纽约,然后经由海路前往耶鲁大学所在地纽黑文市(New Haven)。在去往纽黑文的船上,容闳一行人竟遇见了当时的耶鲁大学校长。容闳自己在后来的回忆中说:"自纽约乘舟赴纽黑文,以机会之佳,得晤耶鲁大学校长谭君[②]。数年后,竟得毕业该校。当时固不敢奢望也。"

在纽黑文短暂停留之后,容闳一行继续前往布朗夫人的家乡东温莎(East Windsor)。在那里,容闳受到了布朗夫人一家热情的接待。在东温莎停留一周后,容闳和黄胜、黄宽两兄弟前往位于马萨诸塞州的孟松学校(Monson Academy)。由于当时美国并没有形成真正意义上的高级中学,孟松学校作为当时全美国最好的公立预备学校,已经成了向美国顶尖大学输送人才的摇篮。而孟松学校当时的校长海门先生(Rev.Charles Hammond)也是耶鲁大学毕业的校友。

海门校长对中国非常有好感,加之他笃信人人平等、知识可以改变命运等观念,因而对远渡重洋来美求学的容闳和黄氏兄弟

[①]拿破仑1821年死于英属圣赫勒拿岛并在岛上下葬,直到1840年法王路易·菲利普一世派人将其遗体带往法国,在荣军院安葬。
[②]校长谭君即伍尔西校长(Theodore Dwight Woolsey)。

分外照顾。容闳在孟松学校认识的校长和老师们，不仅在他就读该校期间给予了他无微不至的关怀，也成为此后他在美国遇到困难时，毫无保留地帮助他的坚强后盾。容闳后来在耶鲁就读期间，有一段时间经济上极为拮据，曾经在孟松高中教授容闳生理学和心理学的瑞贝卡·布朗（Rebecca Brown）女士和她的丈夫为给容闳筹措资金四处奔走。容闳在孟松高中念书时，瑞贝卡·布朗女士就经常把他请到家里，帮助他补习功课。

在孟松高中就读期间，容闳的监护人是带他来美国的布朗先生的母亲菲博·布朗夫人。这位善良的基督教忠实信徒，对容闳和黄氏兄弟尽职尽责，坚持每天为他们按时准备三餐。而容闳和黄氏兄弟也表现出了中国少年应有的坚韧的性格，无论寒冬酷暑，他们三个人都坚持每天三次徒步往返于学校和家里之间。为了补贴生活，三名留学生还经常在节假日外出打工。

1850年，容闳结束了在孟松的学习，决定申请布朗先生的母校耶鲁大学。当时面临的最大问题就是经济资助。孟松学校的董事会答应继续资助容闳，但有一个附加条件，即容闳必须签约，表示同意毕业后从事传教工作。经过慎重思考，容闳谢绝了校董会的安排。这并非因为容闳对基督教神学不感兴趣，实际上，现在在耶鲁大学的基督教教堂里还存有《容闳入会函件》；而是因为他想学习更加实用和先进的近代西方科学技术知识，以后能为造福中国的事业所用。他在后来所著自传《西学东渐记》中写道：

予虽贫，自由所固有。他日竟学，无论何业，将择其最有益于中国者为之。纵政府不录用，不必遂大有为，要亦不难造一新时势，以竟吾素志。若限于一业，则范围甚狭，有用之身，必致无用。且传道固佳，未必即为造福中国独一无二之事业。以吾国幅员若是辽阔，人苟具真正之宗教精神，何往而不利。然中国国民信仰果何如者？在于信力薄弱之人，其然诺将如春冰之遇旭日，不久消灭，谁能禁之？况志愿书一经签字，即动受拘束，将来虽有良好机会，可为中国谋福利者，亦必形格势禁，坐视失之乎？

由此可见，即便在当时急需经费的困难情况下，年轻的容闳却头脑异常清醒，胸怀大志。他不是那种鼠目寸光、只顾眼前和自己的既得利益者，他想到的是如何能够最大限度发挥才干，为"中国谋福利"，赤子之心可见一斑。他的眼光以及独立、审慎思考问题的能力，更令人敬佩。

俗话说好人有好报。虽然事实不完全如此，但好人确实容易得到他人的同情。布朗等人从佐治亚州萨凡纳市妇女协会为容闳申请到了资助。尽管容闳在美国学习希腊文和数学的时间都不足一年，但是他还是一举考取了耶鲁大学，成为中国历史上第一个进入美国名校的中国人。而耶鲁作为世界名校，早在19世纪中叶就能接受一个来自东方保守帝国、穿长袍、留长辫子的中国学生，足以体现耶鲁的远见卓识和发展多元化的包容度。当然，这也是容闳广结善缘的果报。

耶鲁的学习和生活

作为中国历史上首位进入美国名校的中国学生，容闳对大学有着自己的理解,他认为要真正享受大学的生活需要有"坚强的意志,不屈的精力和持之以恒的学习状态"。耶鲁大学入学条件极为严格,顺利进入耶鲁的容闳把耶鲁的学习和生活看作是对自己的挑战和锤炼。容闳认为耶鲁始终萦绕着一种雄心勃勃的氛围(至今如此),这种环境潜移默化地影响了他。这一点能从容闳后来跌宕起伏、波澜壮阔的一生中看出。

耶鲁大学是私立学校,即便在当时,学费加上住宿费也是很贵的。单靠萨凡纳市妇女协会和纽约奥里凡公司的资助还不够,因此,容闳在读大学的四年中,一直是边打工边学习,十分勤俭、刻苦,"读书恒至夜半",白天除上课、课外学习外,还帮同学管理伙食,并监管兄弟会的图书资料,以贴补生活所需。在第一学年中,容闳由于过度疲劳,曾离校休养一周。稍有恢复后,即回校继续求学。据容闳自己说,由于预修不够,他的数学成绩一直不好(有趣的是,当容闳后来回到中国,却与当时中国著名的数学家李善兰成了挚友),但文科成绩很好,得以弥补。他在大学第二、三学年期间,曾两度获得英文写作头等奖。这对于一个以中文为母语的留学生来讲,是极其不易的。除学习外,容闳还积极参加各种社会活动,以增加对美国社会的了解,同时也丰富自己的生活。他是耶鲁兄弟会成员,同时,还参加了校本科生辩论队。写到此,使我联想到1999年夏,中央电视台主办大学生辩论竞赛,当时的耶鲁大学中国学生学者联谊会组织了一个辩论队,代表耶鲁大学前往香港参加比赛,获得第二名。在后来中央电视台主办的外国学生中文辩论赛中,耶鲁队一举摘冠,我想应该算是将容闳"老前辈"的精神发扬光大了吧!我相信,容闳若在天有灵,也会欣慰的。

由于容闳独特的身份(唯一的中国学生),学习好,又很活跃,因此在校园内有口皆碑,很受欢迎,成为耶鲁人尽皆知的校园风云人物。很多耶鲁人正是通过和容闳接触对中国及中国人有了一定的了解和兴趣。所有这些,并未使他沾沾自喜,动摇信念:"予在校时,名誉颇佳。于今思之,亦无甚关系。浮云过眼,不过博得一时虚荣耳。"

容闳在耶鲁不仅努力提高学习成绩,还同美国同学同场竞技,积极参加各种体育活动。容闳最喜欢的运动是足球,他也是耶鲁大学划船俱乐部会员。此外,他还保留了上预备学校时经常徒步行走的习惯。耶鲁大学保留的关于容闳的资料中显示容闳经常在耶鲁划船队的第一分队里充当冲锋。也许,船对于容闳来说有着某种特殊的意义,毕竟当年容闳是坐着小船去澳门上马礼逊学校,也是坐着小船到香港,最后又坐着船来到美国。船,帮助容闳从晚期封闭的中华帝国的一个小渔村里走了出来,打破了传统中国的封闭和隔绝,带他来到了更为广阔的世界。

1854年,容闳度过了四年充满挑战、精彩纷呈的大学生活,顺利完成了毕业所需的所有课程,获得了耶鲁大学的学士学位。等待在他前方的是充满更多挑战的世界,他将要用他在耶鲁大学所学到、感悟到、汲取到的知识、智慧和经历去影响更多的中国人。

学成归国

容闳毕业后,并没有选择留在美国,而是决定立即回国,这时候他已经在美国度过了从18岁到26岁的时光。只要容闳愿意，他能够在美国找到一份体面的工作，过上富足安逸的生活。但是容闳深知，他必须回到那个苦难深重的祖国，去尽自己的一份力。耶鲁的教育已经让容闳完全摆脱了中国传统的"华夷观念"，他深刻理解并感受到西方先进的政治社会制度和科学技术，并能做到心怀广阔，确立了高屋建瓴的世界观。当容闳离开中国的时候，中国已经经历了第一次鸦片战争的失败，但是统治者并没有认真反思，仍然消极面对世界潮流。在美国的八年期间，太平天国运动已经风起云涌，动摇了大半个清帝国。当容闳准备回到魂牵梦萦的祖国时，他对改变中国落后于世界的现状怀着较其他国人更加急切的心情。容闳内心清楚地知道，要改变中国，一个人的力量是微不足道的，但是，耶鲁的教育也教会了他勇于承担责任，敢于想大事，做大事。

容闳在耶鲁的同学似乎早就感受到了他的宏图大志，他们在给容闳的毕业留言册上分别表达了对容闳未来事业的祝福。他们希望容闳能"用掌握的知识的力量，来帮助你的同胞和全人类"，"为促进那里的伟大的自由之树的生长，将起到重要的作用。这个民族将发现来自西方的阴凉，而上面秋天的果实将会被重新分配"，"分担光荣的工作，将你的故土从专制统治之下和愚昧锁链中解放出来"。

回国后的容闳在香港首先拜访了资助他在美国孟松高中学习的传教士们，随后马不停蹄地赶回老家看望母亲。在家中，容闳与母亲相拥而泣，比起立大志要为国效力的容闳，他的母亲更关心的是这一张印着学位的羊皮纸能给家庭带来多少实惠。容闳解释说学士学位类似于大清国的秀才,并不能实际带来多少经济上的好处。为了能更好地实现自己的宏图,容闳选择脱下西装,换上长袍,重新拾起汉语,甚至为自己安上了假辫子。

容闳与近代中国主要事件

1. 太平天国会见洪仁玕提出七条方案

1860年,容闳在天京拜会了洪仁玕后,向他提出了彻底改造中国、富强太平天国的七条方案。这七条方案涉及政治、经济、军事以及社会改革等方面。而在此前一年里,洪仁玕已经向洪秀全提出了《资政新篇》。容闳的这七条建议和洪仁玕的《资政新篇》虽在表述上有所差异,但其本质却如出一辙,反映了这两位接受过西方教育的有识之士对于改造中国、推进近代化的急切心情和一片赤诚。可是,由于洪仁玕本人并没有掌握实权,他所期望推动的改革受到重重阻力,容闳认识到想通过太平天国实现中国的近代化是不切实际的,他婉拒了洪仁玕对他赐予的爵位,回到上海。

2. 推动洋务运动

从太平天国回到上海的容闳迅速加入了由曾国藩等人领导的"师夷长技以自强"的洋务运动。容闳很快受到曾国藩赏识并委以采购西洋先进武器的重任。在包括容闳在内的洋务运动参与者的悉心筹备下,中国近代历史上第一家大型武器机械制造厂"江南制造总局"在上海建立。之后,容闳又参与了组建华商轮船公司等工作，并向丁日昌提出了包括派青年出洋留学、政府设法开采矿产、组织合资汽船公司在内的"条陈四则"。总之，容闳在帮助洋务派推动洋务运动中发挥了重要作用。

3. 促成留美幼童班

在容闳和丁日昌等人的多次建言下，曾国藩终于同意就派出幼童留洋上书朝廷。赴美留学的幼童年龄均在10岁至16岁之间，留美幼童计划开始时，清政府准备让他们在美国学习15年，待到学成归来之际，正值30岁，是报效国家、大展宏图的黄金时期。容闳多年来组织中国学生出国留学的梦想成真后，他将自己的全部心血都投入到留美幼童班之中。这120多名幼童被安排到耶鲁所在的康涅狄格州的高中上学，后来他们中的很多人都顺利进入到耶鲁等新英格兰地区的知名学府学习工程技术等专业。1872年8月11日，经清朝政府批准，在陈兰彬、容闳率领下，中国第一批留学生30人从上海启程，前往美国开始留学生涯。其中李恩富、詹天佑等22人一起进入了耶鲁大学。原计划时限为15年，不料进行到第十年时，留美幼童全部被清政府强行召回，容闳为此与清政府官员进行了激烈的争论，但最终未能挽回。这一事件史称"留美幼童公案"。

4. 维护海外华人利益，抗争美国排华议案

在容闳生活的那个时代，"苦力"贸易盛行，东南沿海的破产农民像牲口一样被贩卖到东南亚、拉美和美国，华人在世界各地遭受非人的待遇，而面对不公总是选择忍耐。19世纪70年代

正在国内参与洋务运动的容闳开始特别关注在秘鲁的中国劳工受到的种种虐待和屠杀，他成功游说李鸿章对秘鲁采取强硬态度，拒绝在秘鲁提出的不平等协议上签字。容闳为此还亲自前往秘鲁和巴西搜集证据，成为谈判胜利的关键。后来容闳接受清政府委任，担任驻美副公使兼任出洋肄业局副委员，开展对美外交。自19世纪70年代开始，美国的排华运动甚嚣尘上，华人遭到美国主流社会的孤立和排挤，在各种媒体中被妖魔化。容闳就华人在美遭受的不公待遇进行了长达数年的外交斡旋，多次给美国外交部写信交涉，他还在耶鲁等主要高校进行演讲，并调查美国各地华人生存状况。尽管美国的排华运动仍然持续了数十年，排华法案也在"二战"开始后才被废除，但是容闳等人为维护海外华人利益所做出的一系列努力使得美国知识界和政界开始重新审视这一问题，一定程度上改善了华人的生存处境。

5. 支持戊戌变法，奔走甲午战争

清政府在甲午中日战争的惨败，使得中国的国际地位一落千丈，日本取代中国成为东亚的主要政治力量。面对随之而来的列强瓜分中国的危机，容闳提出了创建中国银行、集股修建铁路等措施以求救亡图存。他还积极参与到维新派人物湖南巡抚陈宝箴实施的"三湘新政"中，为湖南的实业救国出谋划策。容闳还是戊戌变法的精神领袖，戊戌变法的领袖人物梁启超把容闳比作陈胜吴广，邀请容闳参与了几乎所有的维新派活动。纵观百日维新的各项主要主张，竟与容闳在40多年前提出的目标几乎一致。后来戊戌变法失败，容闳陪同康有为前往加拿大和英国，这时的容闳已经被清政府扣上了"国事犯"的帽子。

6. 红龙计划：容闳与孙中山

戊戌变法失败以后，容闳已经彻底放弃了依靠清政府实施自上而下的改良方案，他移居香港开始同革命党人士接触，先后结交了容星桥、杨衢云等人，逐渐同情暴力革命。容闳后来担任中国国会会长，明确要求推翻清政府，建立新政府。后来容闳与孙中山两人在日本会见，彻夜长谈，相见恨晚。1910年，中国同盟会已经经历了数次武装起义失败，孙中山焦急地来到旧金山，写信给容闳，冀望美国政府给予贷款，派出军事人才，帮助中国组建新政府。容闳阅罢立即着手策划孙中山与荷马·李（Homer Lea）和布思（Charles Beach Bothe）的会见。容闳还自己精心制定了"红龙计划"，具体详述了他心中关于孙中山领导的革命军如何推翻清政府、组建民国的见解。"红龙计划"由于经费问题没有成功实施，但后来武昌起义爆发，新军仅仅发出几处枪声，清政府便迅速土崩瓦解，中华民国继而建立。容闳为中国革命的成功感到欣慰，但他同时也写信给新建立的南京政府领导要求他们同心协力，避免党派纷争，真正实现中国的民主自由和富强。他还专门给孙中山写信提出渡过政府初建时危机的方法，孙中山回信邀请容闳回国辅政，不幸的是容闳不久便去世，再也没有回到他魂牵梦萦、倾注毕生精力的祖国。

耶鲁与中国：纪念容闳

自容闳去世之后，耶鲁和中国的人们便开始用各种形式纪念这位伟大的先驱人物。民国时期，留美幼童容星桥捐款在容闳家乡重建了"甄贤小学"，表达对容闳的永久纪念；上海国立交通大学命名一处礼堂为"容闳堂"，广东中山县县志将容闳作为"人物传"第一人。新中国成立后，1954年，耶鲁大学和雅礼协会[①]在香港和美国举办了容闳毕业百年纪念会，胡适应邀发表演讲。1997年江泽民访问哈佛期间，发表演讲时，也特别讲到了容闳对中美两国文化交流作出的巨大贡献。胡锦涛、温家宝都曾在访美接见华人代表时多次提到留学先驱容闳，赞扬他为中美早期教育交流所作出的巨大努力和贡献。1998年，在容闳170周年诞辰之际，耶鲁大学和"中国留美幼童纪念学会"在容闳的安葬地哈特福德（Hartford）举行纪念活动，容闳的故乡珠海市也举行了与容闳相关的纪念活动。1999年，由美国画家里夫女士所绘的容闳画像载入耶鲁史册，并被悬挂在耶鲁学院。耶鲁大学理查德·雷文（Richard Levin）校长和时任中国驻纽约总领事的张宏喜先生出席了容闳画像揭幕仪式。至今在纽约的唐人街，还有以容闳命名的公立"容闳小学"。2004年12月21日，在耶鲁举行了容闳铜像揭幕式，该铜像由容闳的故乡珠海市政府捐赠（见本章插图），一直展示在耶鲁大学斯特林图书馆国际馆，供学者、游客瞻仰。2006年4月21日胡锦涛访问耶鲁时，耶鲁大学雷文校长将容闳的画像以及容闳早年捐赠给母校的善本《小学纂注》作为礼品赠送给胡锦涛，以纪念耶鲁和中国的世纪之交。容闳170周年诞辰之际，耶鲁大学所在的美国康涅狄格州宣布，将

[①] 雅礼协会（Yale-China Association）成立于1901年，是一个致力于在中国发展教育、医疗，以及促进中美民众相互了解的非营利组织，后文将会详细介绍。

9月22日（当年第一批中国幼童在美入学的日子），定为"容闳及中国留美幼童纪念日"。

尽管容闳在他生活的时代，常常感到要改变祖国落后蒙昧状况的艰辛，但是他从来没有放弃过希望。纪念这样伟大的先驱者最好的方式就是把他当年为之奋斗的事业发扬光大。我们有理由相信，由容闳开启的中国和耶鲁、中国和美国之间的文化交流、人才交流之门将永远敞开。

第二章
留美幼童：耶鲁大学的中国财富

如果说容闳在耶鲁和中国之间结下了重要的"缘"，那么留美幼童班将这段"缘"织成了一张色彩斑斓的网，从此之后，耶鲁与中国的命运紧密交织在一起。留美幼童班是近代中国史上中外交流方面具有划时代意义的大事。不少留美幼童后来成为中国历史中举足轻重的人物，比如詹天佑、唐绍仪等，还有一些人虽然可能不为当下一般大众所熟知，但是他们对中国历史的影响却有着深远的"迟滞效应"。比如第二批留美幼童之一温秉忠，他是宋美龄的姨夫，带领宋氏三姐妹到美国接受教育。培养了大部分留美幼童的耶鲁大学，更是将这些为中国进步事业做出巨大贡献的莘莘学子看作自己宝贵的财富。

1872年8月11日，清政府终于送出了第一批赴美留学幼童班，而为这一刻的到来，容闳和其他有识之士已经努力和等待了多年。清政府的留美幼童班计划分为四年，每年派出30名，共计120名。与容闳的教育兴国观念不同，说服政府实行留美幼童计划的清廷大员曾国藩和李鸿章更多是出于学习西方军事技术的考虑。当时以"师夷长技以自强"为口号的洋务运动急需懂得西方军事技术的人才。在清政府与美国政府签订的协议里可以看出,当时曾国藩迫切希望这些留美幼童能进入西点军校和美国海军学院等军事院校,而不是像耶鲁这样的综合性大学。

清政府在美国设立了出洋肄业局,设两名委员,容闳是其中之一,另一名是翰林出身的陈兰彬。陈兰彬虽然不懂英语,但让他来主持肄业局,是考虑到他的科举出身可以减少保守士大夫对留学计划的非议和阻挠,因为这些士大夫认为留美幼童计划与中国的民族教育理论是相违背的。第一批留美幼童在容、陈二人,外加两名中文老师和一名英语翻译的带领下,抵达了新英格兰地区。到1880年,共有50多名幼童进入美国的大学学习,其中有22人后来进入了耶鲁大学,8人进入麻省理工学院,3人进入哥伦比亚大学,1人进入哈佛大学。这22名进入耶鲁的幼童分别是:詹天佑、欧阳庚、容揆、黄开甲、梁敦彦、张康仁、钟文耀、蔡绍基、唐国安、谭耀勋、李恩富、容星桥、曾溥、陈佩瑚、刘家照、陈钜溶、陆永泉、卢祖华、徐振鹏、钟俊成、钱文魁、祁祖彝。

但是,留美幼童班并没有按照最初预定的计划执行15年,就被清政府强制提前终止了。总结其原因大致有四点:第一,清政府内部顽固派对洋务运动极端仇视,他们盲目排斥任何外国事物,将出国留洋计划视作是对中国传统文化和清政府的巨大威胁,因而千方百计阻挠。第二,留美幼童班的学生迅速融入美国社会,接受西方的服饰、生活习惯和宗教信仰,给清朝统治者造成极大恐慌。留美幼童由于年纪都较小,最小10岁,最大不过16岁,对环境有着很强的适应能力。在美国的学习生活开始后,他们迅速脱下长袍,剪掉辫子,换上了西服,可是这些行为在当时属于"政

▲李恩富　　　　　　　　　▲学生时代的詹天佑

▲1881年，耶鲁大学毕业班同学合影，第四排左起第一人为詹天佑

▲梁敦彦　　　　　▲蔡绍基

▲詹天佑在汉口与中外旅韩留美学生讲话后合影

治不正确",是大逆不道之举。尤其是关于幼童剪掉辫子的问题,在清政府看来,辫子不仅是中华文明的象征,更是代表对清朝政府的忠心,而幼童们则因为辫子受到了诸多困扰①。此外,留美幼童们笃信基督教更是极大地激怒了清廷。第三,清廷原本希望幼童能进入美国军事院校的愿望落空,导致清政府认为美国背信弃义,违反当年签署的协议;第四,由于苦力贸易兴起,美国的排华运动高涨,清廷借此机会,斥责美国缺乏教化,排华环境不利于学生的成长。

不过,清政府强制撤回所有留学生的命令并没有让全部幼童屈服,容揆和谭耀勋抗拒召回,留在耶鲁大学完成了学业。李恩富和陆永泉则是暂时屈服被召回国,于两年之后寻求非官方的帮助,重新回到美国,读完耶鲁课程拿到了学位。耶鲁的几十名中国幼童用他们自己优异的表现赢得了美国社会的尊重,下文将选取其中的一些代表,展现这些耶鲁学子当年的风采。

耶鲁留美幼童代表

李恩富

李恩富(1861~1938)是容闳促成的第一批留美幼童中的一员。曾国藩、李鸿章刚开始选拔幼童时,虽然对幼童家庭状况并未设定严格要求,但是最终选拔出来的幼童都来自像李恩富这样的沿海省份普通家庭,尤其是广东那些较早接触外洋事物的家

---

①最常见的是辫子造成的卫生问题以及受到同龄孩童的嘲笑。

庭。相比之下，这120名幼童之中，竟无一人来自官员家庭或者满洲贵族，这主要是因为统治阶级不愿意放弃步入仕途的八股科举制度，固守着将西洋视为野蛮之地的滞后观念。在李恩富前往上海参加幼童班的三年前，他的父亲已经去世，李恩富的母亲一个人辛苦地拉扯着三个孩子，懂事的李恩富知道留美幼童班能免除学费、继续学习，又能为家里减轻负担，于是他说服了母亲，开始了前往新大陆的求学之旅。

李恩富的语言天赋出众，很早就被容闳发现。在第一批留美幼童抵达美国后，容闳特意把李恩富送到有外语学习特色的霍普金斯学校。李恩富仅仅用了一年的时间，成绩就名列前茅。尤其是他的拉丁文成绩曾经多次获得全校最高分，耶鲁录取李恩富时，他的成绩稳定在全校第一的位置。可是就在耶鲁学习一年之后，由于留学幼童计划被清政府终止，李恩富被召回国，但是他的求学梦想并没有因此中断，两年以后，他在教会和耶鲁大学的帮助下，重返耶鲁校园继续学习。在耶鲁校园，李恩富出色的语言天赋进一步被发掘，他在英文比赛中获得一等奖，并且在演讲、辩论等各种活动中崭露头角。

李恩富是第一位在美国出书的华裔人士。1887年，26岁的他从耶鲁毕业之后，选择了从事出版行业。同年，《我在中国的童年故事》（When I Was a Boy in China）在美国波士顿出版，其中生动地描述了当年他如何从中国南方小镇踏上赴美留学之路。该书分为12章，讲述了他的婴儿时期，介绍了中国的房屋样式，中国食物，儿童的消遣娱乐方式，他儿童时代的女生朋友，中国的学校生活，中国人的宗教和节日，中国人特有的讲故事方式，他如何从广东到上海参加留美幼童班继而来到美国，以及初到美国经历的文化冲击。该书的出版在当时对美国社会产生一定的影响，成为后来美国华裔文学研究的重要著作之一。

李恩富工作后很快结识了伊丽莎白小姐并与她结婚，正当李恩富工作和家庭一切顺利，迅速融入美国主流社会的时候，美国的反华浪潮再次高涨。李恩富深感他不能袖手旁观如此公然进行的、大范围的歧视华人行为，便迅速开始在美国东北新英格兰地区各处发表演讲，向美国大众讲述广大华人的悲惨生活和不公处境，强烈谴责排华法案，受到了美国民众的广泛关注。李恩富对争取华人权利事业的投入不仅停留在四处演讲这一种方式，他还充分利用自身从事出版的优势，发表了《中国人必须留下》(*The Chinese Must Stay*) 一文，对当时甚嚣尘上的"中国人必须滚开"这一广泛流传的美国社会排华口号予以反击。该文章从美国立国的"人人生而平等""天赋人权"观念切入，抨击美国的种族主义政策违反了美国国父们良好的初衷，是"背弃原则"；主张排华法案的通过以及实行反映出美国已经在背弃原则之路上渐行渐远；通过比较美国之前的反爱尔兰移民的后果，证明当时排华运动的错误性；李恩富最后通过一一驳斥美国社会上广泛流行的对华人的八个偏见，有力地反击了排华法案通过的各项主要理由。

到了 19 世纪 80 年代末期，已经有两个孩子的李恩富决心携子前往排华运动的前线加州，进一步号召人们抵制排华运动。因为李恩富将全部精力贡献给了争取华人权利的事业，他的婚姻受到影响，最终与伊丽莎白离婚。李恩富自身对争取华人权利事业的投入也没有换来广大华人的广泛响应。由于大多数华人受教育程度低，加之来美之前长期受到愚民政策的荼毒，绝大部分人都选择忍让，当受到白人欺压的时候，他们选择的是像鸵鸟一样把头埋进中国城里，不与外界社会接触。面对冷漠而又处境悲惨的同胞，李恩富还是选择坚持孤军奋战，但是最终由于散沙一片的华人根本不能团结一致产生大规模的影响，李恩富领导的争取华人权利事业也就逐渐淡出历史舞台。此后，李恩富再婚并又有了两个孩子。他在66岁的时候只身一人前往香港。李恩富最终在香港去世，在现存的李恩富最后的书信中，我们看到他最关心的是日益深重的日本侵华给中华民族带来的痛苦。李恩富将他的毕生都贡献给了争取华人权利的事业，但直到李恩富过世后，美国才废除排华法案。

李恩富的后代也致力于中美文化、教育和民间交流。他的后代中有人后来成为雅礼协会的董事和项目负责人。可以说李恩富家族都为增进中美两国的文化交流以及两国人民的相互了解作出了重要贡献。

詹天佑

詹天佑（1861～1919）出生于广东省南海县（今广东佛山），字达朝，号眷诚。祖籍为安徽。詹天佑自幼聪明好学，刚毅、勤奋，深得父母、邻里的喜爱。1872年，当清政府招募第一批幼童留学美国的消息传到南海时，其父亲詹兴洪为使天佑受到良好教育，开阔眼界，决定送子报考。1872年，不足12岁的詹天佑，果然不负众望，被选中第一批赴美留学。到达美国后，詹天佑在容闳的安排下，先后就读于康涅狄格州西港（West Haven）由诺斯若普（Mr. Northrop）先生创办的住宿学校海滨男校（Seaside Boy School）。1873年进入纽黑文市的黑尔哈斯高中（Hillhouse School）。光绪四年（1878年），詹天佑中学毕业后以优异的成绩考入了其恩师容闳的母校耶鲁大学，就读于该校的谢菲尔德理工学院（Sheffield Scientific School）土木工程系，主修铁路工程专业。

19世纪的耶鲁校园，中国人寥寥无几，然而却个个出人头地。詹天佑学业优秀，曾两度获得数学头等奖。光绪七年（1881年），他以优异的成绩获得耶鲁大学谢菲尔德理工学院学士学位，成了继容闳之后又一位获得美国本科学位的中国人。这无形中增加了耶鲁的中国缘。

同年，詹天佑即告别了生活九年之久的美国康涅狄格州，告别了培养自己四年的耶鲁大学，牢记母校耶鲁的校训"光明与真理"，满载师长、朋友们的友谊，回到了祖国。他立志要用自己的聪明博学，造福于祖国和祖国人民，为母校耶鲁、为中国人争光。

詹天佑回国时，正值清政府采纳保守派主张，撤回幼童之际。留学生回国后，不但没有受到重用，反而受到冷遇。他先被派到福州船政局学习，以第一名的成绩毕业，后留校任教，获五品军功，及清廷五品顶戴。同年秋，回广州任广东黄埔实学馆（后改为水陆实学堂）教习。他曾参与修建炮台，绘制了中国第一幅广东沿海图。光绪十四年（1888年），詹天佑在参与修建津榆铁路时，发挥创造才能，采用"压气沉箱法"打木桩，成功地解决了西方工程师未能解决的建筑难题，顺利完成滦河大铁桥桥梁的基础工程，从此西方建筑界人士开始对中国工程师刮目相看。1894

年,他被选入英国土木工程师学会,成为该会的第一名中国成员。

光绪三十一年(1905年),詹天佑向商部建议统一标准轨道(采用1.435米标准型),统一工程标准,推广使用自动车钩,为中国自建京张铁路打下良好的基础。他的才干和成就引起了清政府注意,詹天佑遂被任命为商部、邮传部路务议员及顾问,并被选为上海、欧洲皇家工程师、建筑师学会会员。同年,为发展商业,清政府决定修筑京张铁路,并任命詹天佑为总工程师兼总办。当时,外国人瞧不起中国人,认为中国根本不可能也没有能力完成这一工程。面对西方的轻蔑与讥讽,詹天佑重温母校耶鲁大学的教育和校训,他要寻求真理,以自尊和大无畏的气概做出回应:"我国地大物博,而于一路之工,必须借重外人,引以为耻!"在国内外强大的政治、经济压力下,詹天佑知难而进,率领中国铁路工程人员,坚持自行设计并修建长达200公里且工程异常艰巨的京张铁路。他根据地形,聪明地将铁路在山腰之处铺成"人"字形,使路线比原计划缩短一半。与此同时,詹天佑采用爆破法,开通了四条隧道,其中最长的八达岭隧道为1091米。京张铁路比原计划提前两年建成,于1909年8月正式通车。京张铁路被西方工程师认为是一项"绝技",是中国铁路乃至近代科学发展的重要里程碑。

继此之后,詹天佑还主持修建了张绥、津浦、川汉、粤汉、汉粤川等铁路。他为中国铁路网的规划、干线勘测、设计,桥梁、隧道的设计和施工都作出开创性的重大贡献。他还为铁路管理制定了周密可行的规章制度,无愧于"中国铁路之父"的尊称。与此同时,詹天佑为中国铁路事业培养了第一批优秀的工程技术人员。他在1918年2月发表的《敬告青年工学家》一文中写道:"默察社会之情形,细观工学界之状况,有不能已于言,而为我青年工学家告者,厥有数端。爰简陈之,以为针砭"。他还在文中以"崇尚道德而高人格""循序以进,毋越范围""筹画须详,临事以慎"等告诫青年工程师们,并强调:"凡各科工学专家,无论其留学东西各国,与夫国内卒业,及以经验成名者,既属工程学子,固皆以发扬国人技术,增进国家利益为目的,各宜同心协力,不容有所歧视。天下一家,中国一人,此圣人所以为圣也。望群君其共勉之,不佞有厚望焉。"严谨的科学态度,宽阔的人文胸怀,忧国忧民的赤子之心,跃然于字里行间。1910年5月,清政府以"国有"为名,将粤汉铁路权卖给外国。詹天佑闻讯后,立即发起成立了保路机关所,并领导全体铁路从业人员一道反对政府"卖路求荣"。1919年,詹天佑带病前往东北参加国际联合监管远东铁路会议,为维护中国的铁路主权及尊严,他大义凛然,态度坚决,将母校耶鲁"光明与真理"的校训在祖国得到了极好的发挥。

由于日夜工作,过度疲劳,詹天佑于1919年4月24日患心力衰竭去世,终年59岁。他用自己有限的生命,为祖国的铁路工程事业作出了极大的贡献,使全体中国人至今受惠。詹天佑去世后,汉粤川铁路湘鄂局局长颜德庆等联合500余名全国铁路界人士上书交通部:"已故督办詹天佑,幼年重洋负笈,学擅专长,中年国事宜劳,誉彰中外。吾国创办路政三十年,举凡轨线之所通,悉赖规模之匡示。……仰见詹督办忠勤厥职,勇于敢为,接物以诚,自奉克俭,论功绩,既为全国所景崇;论道德,尤足为末流所矜式。"根据民间的呼声，特于1922年在青龙桥车站，建成詹天佑铜像。

2001年，为纪念这位功臣，由上海电影制片厂著名导演及演员孙道临先生执导的国产故事片《詹天佑》拍成并公演。这年3月我正好出差去中国，访问上海时曾有幸与孙道临导演及摄制组的部分成员包括饰演詹天佑的演员在上海电影制片厂见面，当时该片正在后期制作中，感谢孙导演让我先睹为快。孙道临导演当时向我考证耶鲁的校训到底是"光明"在前还是"真理"在前；我告诉他是"光明与真理"。孙导还谈及当时詹天佑在耶鲁时就读的学院好像已经查不到了，我惊讶他的调查如此深入仔细——詹天佑在耶鲁时就读的谢菲尔德理工学院确实已经在20世纪50年代并入耶鲁学院（即耶鲁本科生院），不再独立存在了。从中国回来后，我还专门就这段历史请教了工程学院的马佐平教授，他带我去了谢菲尔德理工学院的旧址，那里至今还保存有一块刻有英文"Sheffield"的铜板。同年5月，詹天佑的母校耶鲁大学迎来了300周年校庆。雷文校长首次率代表团访问了中国。我作为该团成员之一，亲身体会到了中国各界对培育出一代工程伟人的耶鲁大学的友情和热情。2007年5月应胡锦涛主席邀请，耶鲁大学百人团访华。在北京期间，耶鲁访华团全体成员前往青龙桥瞻仰这位著名校友的铜像，和詹天佑后裔见面并一同参观了詹天佑纪念馆。纪念馆还专门为耶鲁百人访华团制作了一套精美的纪念册，扉页上写着"热烈欢迎耶鲁大学百名师生代表团"。纪念册中有詹天佑在校时期的照片、当时耶鲁校园剪影、詹天佑写给耶鲁友人的信件手迹，以及詹天佑主持修建京张铁路时的珍贵资料、照片。雷文校长在访问中多次演讲时都提及早年留学耶鲁的詹天佑,他刻苦学习、勇于创新的精神激励了无数后来者为造福人类而继续奋斗。当我们今天乘坐高铁时,一定不要忘记中国铁路之父詹天佑,他是中国和耶鲁共同的骄傲。

蔡绍基

蔡绍基(1859~1933),字述堂,珠海拱北北岭人。他是1872年留美幼童第一批中的一员。抵达美国后,蔡绍基进入哈特福德小学,随后入哈特福德高中,并以优异的成绩进入耶鲁,就读耶鲁的王牌专业法律系。

和其他进入耶鲁的中国留学生一样,蔡绍基对耶鲁校园的各种新奇运动有着强烈的好奇心。他对棒球尤为喜爱,至今在耶鲁的图书馆里还有蔡绍基身着棒球服、与棒球队其他成员合照的照片。

尤为值得一提的是蔡绍基在高中毕业时,参加了哈特福德高中毕业生的演讲比赛,他和其他几个中国留学幼童在比赛中大放异彩,表现尤为出色,当地报纸对他们进行了专门报道。蔡绍基演讲的题目是"鸦片贸易"。他在演讲中一开始就提到,他是"最有资格演说鸦片"的人,这是因为他从小耳濡目染了鸦片对他周围社会的巨大影响。他提及鸦片在中国的泛滥达到了生活的各个方面,无论在哪儿,大街小巷里似乎都有抽鸦片的烟馆和兜售鸦片的摊铺。尤为让美国听众震惊的是关于一个抽鸦片的父亲将妻子儿女卖给人贩子换取烟钱的故事。

他最后还总结说,中国贪污腐败的官员的确非常可恶,他们纵容鸦片横行,只管自己获利,但是作为鸦片来源的大英帝国同样应当受到谴责。蔡绍基最后激昂陈词说："中国并没有死去，只是睡着了，她在未来必将屹立于世界。"博得了现场观众热烈的喝彩。

进入耶鲁后的蔡绍基迅速开始了紧张的学习，可是仅仅几个月后清政府就强制召回了所有留美幼童，蔡绍基也被迫放弃了他努力数年而得到的进入耶鲁学习的机会。蔡绍基回国后，先后担任了大北电报局的翻译员、上海海关翻译员等职务。

1883年，唐绍仪被选为清朝政府派往朝鲜筹办海关的随员，他极力举荐自己的同乡兼留美同学蔡绍基和梁如浩，于是这三人一同前往朝鲜，并结识了袁世凯。他们三人不仅在知识上给予了袁世凯巨大的帮助，还在朝鲜帮助袁世凯逃脱日本特务的追杀，因而以后得到袁世凯重用。在袁世凯的力举下，蔡绍基还参与了清朝政府向日本要回辽东半岛的外交斡旋等重大历史事件。

北洋大学建立之初，蔡绍基、唐绍仪、梁敦彦、梁如浩等四名留美幼童先后出任学校主要职务，而这四人当中当数蔡绍基与北洋大学缘分最深。他在北洋大学建立之初就担任二等学堂总办，蔡绍基充分发挥了自己在美国数年的学习经历，积极引进美国现代教育理念，尤其在校园设计、基础设施建设、师资招聘、教学行政管理、招生计划等方面，力求做到与世界先进教育机构接轨。八国联军入侵天津后，北洋大学所在地遭到破坏和强占，校长带领其他人离开天津，蔡绍基在这危难关头，临危受命，担负起再建北洋大学的使命。他利用自己在清政府担任外交官的身份同侵略者斗智斗勇，争取早日重建学校。到1903年北洋大学重新成立时，他又一次出任总办（类似于副校长），管理学校。后来唐绍仪、梁如浩先后接替了蔡绍基的职位。1908年，蔡绍基再次出任北洋大学的督办，直到辛亥革命。

辛亥革命发生后，接受过美国民主思想的蔡绍基坚定地支持孙中山，从此他与袁世凯结上仇怨，袁世凯以各种方式威逼利诱蔡绍基，甚至开出了自己当皇帝后让蔡绍基出任工业部长的条件。蔡绍基对这些诱惑不为所动，他专心继续建设已经改名为国立北洋大学的学校。袁世凯为此扬言他登基后第一个就要杀蔡绍基。不久蔡绍基辞去所有职务，隐居在天津。中华人民共和国成立后，北洋大学更名为天津大学。在建校110周年的庆典上，蔡绍基的照片被高高悬挂在校内的北洋广场，接受新时代学子的瞻仰与缅怀。

梁敦彦

梁敦彦（1856～1924），广东顺德人。梁敦彦的父亲是当时在南洋做生意的商人。在参加留美幼童班进入耶鲁大学读书之前，梁敦彦在香港中央书院读书。进入耶鲁大学后，梁敦彦选择了法律专业，主攻国际法方向。跟其他的留美幼童一样，梁敦彦不仅学习成绩优异，而且酷爱运动。他最擅长的就是棒球，在耶鲁读书期间多次参加校级棒球比赛，表现出色。在美国读书期间，梁敦彦寄宿的巴拉特家还住着另外一个日本贵族留学生，有一天，梁敦彦发现这个日本贵族留学生在他的圣经上写着"夷狄之书不可读也"，梁敦彦感到非常恼怒，并当面质问日本人：如果美国是你所歧视的蛮夷之地，那么你来这里做什么？梁敦彦清楚这是日本人嘲讽当时的中国政府仍然自诩为"天朝上国"，他决心用自己更加优异的学习反击这个日本同学。遗憾的是，由于清政府提前终止留美幼童计划，梁敦彦在耶鲁大学毕业的前一年被召回国，并没有取得耶鲁的学位。不过他在耶鲁学到的知识以及受到的熏陶在他今后的人生中发挥了重要作用。

梁敦彦回国以后，在李鸿章的安排下在北洋电报学堂教英文。不久，父亲去世，梁敦彦回到广东家乡，后事办完，没有积蓄、一贫如洗的他，连回天津的船票都买不起，而李鸿章则因其逾期不归而到处通缉他。张之洞念梁敦彦有才，把他收到自己的门下，负责中国电报事业的建立。此后梁敦彦历任外交部尚书、外交部大臣等清廷职务，并获得了袁世凯的赏识，成为袁世凯政府中的重要幕僚，出任中华民国的交通总长。袁世凯去世后，张勋复辟，他被清废帝溥仪任为外务部尚书、议政大臣，在复辟失败后，被迫隐居在东交民巷，成了通缉犯，七年之后在天津病逝。

历史上有不少人认为梁敦彦是冥顽不灵的保皇派。可是，梁敦彦在自己的著作中写到，他在美国十年，不可能不知道美国民主制度的优越，只是中国近代教育并未普及，应该首先发展西式教育。梁敦彦在他进入政府具有一定权力时，从来没有忘记继续推行容闳当年所倡导的留学计划，他甚至向民国政府提出了每个县都要派出一个留学生的计划。

第三章
耶鲁大学与中国高校

许多中美教育界人士都知道，耶鲁毕业生素有善办教育的优良传统。据有关历史档案资料记载，耶鲁毕业生创办的或担任过首任校长的美国大学有：普林斯顿大学（Princeton University）、哥伦比亚大学（Columbia University）、康奈尔大学（Cornell University）、约翰斯·霍普金斯大学（Johns Hopkins University）、达特茅斯大学（Dartmouth College）、芝加哥大学（University of Chicago）、佐治亚大学（University of Georgia）及伯纳德大学（Barnard College）。耶鲁校友创办教育的足迹也同样到了中国。诸多中国高校的创始人或首任校长都是耶鲁毕业生，他们在中国漫长的教育发展过程中发挥了巨大的作用，产生了深远影响。直至今日，很多中国高校仍以耶鲁为学习范本之一。

耶鲁大学与清华大学

耶鲁可以说是对清华大学产生过最大影响的外国大学，清华大学的前五任校长中，除了第四任校长以外，其他四位全都毕业或就读过耶鲁大学。他们包括：第一任校长唐国安（1912年4

月～1913年8月)，第二任校长周诒春（1913年8月～1918年1月），第三任校长张煜全（1918年4月～1920年1月），第五任校长曹云祥（1922年4月～1928年1月）。

唐国安

清华大学的前身清华学堂（1912年更名为清华学校）的创建者之一、清华学校的第一任校长唐国安（1858～1913），曾经在参加清政府组织的留美幼童班期间到耶鲁大学攻读法学。虽然清政府后来中止了留美幼童班，唐国安并没有获得耶鲁的学位，但是他在耶鲁体验的大学生活和积累的知识，为日后他立志将清华大学建成中国最高学府奠定了基础。

唐国安出生在广东省香山县，于1873年被选为留美幼童班第二批学员，与蔡廷干等人共赴美国读书，唐国安于1880年进入耶鲁大学法律系，1881年清政府召回所有留学生。唐国安回国后，开始了长达20年的默默无闻的生活。与明治维新时重用留学生的日本不同，中国留学生大多数都被安排到一些小职员的职位上，留美幼童中还有不少人干脆就被政府置于不顾。清政府视留学生为异类，认为他们不是正途科举出身，精神和思想受到西方观念的毒害，因而并没有让留学生立即参与到发展中国的要职上来。唐国安深感当时的中国社会对留学生的偏见，他发表了《留美学生始末记》，一一驳斥了社会上对留学生的各种误解。

耶鲁大学当时推行的教育观是服务社会，强调无论学生未来是居庙堂之高，还是处江湖之远，都要心怀天下，关心普通大众的疾苦，这种教育观无疑对唐国安产生了重要的影响。唐国安回

▲唐国安　　　　　　　　▲周诒春

▲张煜全　　　　　　　　▲马寅初

▲李登辉 　　　　　▲杨石先 　　　　　▲何廉

▲李继侗 　　　　　▲柳无忌 　　　　　▲高尚荫

▲杨遵仪 　　　　　▲曹云祥

▲右一是颜福庆，右二为胡美博士。胡美（Edward Hicks Hume，1876~1957），美国传教医师、医学教育家。出生于印度，其父亲与祖父都是在印度的传教士。他于1897年毕业于耶鲁大学并获学士学位，1901年又获约翰斯·霍普金斯大学医学院医学博士学位。1906年他受雅礼协会邀请来到中国，在长沙西牌楼街的一家旅馆创办了雅礼医院（湘雅医院前身）并任院长。1914年湖南育群学会与美国雅礼协会联合创建湘雅医学专门学校后，出任学校教务长、湘雅医院院长。1923年起任湘雅医学院院长。

国的经历让他明白只有更多的人认识到中国教育需要改革，培养更多思想开明、视野开阔的人，落后而顽固的中国社会才能真正民智开化。唐国安没有忘记30多年前，在容闳倡导下举办的留美幼童班给这些幼童的世界观带来的变化。清政府在八国联军侵华之后，签署了《辛丑条约》，被列强勒索4.5亿两白银，后来美国政府决定放弃部分索赔，但要求清政府必须把这部分原本赔偿美国的钱投入到教育中，并且建立一所留美预备学校。唐国安成了第一个留美预备学校清华学堂的校长。清华学堂仿照容闳在19世纪70年代选派组织留学生的方式，在1910年和1911年组织两批学生出国，这当中就包括科学家竺可桢、国学大师胡适、语言学大师赵元任、国民政府外交部部长唐悦良。这些后来影响着中国历史的人物无一不称唐国安为自己的老师，唐国安也因为兴办清华学堂而被誉为"容闳第二"。

周诒春

周诒春（1883～1958）是清华学校的第二任校长，他出生于湖北汉口，祖籍安徽休宁。周诒春于1903年毕业于上海圣约翰大学，1907年进入耶鲁大学。在耶鲁大学学习期间，周诒春广泛参加各种社团组织活动，他是 Phi Beta Kappa 荣誉协会[①]的会员，圣约翰美国俱乐部秘书。他不仅是耶鲁中国学生联合会的

[①] Phi Beta Kappa 荣誉协会是一个学术性质的荣誉协会。Phi Beta Kappa 是 (ΦBK) Φιλοσοφία Βίου Κυβερνήτης or philosophia biou kybernētēs 的缩略，意思是"对学习的热爱就是生活的指南"。其宗旨是"歌颂和提倡优秀的人文学科和自然科学"以及召集"全美文科和理科中最优秀的学生"。

主席,也作为耶鲁大学中国学生的代表参加了全美中国学生联合会。此外他还参加了大都会俱乐部,并且向《中国学生月刊》《世界中国学生杂志》《回想》等杂志投稿。从耶鲁拿到学士学位后,周诒春前往威斯康星大学攻读文科硕士学位,1909年他学成归国,在上海中国国家学院教授英文。1912年任南京临时政府外交部秘书。1913年10月担任清华学校校长,1918年1月完成任期。

在清华担任校长的四年多时间里,周诒春着眼于民族教育独立,最先提出了要把清华从单纯的留美预备学校改办成综合性的大学的目标,为此他悉心撰写了计划书提交给外交部。国民政府外交部同意了周诒春提出的计划,决定把清华学校的学程增加,并建立大学部。周诒春还亲自筹备和主持修建了清华园内著名的早期四大建筑:图书馆、科学馆、体育馆和大礼堂,为清华大学后来发展成综合性大学奠定了初步基础。他还提倡过"着重德智体三育""强迫运动"等概念。

张煜全

张煜全(1879~1953)于1918年4月至1920年1月担任清华学校第三任校长。他早年毕业于天津北洋大学,曾就读于东京帝国大学,后赴美留学,取得了耶鲁大学法学院硕士学位。中华民国成立后,张煜全任北洋政府大总统府秘书,外交部参事、秘书,其间还负责督办北京交通大学。

张煜全在其校长任内,主要为清华学校转变为综合性大学做了不少前期准备工作。1920年1月他呈文外交部"陈报酬设大学",

开始逐渐取消和停办中等科，把这些节约下来的钱专心投入到大学高等教育之中。

曹云祥

曹云祥（1881～1937）是清华学校第五任校长。他从上海圣约翰大学毕业后，于1911年进入耶鲁大学学习。在耶鲁大学期间，曹云祥积极参加年级辩论队和大学生辩论协会，为耶鲁文学杂志投稿，并且组织了中国学生圣经班。此外，他还担任耶鲁中国学生联合会主席和大都会俱乐部主席，以及《中国学生月刊》主编。从耶鲁毕业后，曹云祥前往哈佛大学攻读MBA（工商管理硕士学位），成为世界上最早获得MBA学位的人之一。1914年他开始担任中国驻伦敦公使馆第二秘书和总领事。后来曹云祥被北洋政府派往丹麦担任驻哥本哈根第一公使，1921年被召回国，担任外交部参事。一年之后，曹云祥被派往清华学校担任校长一职。

曹云祥在清华担任校长的将近六年的时间里，顺利实现了周诒春提出的，将清华从一个主要职责是充当留美预备校的学校转变成一个完整的综合性大学的目标。曹云祥组织撰写了《清华大学工作及组织纲要（草案）》，正式将清华大学分为三部，即"大学部""留美预备部""研究生部"。1925年，清华学校正式成立了大学部，共设置17个系。大学部的成立成为清华历史发展的一个转折点，从此清华在学术上更加独立，清华的教育也开始更加自由。曹云祥不仅重视西方近代科学知识，对待中国传统文化他也十分注意保护。他专门筹划成立了清华国学研究院，将王国维、梁启超、陈寅恪和赵元任四位大师吸纳到清华,使得清华在国学方面的影响力大增。由于曹云祥自己是管理学背景出身,他也是最早将科学管理等概念引入中国的学者之一。由于其对清华转变为综合性大学的努力,曹云祥被誉为"清华之父"。

曹云祥管理下的清华在学术方面突飞猛进,在人才引进方面也十分积极。清华早期的毕业生在曹云祥任校长期间,回到清华任教的人数陆续增多。这些留美回来的学生不少都毕业于耶鲁大学,他们不甘心清华仍然落后于世界一流学校的状态,提出了改革清华、提高清华的学术地位、反对官僚政客控制学校、实行教授治校等主张,形成了一个颇具声势的"少壮派"。尽管北洋政府统治中国的时代,中国内忧外患仍然比较严重,但是北洋政府对学术界的宽容确是中国历史上空前绝后的。这些"少壮派"的改革呼声最终确保了北洋政府统治期间,中国学术界的自由气氛不受破坏。

耶鲁大学与北京大学

马寅初

马寅初(1882～1982),1901年考入天津北洋大学,1906年赴美国进入耶鲁大学,获得耶鲁大学经济学硕士学位,后来转到哥伦比亚大学攻读博士。回国后,在北京大学担任经济学教授。此后马寅初担任过东南大学分设的上海商科大学第一教务主任,为以后上海财经大学的建立做好了铺垫工作。此后马寅初担任了南京政府里的立法委员并且同时在多所高校任教。

在美国学习期间，马寅初刚开始学习的是冶矿，后来改学经济学。进入耶鲁之后，马寅初觉得"实业救国"之路行不通，繁荣的纽约都市风貌和发达的工商业让马寅初感到，改变中国应该首先从改变国家经济管理着手。他认为"经济学富有内容和生命"，于是决定改修经济学，而把自然科学当作副科。耶鲁大学注重培养学生的领导才能，支持各种学生社团和竞赛，特别是演讲和辩论，还特别强调自由的学术氛围，这种"自由教育"的原则使得耶鲁能够包容各种思想流派，保持勃勃生机。耶鲁的校训是"光明与真理"，这样的校训赋予了像马寅初一样的学者坚持真理、不畏强权的卓越品质。

马寅初在耶鲁期间除了在学术上获益匪浅，还广泛参加各种体育锻炼，为一生的健康打下了基础。尤其是马寅初向耶鲁的一位百岁老人讨教长寿秘诀的逸闻至今仍然广为流传。据说，马寅初在耶鲁校园经常遇见一位年过九旬但面色红润、精神饱满的老校医，于是便向这位老人请教长寿的秘诀，老人告诉他自己长寿的秘诀就是冷水浴。不过也有人认为，马寅初冷水浴的习惯源自当时耶鲁大学要求所有学生都要学习游泳这一规定。耶鲁的游泳池常年保持温暖，学校规定在进入泳池前必须洗冷水浴，学生们酷爱游泳，时间长了也就适应了冷水浴。无论出于这两个原因中的哪一个，马寅初从此几十年如一日坚持冷水浴，直到他百岁高龄。

从耶鲁毕业后，马寅初前往哥伦比亚大学继续攻读博士，他的博士毕业论文《论纽约市的财政》轰动了当时纽约财政研究界，该论文被列为哥伦比亚大学新生的推荐读物。回国以后，马寅初一直与耶鲁的教授保持通信。他多次提到,在耶鲁,教授经常会出现在住宿学院的食堂里,跟学生自由讨论问题。正是由于在耶鲁深刻感受到,教授与学生之间融洽的师生关系能够带来优良的学风和和谐的人际关系,马寅初成为北大校长以后也身体力行,拉近北大教授与学生之间的关系。他经常抽空去北大学生宿舍跟学生聊天,跟学生一起去食堂排队打饭,多次到校医院看望身体不适的同学,还特别关照家庭条件困难的学生。

抗日战争期间,马寅初作为国民政府的财政经济专家从事中国经济研究,他把自己的研究重点放在了以四大家族为首的官僚资本主义之上。马寅初认为,官僚资本主义,尤其是四大家族,在国家陷入战争危机的时刻发挥的作用是发战争财和国难财,而不是帮助中华民族抗战。后来,马寅初由于激烈抨击官僚资本,为自己带来了牢狱之灾,先后被关进息烽集中营、上饶集中营,最后被软禁于重庆歌乐山家中,直到抗战胜利才恢复人身自由。

抗日战争结束后,马寅初重新以笔为刀,撰文揭露国民党政府的贪腐行为。后来,李公朴、闻一多先后遭到国民党特务暗杀,马寅初听后义愤填膺,当即写了遗书,孤身一人前往南京中央大学讲演,抨击国民政府统治下官员腐败贪污横行,官僚资本家胡作非为,导致物价飞涨,他还指名道姓斥责蒋介石,说他统治不力。

20世纪50年代初,从事人口研究的马寅初注意到中国人口增长过快,并发表了《新人口论》,深入研究中国人口问题。该著作指出,当时中国的人口增长率已经达到30‰,照此速度,中国50年后的人口将达到26亿。后来,马寅初因为发表《新人口论》受到批判，但是他为了坚持真理，并没有屈服。当他受到康生、陈伯达等人的迫害时，马寅初公开表示："我虽年近八十，明知寡不敌众，自当单枪匹马，出来应战，直至战死为止，决不向专以压服不以理说服的那种批判者们投降。"后来，"文化大革命"结束之后，马寅初和许多其他的学者被平反。从1980年开始，他出任了全国人大常委会委员及中国人口学会名誉会长。可以毫不夸张地说，马寅初以自身实践，一生不屈不挠地追求"光明与真理"。

耶鲁大学与复旦大学

复旦大学作为中国的老牌名校，人文学科实力雄厚。这一点跟耶鲁大学很相似。耶鲁大学的人文学科中英语、历史、法语、比较文学等专业长期在各项测评中居于美国首位。除了学科优势上的相似，耶鲁跟复旦之间的缘分自复旦奠基人李登辉开始绵延至今。第四中山大学医学院（即今复旦大学上海医学院）的创始人颜福庆同样也毕业于耶鲁大学。这两位耶鲁校友在复旦由公学转变成综合性大学这一过程中发挥了关键作用。并且他们两人把耶鲁强调独立思考和自由学术的精神也带到了复旦，使复旦在当时的中国迅速成为自由学术风气的重镇。

复旦大学的校训是"博学而笃志，切问而近思"，这与耶鲁强调独立人格、独立思考能力和自由学风相吻合；李登辉校长提出的"团结、服务、牺牲"的精神也与耶鲁强调"服务精神"的人文主义传统契合；李登辉校长在任期间还模仿耶鲁"教授治学"的传统，设置了教授掌握决定权的行政院，对学校的各项事务进行民主决策。在耶鲁，教授拥有极大的自主权和实际支配各项资源的权利，这使得教授在教学中发挥着非常主动积极的作用，他们的高度自主权不仅保证了学术的繁荣，更确保了教授与学生之间的充分互动，教授能够灵活地根据学生的要求和特点进行课程设置和指导。在耶鲁取得学士学位的李登辉深刻感受到了耶鲁大学管理方式的优势，他此后在复旦的一系列学校工作的改革中始终强调保证教授的独立和自主。

李登辉

李登辉（1872～1947）是印度尼西亚华侨，出生在今天的爪哇岛，祖籍福建同安。他于1891年进入美国威斯雷昂大学（Wesleyan University），后来由于学习成绩优异，转入耶鲁大学，并于1899年获得了耶鲁大学文学学士学位，成为当时少数获得美国顶尖大学学位的东南亚人之一。从耶鲁毕业之后，李登辉先是回到巴塔维亚（今雅加达），创建了名叫耶鲁学社（Yale Institute）的教育机构。同时他还在一家由印度尼西亚华人资助的学校里任教，希望能通过教育改变海外华人的生存状态。可是李登辉发现，他给当地华人提供的最先进的西方教育效果并不是特别理想，于是他和一些志同道合的朋友一起准备前往上海，向那里有才华的青年提供先进的教育。到上海之后，李登辉决定创建"寰球中国学生会"，旨在促进社会正义，团结海外中国留学生，帮助成员寻找稳定的工作以及向成员提供医疗服务和法律咨询。

李登辉还担任了复旦公学的教务长，教授英文、法文和德文。1917年，李登辉决定把复旦公学改组为复旦大学，由文科、理科和商科三部组成。可是由于资金匮乏，李登辉不得不到南洋各地向华侨募款。南洋商界久仰李登辉校长盛名，决定捐巨资资助李登辉扩建复旦。回到上海后，李登辉把复旦大学从先前的徐家汇迁到了现在的江湾校区。在迁校不久，每每向他人谈起复旦的未来，李登辉总会提到耶鲁等西方最高学府。李登辉吸收了耶鲁最为精华的办学理念，并且根据中国的实际情况稍作改变。比如，在20世纪初期的时候，耶鲁的宗教氛围仍然比较浓厚，李登辉本人就是虔诚的基督教徒，但是他在复旦强调"崇尚科学、注重文艺、不谈教理"。

李登辉校长把耶鲁的自由学风引入到复旦，使得复旦迅速成了南方思想自由的高地，一时间形成了由李登辉校长和蔡元培先生为代表的南北学术自由风气。李登辉校长对耶鲁等顶尖学府的学习一直没有中断过，1920年耶鲁大学开设教育系，同年，李登辉校长在复旦也开设了教育科；1908年哈佛开办了商学院，仅仅隔了九年，复旦也建立了自己的商学院。

李登辉校长在复旦大学期间培养出的学生，后来担任中国各主要大学校长的多达26人，这在中国教育史甚至是世界教育史上都是罕见的。因此，李登辉也获得了"人伦师表"的美誉。李登辉的这些学生，不少都效仿李登辉，终身耕耘在中国高等教育事业之中，其中就包括北京大学、清华大学、浙江大学、复旦大学、中山大学等几十所中国最有名的高校。由于耳濡目染李登辉在复旦所推崇的自由学风，这些后来的中国高校校长为推动中国整个高等教育向着自由包容发展做出了持久不懈的努力。

1915年，耶鲁接受了第一名特许的复旦优秀毕业生转入耶鲁大学本科二年级,这件事被当时的《申报》称为"留学界之异彩"。耶鲁大学等美国名校对于复旦学子的认可,更加坚定了李登辉要把自己所带领的复旦建设成世界一流名校的愿望。

颜福庆

颜福庆（1882～1970）是复旦大学医学院的创始人,中国著名的公共卫生学家,也是中华医学会的创始人之一以及第一任会长。颜福庆于1906年被选入到耶鲁大学医学院攻读博士学位,全班25名学生,他是唯一的黄种人。1909年毕业时,他荣获耶鲁该年度优秀博士毕业生,也是第一位获得耶鲁医学博士的亚洲人。随后他到英国利物浦大学攻读热带病学,此时雅礼协会向他抛出橄榄枝,聘请他去长沙雅礼医院任外科医生。在雅礼医院期间他曾经为杨开慧诊治过疾病,毛泽东在后来接见颜福庆时还专门提到了此事。

颜福庆在雅礼医院积攒了从医经验后,开始了创办一系列医学院的计划。他首先于1914年创立了湖南湘雅医学院并任校长。临床从医的经历让他认识到比起治疗来,国人对于预防的重视程度远远不够,于是他再赴美国进入哈佛大学公共卫生学院学习,获得公共卫生学证书。1927年颜福庆又创建了第四中山大学医学院（现复旦大学上海医学院）、中山医院、澄衷肺病疗养院。此外,他还接管了中国红十字会总医院。

中华人民共和国成立之后,颜福庆在上海和浙江等地负责传染病防治工作,并在抗美援朝战争期间负责招募志愿者上前线参加医疗工作。颜福庆还提倡捐赠遗体,他在去世前曾立遗嘱将自己的遗体捐给医院做解剖之用。可是没人想到，这位中国现代医学的设计者和开创者竟在84岁那年面临他一生中最深重的痛苦——在"文革"中，他在自己募捐创建的校园里被押着接受批斗。批斗完了，儿孙接他回家时，家里人都想法安慰他。颜福庆却说："不必把这些事放心上。我从前在湖南看到痞子造反也是这样。"颜福庆就这样在"文化大革命"中受迫害而死，他的遗体也并没有被医院接受。

颜福庆的一生为中国的医学现代化作出了重大贡献。他帮助国民政府建立卫生部却不求担任职位；他组织建立的中华医学会成为中国西医独立的标志，至今仍然发挥着重要作用；他建立的上海医事中心在20世纪30年代的时候就已经赶上了世界先进水平；新中国成立后，他对重大流行病控制和预防观念的传播起到了举足轻重的作用。颜福庆从耶鲁毕业的时候，就说医学应当是为全人类服务的，为公众利益服务的，学医的目的是服务大众而非是赚钱。他用他只求贡献不问回报的一生实现了自己对服务社会这一耶鲁传统的恪守。

耶鲁大学与南开大学

耶鲁与南开大学有着悠久的历史渊源，南开大学的老校长、中国化学界泰斗杨石先院士就毕业于耶鲁大学。杨石先是中国著名的化学家和教育家，他对南开大学的建设作出了重要贡献，为新中国培养出了15名院士。

杨石先

杨石先（1897～1985）毕业于清华学堂，先于1922年在康奈尔大学获得硕士学位，回国在南开任教七年，再到耶鲁攻读博士学位。在耶鲁，他主攻农药和元素有机化学，1931年获得了博士学位后，重回南开大学任教。

抗战爆发后，包括南开在内的众多东部高校迁往昆明，杨石先也随之南下，担任西南联合大学化学系系主任以及昆明师范学院理学系主任，后来还兼任西南联大的教务长。抗战结束后，杨石先于1948年开始担任南开大学教务长兼任代理校长。1949年，作为教育界的先进代表，杨石先被邀请到天安门城楼上参加了新中国成立的开国大典，受到毛泽东和周恩来的接见。他自1957年开始担任南开大学校长。

杨石先院士将自己在耶鲁学习到的当时最先进的化学知识带到了国内，尽管他担任的是校长这一行政为主的职务，但是他还是将自己的主要精力都放在了科研之上。在他的带领下，中国开始了攻克被称为"水稻癌症"的白叶枯病的道路。白叶枯病多年来在占世界水稻种植面积90%以上的亚洲地区广泛流行，中国水稻产区也屡屡发生，特别是在由中国科技人员研究成功的高产杂交水稻品种中，该病更加广泛传播。经过一年多奋战，研制了近百个合成物，试验了一个又一个方案，科研人员终于研制出新的农药"枯叶净"，一定程度上缓解了当时严峻的粮食生产形势。

在耶鲁的学习让杨石先院士一直非常重视派送学生出国留学。新中国成立之前，在他的帮助和指导下出国的学生就多达200多人。"拨乱反正"结束后，杨石先院士向邓小平提出了关于派遣学生到美国学习的诸多具体建议，比如在我国驻美国联络处（当时中美未正式建交）设一位科学教育秘书，以适应即将开始的两国科技教育交流的需要，这些建议受到了邓小平的肯定和支持。现在的中国驻外使、领馆中都设有教育组，由公使衔参赞或教育参赞负责，它不仅起到了中国与世界各国的教育桥梁作用，更是留学生在海外的后盾。

何廉

何廉（1895～1975）于1919年来到耶鲁大学攻读博士学位，1926年学成回国，任南开大学商科财政系和统计学教授，并建立了南开大学经济研究所，很快使其成为中国最好的经济研究机构，因而使南开大学一跃成为当时国内经济学研究的前沿。从1931年开始，何廉编制了南开经济指数，成为当时研究中国经济状况的绝佳数据。他还翻译了大量经济学著作，使西方经济学引入中国。他对华北地区及西南地区的经济发展状况研究成为当时经济学研究的经典案例，从这些案例中可以看出，他的研究方法深受当时耶鲁经济学研究学派的影响。从1936年开始，何廉担任南开大学经济学院院长。

在耶鲁大学，何廉师从欧文·费雪（Irving Fisher），专攻经济指数研究。欧文·费雪是著名的美国经济学家，也是耶鲁大学第一个经济学哲学博士。在经济学中，有许多术语以他的名字命名，比如费雪方程式、费雪假设、费雪独立性理论。何廉在这位出色的导师的带领下，迅速接触到了西方经济学研究的最前沿领域，为他回国后推动国内的经济学研究打下了基础。何廉后来担任了国民政府顾问职务，为国民政府的经济改革出谋划策。1941年由于国民政府内部政治派别斗争，何廉成为替罪羊被迫退出政府，前往美国。何廉在美国先后担任普林斯顿大学访问学者和哥伦比亚大学教授，于1975年在美国逝世。

李继侗

李继侗（1897～1961）是第一个从美国大学获得森林学研究博士学位的中国人，是中国著名的植物学家、生态学家和教育家。在李继侗等一批中国最早的植物生理学开拓者带领下，中国的植物学迅速开始建立体系，并得到发展。李继侗于1921年考取清华学校公费留美，同年进入耶鲁大学林学研究院，1925年获博士学位后回国，并先后在金陵大学、南开大学、清华大学和北京大学任教。1957年，内蒙古大学成立，国务院任命他前往刚刚成立的内蒙古大学担任副校长，负责教学和科研工作。不幸的是，他在四年后病逝，享年64岁。

柳无忌

柳无忌（1907～2002）是国立中央大学文学院教授，他也是通过考取清华学校的公费留学，前往美国学习的。柳无忌先在圣劳伦斯大学[①]获得学士学位，再考入耶鲁大学攻读英语言文学博士学位。在耶鲁大学攻读博士期间，柳无忌和罗皑岚[②]、陈麟

[①]圣劳伦斯大学（St. Lawrence University）是一所私立四年制文理学院，位于美国纽约圣劳伦斯，建校于1856年，为纽约州最古老的男女同校大学。
[②]罗皑岚（1906～1983），文学家，1924年考入清华学校。

瑞[①]、罗念生[②]等人合办《文学杂志》,发表新诗和诗论。柳无忌1931年以论文《英国浪漫主义诗人雪莱》获耶鲁大学英国文学博士学位,回到南开大学任教。

柳无忌与耶鲁的渊源并没有随着他的回国而结束,在抗战胜利后,柳无忌接受了赴美讲学的邀请,由于国内局势震荡,他选择了终身留美。由于有对中国感兴趣的基金会捐助,柳无忌得以作为学生,在耶鲁大学图书馆内阅读几百本有关中国文学、哲学和历史的中英文书籍。当时在美国能提供汉语教学的学校并不多,专门研究中国文学的除了哈佛、耶鲁等最好的学府外,凤毛麟角。柳无忌认识到中文教学尤其是中国文学的教学,一定会在未来美国的大学中兴起。果然在20世纪50年代,美国国会通过法案,拨出专门的资金支持东亚方面的研究,其中就包括对中国文学的研究。柳无忌也就在美国兴起的东亚研究热潮中,开始了他的中国文学教学的经历。他先后在圣劳伦斯大学、耶鲁大学和印第安纳大学任教,推动了美国的中国文学研究。

耶鲁大学与天津大学

耶鲁大学与天津大学渊源已久,天津大学的前身是北洋大学,而在北洋大学的历任校长中,有两位都曾经就读于耶鲁大学,他们是蔡绍基(1902~1903就读)和梁敦彦(1904~1907就读)。在晚清新政后派出的留美幼童中,也有不少来自当时的北洋大学,比如后来民国政府外交部长、国务总理王宠惠,就是从当时的北

[①] 陈麟瑞(1905~1969),毕业于清华学校,长期从事翻译和戏剧创作。
[②] 罗念生(1904~1990),中国古希腊文学翻译家,1922年考入清华学校。

洋大学毕业后，考入耶鲁大学获得法学博士学位。在民国时期，北洋大学也为耶鲁输送了不少人才。

蔡绍基

蔡绍基（1859～1933）是珠海拱北北岭人，第一批留美幼童，1881年考入耶鲁大学，同年回国。回国后曾任北洋洋务局及招商局总办、天津海关监督等职务。1895年，北洋西学学堂建立之时，蔡绍基出任北洋大学二等学堂总办，为该校初期的建设做了很多实际工作。1902年，带着恢复北洋大学堂的使命，蔡绍基出任学堂总办，选定天津西沽武库为校址，兴工建造校舍，次年，建成复校。1908年蔡绍基出任北洋大学校长。

梁敦彦

梁敦彦（1857～1924）是广东顺德人，第一批留美幼童，曾肄业于耶鲁大学。回国后，长期任教于天津电报学堂，后任直隶知州、湖北汉阳海关道。1904年，接唐绍仪出任天津海关道兼北洋大学堂督办。而后三年，一直是梁敦彦执掌北洋大学堂。

王宠惠

王宠惠（1881～1958）出生在香港，祖籍广东东莞。他既是法学家，又是出色的政治家、外交家和翻译家。他是中国近现代法学的奠基人之一，同时也是叱咤风云的政坛人物和第一个把

《德国民法典》[1]翻译成英文的翻译家。直到20世纪70年代,王宠惠翻译的英文版本都是公认最好的版本,并成为美国法学界经典教材之一,这样扎实的学术和语言功底,直到今天也值得国人骄傲。王宠惠精通日语、德语、英语,是国民政府中最杰出的学术型官僚之一,最后成为国务总理。

王宠惠是中国第一个大学毕业生,他于1900年从北洋大学法律系毕业,获得了"钦字第一号"。毕业后赴日本学习法学,一年后赴美留学进入耶鲁大学,并获得法学博士学位。在美国他认识了孙中山并帮助孙中山翻译了数篇著作。后来他又前往英国学习法学,很快获得英国律师资格证。辛亥革命胜利后,王宠惠回国担任南京临时政府外交总长,并在1921年作为北京政府[2]全权代表出席了在美国召开的华盛顿会议。在蒋介石领导的南京国民政府内,王宠惠历任司法部长、司法院院长、外交部长,并随蒋介石在"二战"期间出席了开罗会议,为中国的主权和国家利益据理力争。"二战"结束后,王宠惠代表中国参与了《联合国宪章》的制宪会议,后来还参与了《中华民国宪法》的制定工作。

王宠惠作为一名政治家和外交家,参与了民国时期诸多重大政治事件。在军阀长期混战的情况下,以王宠惠为代表的一批知识分子主张由知识分子中的"好人"组成"好人政府",努力改变政府腐败的现状,创造出一个美好的"大我"。由胡适、蔡元培、

---

[1]《德国民法典》是德意志帝国1900年1月1日施行的民法法典,为大陆法系中最重要的民法典之一。
[2] 当时中国军阀混战,在南京有孙中山任大总统的南京政府,在北京有皖系军阀操纵下的以徐世昌为总统的北京政府。

王宠惠、梁漱溟等人发表的《我们的政治主张》[①]一文，显示了中国当时知识分子独立自主，追求政治理想的精神，尽管后来在多方妥协下组成了"好人内阁"，但终究因为知识分子并没有实权和军权，难以真正发挥作用，作为"好人内阁"成员之一的王宠惠，最终被迫辞职。

尽管在内政方面王宠惠屡屡受挫，但是在外交上，他为维护中国的主权完整和国家利益做出了重大贡献。王宠惠在华盛顿会议上提出了废除日本在华"二十一条"，并最终使得列强同意"尊重中国的主权与独立，以及领土行政之完整"。此外还签订了《解决山东悬案条约》。在那个"弱国无外交"的时代，王宠惠等人不畏强权，为中国外交赢得了胜利。20世纪30年代，日本加紧入侵中国，王宠惠在国联大会上机智地回击日本代表的挑衅。后来，随着日军侵华的加剧以及英美的绥靖政策，王宠惠推动中国与苏联签订了《中苏互不侵犯条约》[②]，有力地粉碎了日本孤立中国的外交政策，鼓舞了抗战军民。在抗日战争还处在艰难时刻时，王宠惠已经开始考虑如何在战后为中国争取到大国地位，在开罗会议上，王宠惠力争中国在战后的大国地位，并为收复日军占领下的台湾、确保朝鲜的独立，多方搜集证据和寻求国际法

---

① 1922年《努力周报》第二号发表了一篇《我们的政治主张》，在这份"宣言"上共同签名的有16人，其中包括蔡元培、李大钊、陶行知、梁漱溟等。这份宣言主张"政治的清明全靠好人出来奋斗"，并提出宪政的政府、公开的政府、有计划的政府等政治要求；同时对当时北洋政府与南方护法运动之间的南北和谈、裁军等具体问题提出一些方案。文章中的观点也被概括为"好政府主义"。
② 《中苏互不侵犯条约》是指中华民国政府与苏联政府于1937年8月在南京签订的条约，规定："倘缔约国之一方受一个或数个第三国侵略时，彼缔约国约定，在冲突全部时间内，对该第三国不得直接或间接予以任何援助……"

支持，使得英美妥协。后来，在联合国制宪会议上，王宠惠智慧地运用了美苏两大国的矛盾，为中国争取到了有利的国际地位。

王宠惠毕业于耶鲁大学法学院，而耶鲁大学的法学院自创建以来就属于全美国最好的法学院之一，在耶鲁的学习让王宠惠谙熟宪法学和国际法，加之他本人精通多国语言，使他具备了十分出众的学术能力。王宠惠在宪法、宪政方面的贡献极大：为中华民国奠定了立宪基础，引领中国宪政之先潮；在刑法方面，王宠惠带领国民政府法学专家们修订刑法，起草《刑法草案》，使民国刑法在吸收现代法精髓的同时去除了封建礼制糟粕；王宠惠为中华民国的《中国民法典》编订也作出了巨大贡献，为后来民法的进一步修订提供了范例；在国际法方面，王宠惠是中国历史上第一位出任海牙国际法庭的法官，他还为联合国宪章的制定提出了诸多建议。王宠惠尽管一生叱咤政界学术界，但是他为人清廉，到后来年老生病时，竟拿不出钱来治病，而是依靠好友的捐赠才买得起药。1958年，王宠惠病逝于台北，结束了他传奇的一生。

耶鲁大学与武汉大学

高尚荫

高尚荫（1909～1989）是中国著名的病毒学家。他于1909年出生在浙江嘉善，1930年从东吴大学毕业后前往耶鲁大学攻读博士学位。在耶鲁大学，高尚荫的博士毕业论文成绩优秀，毕业时他还获得了美国 Sigma Xi 科学荣誉学会^①会员称号。

高尚荫在 1935 年获得耶鲁博士学位后，仅到伦敦大学工作半年便回国，长期在国立武汉大学任教。后来他还担任了中国科学院武汉分院副院长、中国微生物学会副理事长等职务。高尚荫为武汉大学和中国病毒学专业的建立和兴起作出了重要贡献。在武汉大学，由于他的努力，中国在 1947 年建立了第一个病毒学研究室，1955 年建立了中国第一个微生物专业，1978 年建立了中国高校第一个病毒学专业和病毒学系。此外，他还在昆虫研究、动物胚胎研究、动物细胞研究等方面有杰出的科研成果，在国内外发表的论文多达 110 篇。

在"文革"中，高尚荫教授由于曾在抗战结束后向武汉大学提出过修建教授楼，以吸引更多海外回国的人才，而受到批判。不过即使是在当时那样艰难的环境下，高尚荫仍然为武汉大学争取到了电子显微镜，为武汉大学的微生物学研究提供了设备支持。改革开放后，高尚荫被评为中科院院士。

耶鲁大学与其他中国高校

杨遵仪

杨遵仪（1908～2009）是中国古生物学、地层学的学科开拓者，1933 年从清华大学地质系毕业以后，留校任教两年。他

---

① Sigma Xi 荣誉协会创建于 1886 年，该协会创建是为了授予那些为科学和工程科技作出贡献的科研项目以荣誉，并鼓励科研人员之间的合作。Sigma 来自于希腊字母，而 Xi 则是由该协会的座右铭"Spoudon Xynones"缩写而来，意为"热忱于科研的伴侣"。

于1935年进入耶鲁大学攻读地层学和古生物学，师从C.O.邓巴（C.O.Dunbar）。1939年以优异的成绩和出色的毕业论文从耶鲁毕业，并获得了Sigma Xi科学荣誉学会会员的称号。回国以后，他先后在中山大学、清华大学和北京地质学院（现中国地质大学）任教，后成为中国科学院院士。杨遵仪曾是温家宝的导师，在其100周岁寿辰之际，中国地质大学师生4000多人为其庆祝。

杨遵仪在耶鲁学习最先进的古生物学知识后，回国致力于古生物灭绝事件研究、二叠纪三叠纪断代研究以及矿产成因研究。在新中国成立之初，杨遵仪进入北京地质学院，带领水文系、石油系、普查系等开展专业工作。在"文革"期间，杨遵仪被批判为"反动学术权威"关进牛棚，即使是在牛棚里，他也坚持通过读英文、法文和德文的毛泽东文集来学习语法知识，以备未来学术研究所需。尽管在"文革"期间遭到各种批判和伤害，杨遵仪始终保持乐观的心态，在安徽、湖北等地经历多年体力劳动后，终于在1973年回到北京。一到北京他便如饥似渴地到各大图书馆阅读多年不见的外文文献，希望能向已经滞后于国外多年的中国地质学界和古生物学界展示国外研究的最新动态和成果。20世纪70年代的杨遵仪已经年过花甲，但他每天挤公交车上班，在地质科学院除了继续自己的研究，还帮助中青年研究员修改论文。从那时直到以百岁高龄去世，他帮助修改的论文不计其数。杨遵仪的同事和学生们回忆说，他的修改极为认真，帮助后生修改论文的时间几乎占据了他全部的休息时间。

第四章
影响中国和世界的耶鲁大学中国校友和学者

耶鲁有许多对中国和世界具有影响力的华人校友和学者,这里特别介绍几位。

晏阳初

晏阳初(1890～1990),四川省巴中市人,中国平民教育的先驱,世界知名的平民教育家和乡村建设家。晏阳初出生在1890年10月,四五岁开始就在父亲开设的私塾读书,1906年从成都天道学堂毕业,1916年进入耶鲁大学,攻读政治学和经济学,获得学士学位,1920年从普林斯顿大学获得硕士学位,由于母亲病重,提前终止攻读博士计划回国。

晏阳初将一生奉献给了平民教育和消除贫困,这跟他幼年时候受到的中国传统经典教育、少年时期的教会教育以及后来到耶鲁、普林斯顿等高校受到的美国民主教育密不可分。他自己说"3C"即孔夫子(Confucius)、基督(Christ)和苦力(Coolies)影响了他的一生。自幼在父亲开设的私塾读书使得年幼的晏阳初很早就在内心种下了孟子的"以民为本"思想和儒家"天下大同"

▲晏阳初

▲林徽因

▲林徽因设计的舞台布景剧照,1927年,耶鲁

◀越战纪念碑的设计者林璎在获奖仪式上

◀梁思成在耶鲁讲课时使用的幻灯片

◀林璎设计的女人桌平面照

的观念。晏阳初自幼就好学，他父亲便给他取字"阳初"，意为"旭日之初"。

由英国传教士姚明哲（Rev William II Aldis）牧师担任校长的天道学堂招收了13岁的晏阳初。在天道学堂，晏阳初受到校长的喜爱，毕业后被校长推荐到成都华美高等学校继续学习。生性秉直的晏阳初对华美学校的学风不满，退学后在成都一中担任英语老师，并结识了英国传教士史文轩（James W. Steward）。1911年四川爆发保路运动①，晏阳初回到巴中度过了一年。1912年夏，晏阳初再次来到成都，并在辅仁学社工作。在史文轩的建议下，晏阳初去往香港圣保罗书院②继续读书，并且因为学习成绩优异获得了英王爱德华七世奖学金。由于这个奖学金要求获奖者必须为英帝国国籍，晏阳初拒绝改变国籍，放弃了奖学金。后来，推荐晏阳初到香港读书的传教士史文轩回到英国服兵役，不幸在"一战"中罹难。晏阳初为纪念这位好友，把自己的英文名取为跟史文轩一样的"James"。在英语世界里，晏阳初作为"James Yen"广为人知。

晏阳初在1916年以优异的成绩进入了耶鲁大学，他选择了政治学与经济学专业。在耶鲁学习期间，晏阳初有幸受教于两位美国前总统塔夫脱和威尔逊。在耶鲁期间，晏阳初还加入了北美最古老的大学兄弟会组织Beta Theta Pi兄弟会③。从耶鲁毕业后，

---

① 保路运动为清朝末期四川、湖北、湖南、广东等省反对清朝政府将地方准备兴建的川汉铁路、粤汉铁路进行国有化发生的运动。
② 圣保罗书院（St. Paul's College）是基督教香港圣公会创办的一间传统名校，为香港补助学校议会22所补助学校之一，设有小学部和中学部。
③ Beta Theta Pi (βθπ)，北美最古老的兄弟会之一，建于1839年俄亥俄州牛津市的迈阿密大学。

晏阳初决定前往欧陆为当时被送往欧洲战场的 20 多万华工的权利而工作。他到达法国后义务为法国的华工提供文书服务，帮助华工给家里写信，并开始尝试着教授华工一些基础的汉字。经过一段时间的工作，晏阳初从复杂的汉字中挑选了最常用的 1000 个教授华工识字，并且创办了中文世界里第一份劳工报纸《中华劳工周报》，专门面向中国劳工服务。报纸创办后仅仅几个月，晏阳初收到了一封中国劳工的来信，在信中这位劳工感谢晏阳初为提高华人劳工待遇做出的努力并且将自己在欧陆参加法国战争所挣得的全部 365 法郎捐给了晏阳初的报纸，这让晏阳初深受感动，他决心为华人劳工的权利奋斗终身，后来也经常提到"苦力"对他的影响。

"一战"结束后，晏阳初回到美国进入普林斯顿大学学习，在拿到硕士学位后，由于母亲病重，晏阳初选择放弃攻读博士，提前回国。在回国前，晏阳初立下誓言一不做官，二不发财，而是要为普通劳苦大众奉献终身。晏阳初为社会公正和弱势群体而奉献终身的精神体现了耶鲁倡导的服务社会、关心大众的教育理念。

行文至此，也许读者会发现，几乎所有本书提到的耶鲁毕业生，当面临在个人成功和社会贡献之间的选择时，他们总是会毫不犹豫地选择后者。尽管这两者在很多情况下可以重合，但选择为大众服务、为社会公平正义事业奉献终身无疑需要巨大的觉悟。正是耶鲁教育中，让学生首先为社会服务，追求光明与真理的核心价值观，造就了中国近代史上各行各业的不少杰出领袖。

晏阳初是一个西方化的中国人，也是一个虔诚的基督徒。他从耶鲁毕业时有着一群非常具有影响力的美国朋友，比如后来成为总统的富兰克林·罗斯福，后来成为美国史上任期最长的最高法院大法官的威廉·道格拉斯，还有洛克菲勒家族的一些成员。但是比起这些身居高位的朋友们，晏阳初更关心自己祖国的底层劳苦大众。基督教给予了晏阳初做事的初衷以及做事的方式，但是也给他带来了一些问题：他有时候会与不信教的世俗大众发生分歧，不得不面对激进的革命分子以及后来的反基督教运动。晏阳初既是一个基督徒也是一个爱国主义者，这两种身份在很多场合下会不可避免地发生冲突，他终其一生都在尽力调和这两者之间的冲突。但是，更为重要的是，我们需要认识到，晏阳初并非西方思想的奴隶，恰恰相反，他在后来的平民教育和消除文盲的运动中，总是试图首先寻找中国本土的方法。

晏阳初回国之后，首先在上海创建了上海基督教青年会全国协会智育部，他担任该部主任，主要负责平民教育，提高民众识字率，消除文盲。他编制刊行的《平民千字科》成为中国最早的普及识字率的教材之一。1922年，晏阳初在全国范围内发起了全民识字运动，倡导"除文盲，做新民"。他亲自前往湖南组织了平民教育讨论会，在长沙发行了《全城平民教育计划》。其中，晏阳初提出将长沙划分为52个单位，以400名教师为骨干，进行大规模汉字普及。这次长沙实验是晏阳初平民教育理念第一次大范围内的实验，毛泽东作为义务教员也参与到了这次实验之中。晏阳初的平民教育观无疑对毛泽东后来的群众路线理论产生了深刻的影响。

在湖南和上海等地的平民教育实验获得了广泛好评后，晏阳初决定北上北京，受到了北洋政府高官和社会名流的接待。其中就包括北洋政府总理熊希龄的夫人毛彦文女士、陶行知、蒋梦麟、张伯苓等。在这些人的帮助下，晏阳初成立了中华平民促进会，并担任总干事。此后中华平民促进会在全国范围内开展了多次扫盲运动。晏阳初越来越认识到平民教育的重点和难点在于农民教育，如果占人口绝大多数的农民识字率没有显著提高，整个社会知识水平的提高也将难以实现。于是，晏阳初在经历了长达两年的多处实地考察之后，决定选取河北的定县作为实验县，开展一系列专门针对农民的知识普及活动。

晏阳初把中国农民问题的核心总结为"愚贫弱私"，提出了采用"学校式、社会式、家庭式"三种方式，"以文艺教育攻愚，以生计教育治穷，以卫生教育扶弱，以公民教育克私"。晏阳初在定县的教育实验超出普通识字教育范围，涉及医疗、卫生、农业生产、村民自治以及政治权利的教育。晏阳初为了全身心投入到定县的平民教育，举家搬到乡村，跟农民同吃同住。国民政府民政部次长称赞晏阳初的乡村教育项目并表示应该向全国推广。定县实验给定县带来了长远的福利，让定县成为中国历史上首个具有"宪政精神"的县级自治单位，法治民主观念广为传播，在抗战爆发前，定县的文盲率为零，成为中国历史上第一个消除文盲的县。直到 20 世纪 80 年代，在 20 世纪 30 年代初引进的农业技术还在服务着当地农村，定县的不少农产品享誉全国。然而，日本的侵略使得晏阳初原本进行得很顺利的乡村教育计划中断，他应湖南省政府主席何键之邀，为协助 3000 万三湘儿女进行抗战，南下到湖南。晏阳初在湖南主持撤销了近三分之二的闲职县级官员，减轻民众赋税负担，并招募了5000多名科学家和各个领域的学者参与到政府工作的制定执行之中，成为中国历史上规模空前的一次基层政治体制改革。

抗战胜利后，晏阳初试图说服蒋介石向农村教育倾斜，投入更多的资金，然而遭到蒋介石的拒绝。晏阳初并没有灰心，而是前往美国国会游说杜鲁门总统和美国国会议员为中国声势浩大的农村教育提供资金，美国政府同意了晏阳初的请求并通过了"晏阳初条款"法案，具体规定了美国政府的4.2亿对华援助资金中，不少于5%、不多于10%的资金用于中国农村的建设和复兴之中。晏阳初的平民教育指导工作持续到1949年，此后他的平民教育机构被解散，晏阳初中断他在中国大陆20多年的平民教育事业，转向中国台湾和美国，后来在菲律宾和哥伦比亚等第三世界国家长期从事平民教育和消除农村贫困的工作。

晏阳初曾获得美国旧金山市授予的荣誉公民称号，1967年，时任菲律宾总统马科斯授予他最高平民奖章"金心奖章"。1987年美国总统里根在总统办公室授予晏阳初"终止饥饿终身成就奖"。

晏阳初晚年在1985年时隔半个世纪后重访河北定县，与旧时的朋友、邻居和同事促膝而谈。1990年晏阳初病逝于美国，晏阳初的长女晏群英遵照遗嘱将他的一部分骨灰送回巴中安葬。1997年晏阳初的陵墓在四川巴中市东郊的塔子山建成。

孔祥熙

孔祥熙（1880～1967）是20世纪中国著名的银行家和政治家，是孔子的第75代后人。20世纪30年代、40年代他对国民党经济政策的制定产生了重要影响。他曾被认为是当时中国最富有的人之一。

孔祥熙出生在山西太谷县，毕业于美国俄亥俄州欧柏林学院（Oberlin College），后来进入耶鲁大学法学院获得法律文科硕士学位。从耶鲁毕业后，孔祥熙回到了老家山西，在辛亥革命期间帮助阎锡山推翻了清政府在山西的统治。孔祥熙自此开始成为阎锡山最为信任的幕僚，阎锡山也从此统治山西直到新中国建立。

辛亥革命之后，孔祥熙帮助母校欧柏林学院在山西太谷县建立了基督教学校，他成为该学校的校长。孔祥熙对阎锡山在政治、经济和社会政策上的影响巨大，他给阎锡山的建议成为后来阎锡山决心在山西实行现代化的重要参考。阎锡山在山西的现代化改革为他赢得了广泛的赞誉，山西在民国期间是"模范省份"。

1922年山西发生了严重饥荒，孔祥熙和美国红十字会、美国传教会和美国中国国际饥荒减灾委员会紧密协作，改善山西的基础设施尤其是交通建设，使得美国的饥荒救灾物资能够送达交通不便的山西各地。有诸多研究都表明，如果没有此次山西本省政府的努力及国际援助的积极配合，这次大灾荒很可能会像光绪年间的大饥荒一样造成严重后果。而孔祥熙和山西政府、国际人道主义机构一起使得山西渡过了此次饥荒，1923年山西的经济社会状况恢复了正常。

孔祥熙很早就成为孙中山的支持者。在加入蒋介石政府之前，孔祥熙为汪精卫工作，很快孔祥熙成为汪精卫武汉国民政府工业部部长。1928年到1931年孔祥熙担任南京国民政府工商部长，

1933年到1944年任财政部长,后来孔祥熙成为中国中央银行行长。

孔祥熙1931年进入国民党中央委员会,1938年到1939年担任国民政府总理。随后孔祥熙被委任为中国政府的全权代表的中国代表团参加了美国主导的布雷顿森林会议。孔祥熙进入国民党中央政府之后,仍然致力于改善蒋介石和阎锡山二人之间的关系。20世纪30年代,阎锡山同蒋介石公开决裂,导致阎锡山丧失了国民政府内的一切职务,逃到了大连。由于孔祥熙的游说,蒋介石后来原谅了阎锡山,准许他在1931年回到山西。孔祥熙在1934年观察到美国政府开始将"白银国有化"后,认识到中国也应当采取相应的措施,但他同时也向蒋介石指出,由于中国签订了太多不平等条约,要在中国实行银币改革基本行不通。

孔祥熙还在1937年出使德国,企图说服希特勒增加对华援助以抵抗日本侵略。1937年6月,孔祥熙会见了希特勒。孔祥熙成功说服了希特勒取消了与日本天皇的弟弟的会晤。孔祥熙说:"我成功地让希特勒了解到了日本想征服世界的野心。我让希特勒在跟日本走得非常近之前需要三思。"孔祥熙在德国的时候表示他对希特勒"非常满意"。希特勒还授予了孔祥熙一个荣誉学位,并尝试为德国打开中国市场,便于德国的出口。希特勒还提出了资助中国学生来德国学习,但是孔祥熙思索再三后,拒绝了德国的援助和留学生计划。访问完德国后,孔祥熙还前往美国和意大利分别会见了罗斯福和墨索里尼。

抗战爆发的时候,孔祥熙已经在仕途上如日中天,成为国民党内部举足轻重的人物。国民政府被迫迁都重庆的时候,孔祥熙已经建立起了自己的秘密系统。当时在重庆的周恩来通过获取孔祥熙的亲信的信任,极大地方便了共产党在国民党内部开展情报活动。

孔祥熙是一个基督教徒,他在抗战期间通过广播鼓励民众说"上帝正在帮助中国"。内战结束后,孔祥熙移居美国,于1967年在纽约因病去世,结束了他传奇的一生。

林徽因

说到曾经在耶鲁访学过的中国近代史上的名人,首推梁思成林徽因夫妇。他们两人先后在20世纪20年代和40年代来到耶鲁学习和讲学。尽管他们在耶鲁待的时间不算很长,却给耶鲁留下了宝贵资料和学术遗产。时至今日,这对伉俪在耶鲁留下的回忆还是众人谈论的佳话。

林徽因(1904~1955),祖籍福建闽侯,1904年出生在杭州,1927年,林徽因从宾夕法尼亚大学美术学院建筑系毕业,获学士学位。随后进入耶鲁大学戏剧学院,师从乔治·帕克(George Parker)教授,进行了为期半年的舞台美术设计学习。此后回到中国的林徽因迅速投入了位于沈阳的东北大学建筑系的成立准备工作中。她在东北大学建筑系短期教学期间,设计了吉林火车站西站站房,这是林徽因最早的作品之一。20世纪30年代,林徽因跟随丈夫梁思成在山西、陕西、山东、河北、江苏等地研究和记录散布在这些省份的古代建筑遗址。

林徽因在美国就读大学期间,正值美国"女权主义"理论兴起之时,耶鲁大学正是"女权主义"的发源地和理论研究前沿。

林徽因在耶鲁求学期间，努力把自己锻炼成一位独立自主，且具有现代人文色彩的新女性。林徽因曾写道："我记得在耶鲁大学戏院的时候我帮（弄）布景，一幕美国中部一个老师家庭的客厅，有一个三角（脚）架我和另一个朋友足足走了三天，足迹遍及纽海芬（现译纽黑文）全城，走问每家木器铺的老板，但是每次他都笑了半天说，现在哪里还有地方找这样一件东西！"可见林徽因对还原真实舞台场景的执着。她还写道：

> 耶鲁（剧院）是个经济特别宽裕的剧院，每次演的戏也都是些人生缩影，并不神奇古怪，可是那一次布景，我们（没）少了跑腿去东求西借的，戏院主任贝克老头儿，每次公演完登台对观众来了一个绝妙要求，便是要东西，东西中最需要什么吗？鞋！因为外国鞋的式样最易更改戏的时代，又常常是十年前五十年前这种不够古代的古装，零碎的服饰道具真难死人了。

梁思成

梁思成（1901～1972）是中国近代史上著名的建筑教育家、古建筑文物保护与研究专家、建筑史学家。他是梁启超的长子，出生在日本东京，辛亥革命后第二年随着梁启超回国。1923年从清华学校毕业后，进入美国宾夕法尼亚大学学习世界建筑史。1928年回国后创建了东北大学建筑系并担任系主任，成为我国建筑史教育的开创者之一。1946年他创建了清华大学建筑系并担任系主任。同年他还被聘为耶鲁大学建筑系客座教授，联合国大厦设计顾问建筑师，并被普林斯顿大学授予荣誉博士学位。从1949年起，他先后担任了北平都市计划委员会副主任和北京市建设委员会副主任，北京市政协副主席。

1946年到1947年在耶鲁担任客座教授的一年期间，梁思成主要讲授中国艺术和建筑。普林斯顿大学也在这一年向他发出了邀请，请他去普林斯顿参加"远东文化与社会"国际研讨会并担任主持工作。梁思成之所以如此受到美国诸多最高学府的高度重视，是因为他早在"二战"以前就发表了许多令国际学术界瞩目的论文。尤其是在中国抗日战争期间，他坚持出版发行《汇刊》两期，受到国际学术界一致好评。就在前往耶鲁讲课前，梁思成回天津去取存放在一家银行地下金库的教学资料和其他重要物品时，却发现所有的东西已经在一场洪水中全部被浸坏，幸亏他之前就把在耶鲁讲课要用到的幻灯片带到了昆明。有了这些幻灯片和其他的建筑构图，梁思成就有了讲授中国艺术和建筑的生动材料。他还准备带上自己在李庄[①]写成的英文稿件，连同准备好的图片，在美国找到出版商出版自己的图书，并准备取名为《图像中国建筑史》。

梁思成本来准备9月到耶鲁大学讲课，但因为船票紧张行程又被耽误了两个月，直到11月他才到达纽黑文。在耶鲁大学，梁思成住在塞布鲁克学院（Saybrook College）。刚到耶鲁大学，梁思成就让学校把他带来的所有照片和建筑图制作成幻灯片，这些幻灯片后来成了耶鲁美术图书馆的珍贵馆藏。

---

①李庄，四川历史文化名镇，是抗日战争时期大后方的文化中心之一，多所大学迁往李庄办学，抗战胜利后才搬回原址。

梁思成在耶鲁遇见了一位年轻的耶鲁教授——原籍香港的杰出华裔建筑师邬劲履。邬劲履于1945年毕业于哈佛大学建筑系，后到耶鲁做城市规划研究。梁思成和邬劲履两人虽然年龄相差很大，却一见如故。当时位于长沙的雅礼学校校舍在日军炮火中毁于一旦，邬劲履承担起了重新设计校舍的重任。他跟梁思成相遇之后，急切希望从梁思成那里获得指导，而梁思成也希望通过跟邬劲履的商讨形成中国新的建筑观念。此外，他还希望从邬劲履这位新毕业的年轻人身上了解美国顶级建筑学院教授课程的内容。邬劲履后来参加了梁思成的中国艺术和建筑的讲座，课后他跟梁思成的讨论对梁思成和清华大学都产生了重要的影响。邬劲履根据自己多年在哈佛的学习，给梁思成开出了一张书单，他认为这些欧美著作都是梁思成在国内新建建筑系时应该购置的；后来邬劲履还帮梁思成在美国采购了大量的教科书，寄到清华，这些书至今还保留在清华的图书馆内。梁思成非常欣赏邬劲履，邀请他去清华教书，但是邬劲履一直在耶鲁忙于长沙雅礼学校的重建设计，不能脱身。后来邬劲履亲自到长沙查看重建计划，可是由于国共内战爆发，重建计划搁浅，邬劲履回到了耶鲁，继续在此教学。

梁思成在耶鲁原本计划讲学一年，可是由于来美的耽误以及后来林徽因生病，他最后在耶鲁的教学时间只有七个月。但是在这七个月时间里，他积极参加了在耶鲁和纽黑文之外的活动，这些活动扩大了他的影响力，并且也使得梁思成对当时建筑界最新潮的思想有了更加切身的体会。

在美国的这七个月，梁思成参加了普林斯顿大学的200周年校庆，作为校庆活动的一个分活动，梁思成参加了"远东文化与社会"研讨会并担任了主席。他在会上发表了"唐宋雕塑"和"建筑发现"两个演讲，获得了与会者的一致高度评价。出席这次会议的中国学者还包括哲学家冯友兰、考古学家陈梦家、社会学家陈达等。除了学术演讲，梁思成还举办了中国建筑史的照片展。

就在梁思成准备出版他的英文版著作《图像中国建筑史》一书的时候，从国内传来了林徽因由于肺结核而健康状况急速恶化的消息。梁思成听闻焦急万分，归心似箭，他将自己的照片和建筑图邮寄给费慰梅①，希望费慰梅能帮他在美国出版。后因被中途借走未及时还，这些照片和建筑图直到40多年后才到达费慰梅手中。

吴敬琏

著名经济学家吴敬琏（1930～ ）曾在1983年1月到1984年7月通过福特基金会的资助，到耶鲁大学经济系和社会政策研究所做访问研究员。当时他已经53岁。令人惊讶的是，来耶鲁之前，吴敬琏没有接受过任何西方经济学的正规训练。在《吴敬琏传》中提到，来到耶鲁之后，吴敬琏发现自己不但听不懂专业的学术研讨会，连研究生的基础课都听不懂。有时候为了准备几句很短的发言，都要在之前读上几十个小时的教科书，把别人前几年学过的东西统统补习上。这其中有语言上的难关，但更主要的是此前吴敬琏所受的经济学教育和西方的经济学思想体系格格

---

① 费慰梅（Wilma Canon Fairbank, 1909～2002），研究中国艺术和建筑的美国学者，其夫是中国研究的泰斗费正清。

不入。吴敬琏只好硬着头皮,从本科生的基础课开始学起,开始了一段极其艰苦的求学生活。好在他凭借着自己超凡的努力和悟性,每天在语言和专业领域都在不停进步,不久后就能参与到专业的学术讨论中了。在耶鲁的日子里,吴敬琏生活得很清苦,除了偶尔能吃上便宜的鸡肉以外,平时就靠煮白菜凑合着吃饭。就这样,吴敬琏在耶鲁这座美国著名的高等学府里半做学生、半做学者。这一年半的刻苦努力对他学术思想的成熟至关重要,也是这一年半的学习,让他形成了对中国经济改革的主要看法。他在《吴敬琏选集·作者自传》中说,"在耶鲁的这三个学期,使我能够对近百年国外经济学的成果进行一次集中的补课"。他的好朋友、经济学家周叔莲说,吴敬琏从耶鲁回来,头发都白了。

1984年,从耶鲁满载而归的吴敬琏,立即投身于轰轰烈烈的改革大潮中。他所提出的建立市场经济体系以及改革国有企业的管理模式等受到国务院的重视。半年后,吴敬琏被调到国务院发展研究中心工作。

有次见到耶鲁大学经济学家、前国际与区域研究中心主任瑞那思(Gustav Ranis)教授时,我们还谈起吴敬琏教授。瑞那思教授对吴老在耶鲁当访问学者时刻苦学习的印象很深。2008年瑞那思教授应邀访问中国并参加上海论坛时也曾和吴敬琏教授在大会上见面,并探讨东亚经济转型前景。

林璎(Maya Lin)

耶鲁大学图书馆的规模在世界大学的图书馆中首屈一指,拥有藏书1100万册,分别存于22座建筑物中,其中包括最大的斯特林纪念图书馆（Sterling Memorial Library）、拜内克书籍善本图书馆（Beinecke Rare Book and Manuscript Library）和法学院图书馆（Yale Law School Lillian Goldman Law Library）。斯特林纪念图书馆藏书将近400万册，是耶鲁最大的图书馆，也是耶鲁整个图书馆系统的核心。在这座图书馆前，有一个造型奇特的花岗岩石雕《女人桌》(Women's Table)。

《女人桌》的上部是一大片椭圆形的黑色花岗岩剖面，中间有一个圆形孔，从这个孔里不断有水涌出，一波一波向整个桌面均匀地散开，无休无止，无声无息。以泉眼为中心绕出一圈一圈的数字，每个数字旁边还标有一个年份，表示该年耶鲁在校女生的数目。靠近泉眼中心的数字是一长串的0，表示耶鲁建校之初没有招收女生。耶鲁建校之初和英国的贵族学校一样，只招收男生。直到1873年耶鲁才第一次招收女生，《女人桌》上的数字也从这一年开始发生变化。1969年耶鲁本科学院招收女生后，耶鲁的女生数量快速增加。到1993年《女人桌》落成，数字的序列也就终止了[1]。由于《女人桌》位于耶鲁主图书馆斯特林纪念图书馆的门口，它也成为耶鲁学生最常经过，也最喜爱的校园雕塑之一。而这个《女人桌》的设计者就是林璎。

林璎1959年出生在俄亥俄州阿森斯（Athens），她的父母于1949年移民美国，并在俄亥俄州定居。后来她的父母都成了俄亥俄大学的教授，她的母亲教授文学并从事诗歌创作；她的父亲

---

[1] 一个常有的误解是自1993年起，耶鲁的女生数量超过了男生，所以女人桌不再记录女生的数量。事实上，直到1999年，耶鲁女生的数量也从未超过男生。女人桌不再记录女生数量仅仅是因为它是在1993年建成的。

则是一位陶瓷艺术家,后来成了俄亥俄大学美术学院的院长。林璎的祖父是曾任段祺瑞内阁司法总长的林长民,她的姑母正是上文提到的林徽因。但由于其父母很早就离开了中国,林璎对其华裔的身份并没有特别在意,她说她"在30岁以前并没有意识到自己是华裔这一身份",直到30多岁,林璎才开始对自己的中国背景开始感兴趣并进行深入学习。林璎于2009年设计了离纽约唐人街不远的华裔美国人博物馆,她说这有助于她的两个女儿继承自己种族的传统。

林璎于1981年从耶鲁大学毕业,获得文学学士学位,1986年获得耶鲁大学建筑学院的建筑学硕士学位。1987年她被耶鲁大学、哈佛大学等授予荣誉博士学位,以表彰其在建筑领域超乎常人的才能。林璎最出名的作品要数她设计的美国越战纪念碑了。由于她的华裔身份,这个设计在采用前还掀起了风波。

越战纪念碑的风波平息后,林璎选择回到耶鲁大学,在建筑学院攻读硕士学位。离开耶鲁之后连续几年,林璎在全美创作了十几件重要的设计作品,包括位于宾夕法尼亚州朱尼亚塔学院(Juniata College)的和平礼拜堂(Peace Chapel)、耶鲁的女人桌、位于田纳西州克林顿市的朗斯顿·休斯儿童保护基金图书馆(Langston Hughes Library)。林璎后来的设计作品还包括位于亚拉巴马州蒙哥马利市的民权运动纪念碑。纪念碑形似《女人桌》,是在一块黑色石质圆盘上刻着美国1954年至1968年在民权运动中死难者的名字,上面也流动着一层薄薄的水幕。位于密歇根大学工程学院的波场(Wave Field)则是林璎设计的一件完全由高低起伏的地面与地面上生长的草坪构成的艺术作品。林璎还为洛克菲勒基金会、纽约曼哈顿的新联邦法院大楼以及纽约大学亚太与美国研究中心担任建筑项目执行官。她的生活和作品被一部获得 1995 年奥斯卡最佳纪录片奖的影片《林璎：卓越而清晰的眼光》详尽地记录下来。2008 年，林璎创作的《长江针拼图》在北京的美国大使馆展出。据美国大使馆当时的官方报道，《长江针拼图》是由三万枚大头针拼接而成的作品，描绘了亚洲最长的河流即长江的全貌。林璎的创作突出表现长江呈线型与水平方向的河流动。她说："我对自然风景的兴趣导致我创作出一些受自然地貌和地质现象影响与启迪的作品。我从岩石的形成、水流的模式、日食、地球的空中鸟瞰图及卫星观察图中获得灵感。"此外她还是"9·11"事件纪念碑评审委员会的成员之一。

　　林璎的设计生涯中获得过许多重要的荣誉，其中最有分量的是 2009 年，林璎被奥巴马总统授予"国家艺术奖章"。此外，林璎还获得过总统设计奖、美国国家艺术基金艺术家奖、美国建筑师学会荣誉奖、美国艺术文学院建筑奖，以及耶鲁大学、哈佛大学、布朗大学、威廉姆斯学院和史密斯学院的荣誉博士学位。林璎还于 2002 年作为耶鲁校友被选为耶鲁校董之一。

第五章
雅礼协会与中国

2010年10月2日，约500位耶鲁大学校友齐聚曼哈顿东68街的普拉特厅（Harold Pratt House），纪念雅礼协会"英语教学项目"一百年。

过去的一个世纪里，耶鲁大学校友、雅礼协会的志愿者们一批接一批，怀揣改变世界的理想，深入到中国内地。这些志愿者在中国见证了中国最后一个封建王朝的崩溃和民主共和时代的风起云涌，经历了日本侵华的战火纷飞，也目睹了中美两国长达20多年的隔阂，以及后来的重新建交和如今日益频繁的经济和文化往来。这是一段独属于雅礼协会的历史，也是一段值得了解的历史。

雅礼协会是由耶鲁毕业生于1901年成立的非营利性组织，其前身是耶鲁海外传教会（Yale Mission）。该组织成立后的一个多世纪，一直致力于通过向中国提供教学和服务来增进中美两国民众之间的交流和理解。1906年耶鲁传教会在长沙热闹的市中心正式开始了教育工作。由于当时学生想直接进入西方学府还会有语言和知识上的困难，雅礼协会决定在湖南设立一个大学预科

▲纪念雅礼协会英语教学项目一百年

▲雅礼协会英语教学项目志愿者在长沙教学生们说英语

▲雅礼协会于2001年5月在湖南长沙中南大学湘雅医学院举行庆祝活动

▲位于纽黑文的雅礼协会总部

学校，同时开设一个西医诊所为大众服务。早在1913年，雅礼协会便以"耶鲁在中国"（Yale in China）之名广为流传。"雅礼"之名来自《论语》："子所雅言，诗书执礼"。1934年，耶鲁在中国以非宗教的身份再度注册，从1975年开始正式更名为雅礼协会，沿用至今。

  早在19世纪上半叶，耶鲁传教会将印度和中国都作为潜在的活动地点，可是耶鲁与中国自容闳以来悠久的历史渊源，使得中国，而不是印度，成为更具有逻辑的选择。耶鲁在中国的活动得到了诸如哈尔兰·比奇①（Harlan Beach）等许多耶鲁校友的支持。在整个19世纪大约有30多名耶鲁毕业生在中国从事传教活动，前文提到的在广州创建医院的帕克医生就是其中之一。耶鲁的校友们之所以如此专注于中国，不仅仅是因为中国人口庞大，更是因为看重伟大、古老的中华文明，认为这样的文明必将在未来世界中发挥重大的作用。哈尔兰·比奇在他自己的回忆录中说，当初之所以如此坚定地支持耶鲁来中国传教和传学，是因为"这个国家拥有的4000年文明史表明了它必将在未来世界中继续存留，我们应该确信是上帝出于美好而具有影响世界可能的初衷而将它保留下来"。同时，中国逐渐开始接触世界，引进西方先进的科学技术，加之中国人对教育的重视，为耶鲁的校友在华传教、办学提供了很好的机会。

  在雅礼协会筚路蓝缕办学的初期，由于在师资力量、教学设

---

① 哈尔兰·比奇（1854～1933），美国传教士，出生在新泽西州，先后毕业于菲利浦学院和耶鲁大学（1878年毕业），于1883年到1890年在中国从事传教和教育活动。他在1906年成为耶鲁传教理论与实践学教授，著有《照亮唐代之山》（*Dawn on the Hills of T'ang*）一书。

备和教学场所方面的匮乏，招生的规模受到了一定的限制。雅礼协会的医疗机构培训出的医生护士人数也有限，所以不能服务于广大的人群。为了解决这些困难，1914年雅礼协会在长沙城外购置土地建起了宽敞的新校园。由于医学院是与湖南省政府合作建立，所以决定取名为湘雅医学专门学校（"湘"为湖南的简称；"雅"是由耶鲁一词转化派生出来。后改为湘雅医学院）。湘雅医学专门学校，一个史无前例的中美合资机构，在仍然动荡的中华大地上成立了。雅礼协会决定给予中美两国工作人员同工同酬，这迥异于其他在华开办学校或者服务机构的外国机构。学校的创立人胡美博士和颜福庆博士也因为雅礼协会而成为终身好友。

雅礼协会附属机构在迁入长沙城外的新址后迅速发展，并迅速在湖南省内的主要学府中崭露头角，为湖南和全国培养了大批医生、护士以及大学生和中学毕业生。然而，由于后来军阀混战愈发不可收拾，加之社会秩序动荡，政治变故不断，反基督教和排外运动此起彼伏，雅礼协会与其所有的中国姊妹教育机构不得不在1927年暂时停止所有工作。

1928年，雅礼协会的工作开始恢复，由于此时美方工作人员已经全部撤离回国，雅礼协会已经失去了美方支持的财政预算，教学中的英语课程也无法继续。而最主要的问题却是建设一个中国的"耶鲁大书院"的雄心壮志也一去不返。为了使得雅礼协会的工作能迅速恢复。雅礼协会的总部决定让湖南的雅礼机构与在华的其他英美团体合作，从而获得资金、人员支持。雅礼协会将与其他几个机构一起承担起建设湖北武昌华中大学的任务，其中雅礼协会具体负责的是该校科学部的教学任务。由于雅礼协会工作人员的努力，科学部成了华中大学实力最雄厚的系别之一。

抗日战争期间，雅礼协会在中国的所有机构都经历了非同寻常的挑战和困难，其中湘雅医院更是承担起救治伤兵、护理难民的艰苦工作。在日军日趋南下的情形下，大部分湘雅机构都随同国民党迁往中国西南部地区。华中大学先后迁往了桂林、云南等地。雅礼中学南迁至湖南沅陵，而雅礼协会下属的护理学院和医学院则转至贵阳。

雅礼协会创办的每一所学校都有幸得到强有力的人物的支持，比如雅礼中学的劳启祥①、应开识②；湘雅医学院的张孝骞③；华中大学的韦卓民④、桂质廷⑤。这些校长们都竭尽全力让雅礼协会的附属学校能够做到卓尔不群，大学则侧重于最优秀的教育和社会责任的培育，使学生成为国家有用之才。然而，雅礼协会在这段时期蒸蒸日上的发展、形成的乐观向上的情操以及硕果累累的教学成果全都被日军野蛮的侵华暴行破坏殆尽。

雅礼协会在长沙的许多建筑和设施在日军手中遭到了严重损毁，抗日战争结束之后，雅礼协会在中美两国友好人士的帮助下迅速开展了恢复重建工作。可是，随之而来的国共内战使得雅礼

---

①劳启祥（1893～1974），1911年入雅礼大学，毕业后留校任教。1924年留学美国，先后在耶鲁大学、芝加哥大学攻研数学，获理科硕士学位。1926年回国后，任教于雅礼中学。1928年代理校长。1932年任校长。
②应开识（1899～1989），教育家，湖北汉阳人，1924年长沙雅礼大学毕业后，历任长沙周南、广雅、明德、雅礼等中学英语教员。1930年入耶鲁大学攻读教育学获硕士学位。回国后任雅礼中学副校长等职。中华人民共和国成立后，任雅礼中学英语教员。
③张孝骞（1897～1987），中国工程院院士，医学专家。
④韦卓民（1888～1976），全国基督教反帝爱国、三自革新运动委员会领导人之一，著名哲学家、教育家、翻译家和宗教学家。早年留学美国，在哈佛获硕士学位。
⑤桂质廷（1895～1961），物理学家、教育家，19世纪20年代曾任教于雅礼大学。

协会再一次前途未卜。中华人民共和国成立之后，雅礼中学改名为解放中学。中美恢复外交关系，雅礼协会重新建立起和中国的交流渠道。

20世纪50年代初期，中国与美国相互隔绝，朝鲜战争也加剧了两者的对立；同时国民党统治下的台湾社会也陷入动乱。雅礼协会在这一段时间将主要精力放在了帮助那些在美国读书的中国学生身上。1949年，雅礼协会在香港与钱穆先生合作，正式成立了香港新亚书院。此次合作一改先前雅礼协会亲自参与行政管理的做法，而只对新亚书院提供资金、人员和技术的支持。整个20世纪50年代和60年代，由于政治因素，雅礼协会不能到中国内地从事教育和医疗工作，因而将其工作重点置于香港。雅礼协会从1956年开始重启派遣耶鲁毕业生到香港教授英语的项目。雅礼协会支持下的新亚书院成为新成立的香港中文大学的一部分，雅礼协会出资修建了香港中文大学内的诊所、雅礼宾馆、会友楼，以及新亚书院内的一幢学生宿舍。

中美两国在1979年正式建立了全面外交关系，随着政治双边关系的正常化，两国在教育和文化交流方面的发展接踵而至，双方签订的协议使大量的中国学者和学生进入美国学习和生活，而美国学者和英语老师也被大量派往中国。雅礼协会在与中国的交流中断了30年之后，有幸成为第一批与中国恢复交流的美国机构之一。

20世纪80年代期间，雅礼协会在中国的诸多项目发展迅速，这些项目多集中在英语教学和医疗培训之上。雅礼协会促成了50多位耶鲁大学医学院的教授到湖南医学院（前身为湘雅医学院）访问、讲学，以及湖南医学院的医生来耶鲁医学院进修。同时，耶鲁的本科生和老师约150人来到中国参加长沙和武汉两地的英语教学活动。

整个20世纪90年代，雅礼协会的工作扩展到了中学、大学、非政府和政府机构。工作空间扩展出华中地区，辐射到北京、宁波、西安和广州。雅礼协会还将100余名从事美国研究的中国学者组织到耶鲁大学学习，深入了解美国文化和社会。此外耶鲁护理学院的教学人员发扬早期的湘雅医院传统，派专人到中国的各地医院培训护理技能和护士教育，并在湖南开办防治艾滋病护士培训项目。在英语教学的基础上，雅礼协会还增加了法律教学新项目，派遣年轻的美国法律学者到中国的大学教授法学，传播法治观念。

2001年，当耶鲁大学300周年校庆时，雅礼协会也迎来了自己的百年华诞，并在湖南长沙中南大学湘雅医学院举行庆祝活动。

目前，雅礼协会每年派12名耶鲁毕业生到中国工作两年。他们不仅教英文，还帮助当地做一些社会工作，与中国老百姓交朋友。通过两年的生活体验，这些年轻的美国学生对中国社会有了真切的感受，进一步理解了美中两国历史和文化差别。近年来，雅礼协会更是将其工作扩展到了教育、医疗、公共服务和艺术等四大方向，不断锐意进取，把握新需，在中国国际化的发展中扮演更加重要的角色，比如雅礼协会在公共服务项目上的发展就反映出了近年来中国新兴的非政府组织活动领域的拓展前景。2011年7月，雅礼协会和耶鲁校友协会组织了两百名耶鲁校友前往安徽省休宁县参加为期一周的服务、学习和文化交流活动，让更多的耶鲁校友有机会认识中国，了解中国。

雅礼协会在其成立的一个世纪里，一直向中国传播耶鲁"光明与真理"的价值观，同时自身也演变成为一个尝试通过交流来加强人民相互了解的非营利机构。如今的雅礼协会仍以激励人们互相学习和共同服务为己任，通过发展长期的友好关系以促进中美两国教育、医疗及相互理解的不断发展。雅礼协会期望中的中美关系，是一个在两国个人及机构间不断合作的基础上形成的互相理解和深刻尊重的伙伴关系。在未来的日子里，雅礼协会将会坚持通过教育、医疗、公共服务和艺术等各方面的项目和工作，搭起中美两国人民间友好交往的桥梁。

第二部分　有缘千里来相会

第六章
担任美国驻中国大使的耶鲁大学校友

自耶鲁校友彼得·帕克来到广州,到雅礼协会撤出中国,耶鲁和中国的缘分持续了115年。自1949年新中国成立到基辛格、尼克松访华,随后中美两国逐步恢复正式外交关系,这期间的20多年,耶鲁与中国的交流由于中美两国外交关系的中断也被迫中断。而再续耶鲁中国缘的第一人应当算是乔治·赫伯特·沃克·布什(即老布什总统)了。

有人说,耶鲁是培养美国总统的摇篮,近年来多人担任总统职务,比如福特总统、老布什总统、克林顿总统、小布什总统。如果再仔细看一看美国驻华大使的名单,那么也可以毫不夸张地说,耶鲁还是培养美国驻华大使的摇篮。从中华人民共和国和美国建交至今,历任驻华大使共有九位,其中耶鲁的校友就有四人,如果把建交前担任美国驻北京联络处主任的老布什总统也算上的话,1949年后美国驻华联络人员有半数都是耶鲁校友。耶鲁校友在中美两国的外交上发挥了重要的影响力,他们中不少在耶鲁上学期间就对中国产生了浓厚的兴趣。

乔治·赫伯特·沃克·布什

乔治·赫伯特·沃克·布什（George Herbert Walker Bush，1924～2018），耶鲁1948届本科毕业生，获经济学学士学位，是美国第41届总统，一般称他为老布什总统，以区别于他的儿子、另一位耶鲁毕业生小布什总统。尼克松访华后，1972年中美开始初步恢复邦交，在北京设立美国驻京联络处，即美国驻华大使馆前身。1974年10月21日，老布什来到北京，被任命为第一任美国驻北京联络处主任，他当时所处理的工作与驻外大使的本职工作并无两样。老布什被外界普遍认为对中美两国外交关系正常化作出了重要贡献，他在北京工作的14个月里，为中美关系的改善打下了良好的基础。1976年回国后，老布什担任美国中央情报局局长。

老布什在进入耶鲁之前，曾参加过"二战"中的美国对日空战。老布什于20世纪60年代步入政坛。他在1960年当选国会众议员，20世纪70年代初出任美国驻联合国代表，1973年到1974年被选为共和党全国委员会主席，并于1981年到1989年期间担任里根政府的副总统。在此期间，因里根总统健康原因，老布什还曾担任了美国历史上首个代总统。1988年老布什在总统选举中战胜对手民主党总统候选人迈克·杜卡基斯（Michael Dukakis），成为总统。他在成为总统后的第二个月便访问中国，美国媒体称他是"访华最急切的总统"。这次访华期间，老布什总统会见了时任中国总理的李鹏，李鹏还送给老布什夫妇一辆"飞鸽牌"自行车，他们两人现场便骑上自行车开始回味20世纪70年代在北京的生活。老布什总统回忆起在北京的日子，特别怀念每天早上能听到孩子们"一二一"的口令声、北京自行车铃声以及大清早广播大喇叭的声音。他自己曾经骑着自行车游览北京的大街小巷,同普通民众聊天;他和妻子还尝试学习汉语,他们都对中国文化有着浓厚的兴趣。尤其是他与夫人在金婚宴上最抢眼的一道菜北京烤鸭,曾被媒体以大量篇幅宣传报道。此外,老布什总统还接受了中央电视台采访,成为第一位直接通过中国媒体向中国人民讲话的美国总统。

老布什总统还作为北京奥运会美国代表团荣誉团长出席了2008年北京奥运会开幕式。

洛德

洛德(Winston Lord,1937~),耶鲁1959届本科毕业生,是中美两国恢复外交关系的关键人物之一。20世纪70年代以来,他在中美两国的外交中发挥了持久的重要作用。1969年到1973年,他作为美国国家安全委员会的成员,是国家安全顾问基辛格的特别助理,并且在1971年陪同基辛格访问北京。1972年,作为尼克松总统访华代表团的一员,洛德再次访华,并且在之后的福特总统任内也曾访问过中国。洛德后来成了美国政策规划署署长,也是美国政府对华政策首席顾问。从1977年到1985年,洛德担任美国最有影响力的外交政策智库对外关系委员会的会长。从1985年到1989年,洛德在里根总统任期内担任了美国驻华大使,并在克林顿任期内担任东亚以及亚太事务助理国务卿。洛德早年曾参加过美国国防部的工作,并荣获美国国防部杰出表现奖。在政府不同的岗位调动的空闲期间,洛德还组织策划了许多私人性质的国际事务活动。他于 2010 年在南加州大学的中美研究所发表的对当前中美关系认识的演讲引起了广泛的关注。

值得一提的是，洛德大使的夫人是美籍华人、著名作家包柏漪，她著有《春月》等五部知名作品。包柏漪在文学上的造诣出众，或许与她的家庭背景有关，她的母亲来自书香家庭，乃是清代文学家方苞的后代。洛德大使和他的夫人是在塔夫特大学弗莱彻法律与外交学院攻读硕士时的同学。洛德大使的母亲玛丽·皮尔斯伯里·洛德（Mary Pillsbury Lord）曾担任了八年的美国驻联合国代表以及美国驻联合国人权委员会代表。

李洁明

李洁明（James Roderick Lilley，1928～2009），耶鲁 1951 届本科毕业生，1989 年到 1991 年期间担任美国驻华大使。李洁明的父亲詹姆斯在 20 世纪 20 年代来到中国开办了美孚火油青岛分公司，一年后李洁明在其父工作地青岛出生了。李洁明小时候由一位中国的保姆照料，使得他的中文几乎与英语一样流利。由于第二次世界大战的进程变化，李洁明一家在 1940 年回到美国，他进入了新泽西的一所中学读书。高中期间，他参加美国预备役军官训练营（ROTC），随后再申请军方付款，进入耶鲁大学学习，毕业之后加入了中央情报局下属的特工组织战略服务局（Office of Strategic Services）。随后他进入乔治·华盛顿大学攻读研究生，主修国际关系，并在香港大学和哥伦比亚大学学习了中国古典文学。

1975 年，李洁明被任命为中央情报局驻中国官员，使他成为当时美国情报系统驻中国的最高级别专家。他在成为外交人员之前，为中央情报局在亚洲地区工作了30年。在成为驻华大使之前，1981年到1984年李洁明担任美国在台协会台北办事处处长，曾协助中国台湾保住在亚洲开发银行的席位。1986年到1989年他担任美国驻韩国大使，并于1987年见证了韩国具有历史意义的那次总统大选。除了担任公职以外，李洁明还曾在约翰斯·霍普金斯大学高级国际研究学院教授中国经济的课程，并为一些在中国做业务的美国公司提供咨询服务。

1989年，李洁明由老布什任命，担任驻华大使，成了第一名既在中国大陆又在台湾工作过的美国外交官。老布什和李洁明的友谊源于20世纪70年代，当时布什作为美国政府中国事务的领导驻扎北京，而当时李洁明在北京为中央情报局工作。这样的工作关系使老布什和李洁明两人能就国际问题频繁交换看法，李洁明当时给美国政府的信函也经常会先让老布什过目。李洁明在到达北京后不久，就开始骑着一辆自行车在北京城内各处游走，了解北京的情况。

李洁明1991年结束大使任期离开中国时，中国政府的官员们为他举行了送别仪式。在谈到自己对中国的感想时，李洁明大使在自己的回忆录中写道，"自从1916年，我的父亲从上海港走下那艘轮船开始为标准石油公司工作那刻起，中国这个国家就注定改变了我们整个家庭"。李洁明的继任大使说，由于李洁明从小在中国长大，他对中国的文化，特别是中国官场文化有着深刻的理解，这是其他美国人难以超越的。李洁明于2009年在华盛顿去世。为纪念这位前驻华大使，家人捐款在雅礼协会专门设立了李洁明纪念基金用以继续支持雅礼协会在中国安徽休宁县及其他边远地区开展的英语教学项目。

雷德

雷德（Clark T.Randt, Jr.1945～），耶鲁1968届本科毕业生，于2001年7月到2009年1月期间担任美国驻华大使，他是目前所有驻华大使中任期最长的一位。雷德从耶鲁大学本科毕业后，进入哈佛法学院，获得东亚研究所奖学金并获法学硕士学位，后来在密歇根大学获得法学博士学位。

美国媒体评论最多的是雷德与布什的私交。在耶鲁念本科期间，他跟小布什总统一样都是耶鲁大学兄弟会（Delta Kappa Epsilon）的一员，并曾在一个宿舍里住过。布什竞选时，有人说布什曾在大学读书时吸过毒，雷德闻言，立即出面为他澄清。他说："那时候，我们周末常在一起喝啤酒，除此之外没有别的。"雷德与布什一家的关系也颇为深厚。1988年老布什竞选总统时，雷德是当时全国竞选指导委员会的成员，为老布什上台立下汗马功劳。

从1968年开始，雷德在美国空军安全处工作，1974年雷德成了美中贸易全国委员会的中国处代表。1982年到1984年，雷德作为美国驻华大使馆的第一秘书和商务随员居住在北京。随后他前往香港，开始了在香港长达18年的生活。在香港，雷德作为合伙人加入了希尔曼和斯特林国际法律公司（Shearman & Sterling），并且主管公司的中国业务。在这期间，他还担任了美国贸易协会在香港的总管以及第一副会长。他同时获得了纽约和香港的律师资格证书，专攻中华人民共和国法律。他曾代理过克莱斯勒汽车公司、通用电气集团等美国大企业的对华业务，参与了最早的三只中国概念股在纽约证交所的上市。作为投资问题专家，雷德还参与了中国国企的重组，并协助中国发行用于基础建设的债券。他参与编辑的《中国投资手册》两次再版，至今仍是美国公司对华投资部门的必备书。

雷德流利的汉语对他开展工作发挥了重要作用。在来中国就任前参加美国参议院外事委员会听证会时，雷德还回忆了他学习中文的经历。1964年，当雷德离家去上大学之时，父亲曾劝他选学中文。父亲对他说："中国人占世界人口的四分之一，中国在我的有生之年肯定会成为世界舞台上的一支重要力量。"但雷德没有听从父亲的劝告，而选择了英国文学。想到这里，雷德大使颇为遗憾地表示，"如果我是个中国孩子，当时一定会听从父亲的建议，而作为一个美国孩子，我们不听父母的话是天下闻名的。"1968年，他在空军服役时，终于又得到了一次机会。"这一次，我没有放过这个机会，在国防语言学院学了一年中文。"如今，会讲汉语已经成为雷德的重要资本。

从2001年起，小布什总统任命他为美国驻华大使，他于当年7月到北京赴任。雷德大使最重要的贡献之一是促成了中美两国开展战略经济对话，在这一对话机制下，两国财经官员每年两次，就关系到全局性、战略性、长期性的问题进行面对面磋商，加深了解，增进信任。美中官员在对话中坦诚相见，分析面临的问题，讨论应该采取的措施。雷德大使离职前对记者说："令我感到非常自豪的一个事实就是，我离开时的美中关系要比八年前我来华时好得多。"自 2009 年卸任以后，雷德结束了其外交政治生涯，现在在一家中国私募股权投资基金工作。

雷德大使在任期内见证和亲历了很多大事，比如两国建交30 年、北京奥运会、美国驻华新使馆落成等，但是他在一次接受采访时表示，最令他难忘的是北京举办的残奥会。他说："每个人都期待奥运会不同凡响，当然，实际结果也的确不负众望。但真正震撼我的是残奥会。印象中中国对残疾人的关心和照顾水平一直不是很高，中国残疾人身处艰难的处境。但是，残奥会精彩绝伦，令人备受鼓舞。我和美国参加残奥会的运动员交谈，他们说他们从来没有参加过如此组织有序、规模空前的比赛。"雷德大使回想起参加北京残奥会开幕式时看到点燃火炬的那一幕，当时一位坐在轮椅上的中国运动员侯斌，费尽气力爬到顶，点燃了火炬。雷德大使说，这些残疾人运动员的热情和精神令人震撼。

雷德大使在中国期间曾到湖南的雅礼中学与中国的中学生们面对面地交流，当时正逢雅礼中学 102 周年校庆，他一见到雅礼中学的校长、老师们便用一口京腔的普通话连声说道"恭喜恭喜"，而当在场的中方领导称赞雷德大使为中美交流做出了杰出的贡献时，雷德大使诙谐地用口音更加浓重的北京话回答道："哪儿的话。"引得众人开怀大笑。这位经常骑着自行车串北京胡同的美国大使在北京任期结束时的演讲中说："我认为驻华大使是美国政府最好的职务。担任这一职务，我很荣幸。"

雷德大使不仅中文流利，且为人和蔼可亲。雷德大使任职期间，曾多次在其大使官邸招待来北京访问的母校耶鲁大学校长雷文及随行，我有幸参加过大使的家宴。走进官邸客厅，吸引我的除那幅独特的小布什总统画像外，便是青花瓷器和挂在台灯上的中国结，大使对中国文化的了解和兴趣可见一斑。

骆家辉

骆家辉（Gary Faye Locke，1950～），耶鲁1972届本科毕业生，2011年至2014年任美国驻华大使。从2011年3月开始，奥巴马总统任命骆家辉就任美国驻华大使，在这之前骆家辉担任了华盛顿州州长（美国历史上首位华裔州长）和美国商务部部长。骆家辉于1972年毕业于耶鲁大学，获政治学学士学位，随后他前往波士顿大学攻读法学。骆家辉的妻子李蒙曾获全美亚裔小姐的称号。李蒙毕业于美国西北大学，获大众传播学硕士后，进入电视台工作，与骆家辉结婚后育有两女一子。

作为美国历史上首位在总统内阁中担任职务的华裔美国人，骆家辉有着不同寻常的经历。骆家辉的祖父从中国移民到了美国华盛顿州，最先是作为一名用人，以劳动换取别人为他教授英语。骆家辉的父亲也出生于中国，他来美国后开了一家小杂货店，骆家辉小时候就是在这家小杂货店一边干活一边在西雅图的公立学校里读书。骆家辉认真踏实的工作态度和坚定的意志为他今后坐上华盛顿州最高领导人的位置奠定了坚实的基础。

1996年骆家辉击败对手成为华盛顿州州长，使他成为美国政坛上首位华裔州长，并且在2000年成功连任。他被外界普遍视为温和派民主党。在华盛顿州这个美国最依赖于贸易的州，骆家辉努力在全球扫除贸易壁垒，推广美国的产品。他在任期间总共10次率领贸易代表团前往亚洲、墨西哥和欧洲，为华盛顿州的公司开启了将商品销往全球的大门。他还大力加强了华盛顿州和中国的经济联系，使得华盛顿州对中国的出口翻番，达到了每年50亿美元的水平。

在华盛顿州州长任满后，他进入西雅图一家国际律师事务所，开始处理中美两国商贸法律案件。2008年美国总统大选时，他为希拉里在华盛顿州的竞选做策划工作。2009年，骆家辉被奥巴马总统任命为商务部部长，成为奥巴马政府中第二位华裔部长。2011年3月，骆家辉被奥巴马提名接替洪博培任美国驻华大使。

骆家辉在8月12日到达北京以后，拒乘大使专车，而是全家人提着行李挤进一辆使馆的面包车前往美国驻华大使馆。这样的平民作风引发了中国媒体的一系列反应。而此后骆家辉更是因为乘坐飞机时只坐经济舱，以及其他一系列朴实作风，在中国网络和社会上产生更大反响。

2011年耶鲁举办中国妇女领导研究班时，我和研究班的成员在白宫与奥巴马总统任命的负责妇女、儿童事务的费维尔大使（Ambassador-at-Large Melanne Verveer）会见，骆家辉大使的妻子李蒙也在座。她向代表团成员讲述了骆家辉向她求婚的浪漫经过，还介绍了自己的家庭和孩子。没有任何官方语言的谈话，一下子拉近了她和中国妇女领导研究班成员的距离，使人感到格外亲切。李蒙的风度和言谈给我们留下了极好的印象，她是一位出色的大使夫人。

第七章
新时期耶鲁大学中国留学生

从1978年改革开放以来,已经有成千上万的中国学生走出国门[1],前往世界各地的发达国家留学。在诸多国家中,美国的大学以其高质量的教学水平和在世界范围内的高认可度,成为留学生的首选地。耶鲁大学在这样的大背景下迎来了一批又一批的中国留学生。

根据相关资料,改革开放以来的留学生大约可以分为四个阶段。

第一个阶段是20世纪70年代末到80年代初。由于改革开放和教育体系的恢复,这时候派遣出国的学生大多都是政府出资资助的各个大学的学术骨干,即公派留学。他们大多数人都以访问学者的身份而不是完全的学生身份到欧、美进修,一定程度上有利于改善"文化大革命"以来中国学术界与世界学术界脱节的局面。

第二个阶段是20世纪80年代前半期,出现了留学美国的热

---

[1] 根据中国教育部的统计,从1978年到2019年这40多年的时间里,中国共有留学人员约656.06万人,其中回国的人数约423.17万。

潮，随着中国的出国留学政策尤其是自费出国政策的出台，开始出现一些自费留学生，读研人数大幅增加。

第三个阶段是20世纪80年代末期到90年代初期，公费留学仍然在增加，自费留学出国也越来越普遍。除了美国外，加拿大、欧洲、日本也开始成为留学目的地。

第四个阶段是1992年邓小平南方讲话至今，由于中国政府采取了扩大改革开放的措施，出国留学人数迅速增加。国家留学基金委成立于1996年。现由留学基金委资助在国外学习的人数达2.4万余人，仅2012年的资助出国人数就超过1.6万人。2007年以前，选派对象主要为访问学者，后逐步扩大，现包括高级研究学者、博士研究生、联合培养博士生、硕士生、本科交流学生和短期研修生等，专业涉及各个不同领域，在国外就读的自费留学人员也可申请。财政部从2010年9月起上调了国家公派留学人员奖学金的资助标准，使得公派留学人员的学习条件得到大幅提高。据留学基金委2012年统计，国家公派出国留学人员整体按期回国率保持在98%以上。

留学地域除原来的北美、欧洲、亚洲外，大洋洲的澳大利亚和新西兰也逐渐成为许多留学生的去处。除语言（这两国的官方语言都是英语）原因之外，澳大利亚和新西兰的惬意生活及温暖气候加之比较有吸引力的移民政策使其成为不少学子和家长的理想之地。

耶鲁的中国留学生大致也遵循上面提到的这四个阶段。耶鲁大学是最早接受来自中国的访问学者的美国顶级大学之一，也是中国改革开放后最先录取中国大学生的美国大学之一。1981年，耶鲁开始接待来自中国的访问学者，随后开始招收中国本科生和研究生。自20世纪90年代中期至今，在耶鲁的中国留学生人数日益增加。从2000年开始，中国留学生在耶鲁成了最大外国留学生群体。截至2012年，耶鲁的中国学生和访问学者人数将近800人，远远超过除美国以外的其他任何国家的学生和学者数量。

具体来说，耶鲁本科生中的中国学生总人数在2003年以前，一直保持在20人以内，也就是说每年招收的学生不超过5名。随着耶鲁"全球化大学"这一目标的推进，耶鲁开始着手增加国际学生在本科生中的比例，来自中国内地的本科生数量也开始迅速增加，目前每年从中国内地招收的人数大概能保持在12至15人。

耶鲁的中国研究生数量则保持着稳定的增长，自20世纪80年代开始，申请到耶鲁读研究生的中国学生占了耶鲁中国学生的绝大部分；尤其是到了2009年以后，耶鲁研究生中招收的中国学生人数突破300人，在国际学生中远远超过其他任何国家的学生人数。尤其是研究生院、管理学院、森林及环保学院，成了许多优秀中国本科生毕业后竞相申请的选择。

除了学生人数的增加，来到耶鲁大学的中国访问学者人数也逐年攀升，尤其是2000年以后，中国学者与耶鲁的交往，随着各项耶鲁中国合作项目的顺利开展，出现了连续几年剧增的局面。耶鲁与中国学生和学者的频繁往来，反映出了耶鲁的全球化大学战略的顺利实施，更反映了中美两国在文化教育方面的交流达到了空前的广度和深度。

表 7-1 耶鲁大学中国留学生及访问学者在校人数（1982～2012）

	耶鲁大学中国本科生在校人数	耶鲁大学中国研究生在校人数	耶鲁大学中国访问学者在校人数
1981～1982	1	7	30
1982～1983	—	—	35
1983～1984	—	—	40
1984～1985	—	—	45
1985～1986	2	69	51
1986～1987	2	98	49
1987～1988	5	100	57
1988～1989	7	111	61
1989～1990	11	120	83
1990～1991	14	145	123
1991～1992	20	154	150
1992～1993	17	159	137
1993～1994	12	128	99
1994～1995	11	128	93
1995～1996	6	136	108
1996～1997	7	149	120
1997～1998	7	154	125
1998～1999	9	178	142
1999～2000	10	223	201
2000～2001	10	239	227
2001～2002	15	274	285
2002～2003	19	280	327
2003～2004	25	272	355
2004～2005	30	274	388
2005～2006	26	274	359
2006～2007	38	252	375
2007～2008	45	255	447
2008～2009	43	292	464
2009～2010	56	308	491
2010～2011	58	343	544
2011～2012	56	385	586

注：1982 至 1984 年度部分数据暂时缺失

表7-2 耶鲁大学研究生院和各专业学院中国留学生分布一览表(2006~2012)

	研究生院	管理学院	森林和环境学院	公共卫生学院	音乐学院	建筑学院	法学院	医学院	戏剧学院	艺术学院	护理学院	神学院
2011~2012	278	31	16	18	13	11	8	2	3	3	1	1
2010~2011	250	32	17	12	11	6	7	2	1	1	1	3
2009~2010	222	31	13	9	8	2	8	3	3	2		5
2008~2009	224	23	12	6	11	4	6	2	1	1	0	2
2007~2008	196	15	13	4	9	5	7	2	1	2		0
2006~2007	199	11	15	3	7	2	8	1	3	1	2	0

有关入学申请

随着中国经济的发展和对美国教育了解的加深,越来越多的中国学生选择申请来耶鲁大学攻读本科或更高学历。

耶鲁招收本科生的要求和国内大学有很大的不同。有些人以为美国大学本科入学不需要考试,只需要申请就可以了。这是不对的。其实美国绝大多数大学入学前需要参加 SAT (Scholastic Assessment Test) 考试,这个考试和中国的高考相近,只不过大学的招生办在审核考生时不会光看这一个考试的分数高低决定录取,而会全面评估学生在学业成绩、课外/社区活动、领导能力等各个方面的综合素质。要申请耶鲁大学的本科,需要提交一份公共申请材料（Common Application，美国近 500 所大学公用的申请表格，其中包括学生课外活动经历的介绍和自述短文）、耶鲁申请补充材料（包括一篇额外的自命题短文）、75 美元的申请费（经济困难家庭可申请免除）、学校成绩单、三封教师推荐信、标准化考试成绩（SAT I 加两门 SAT II 学科测试或 ACT 加写作测试；对来自英语非母语国家的学生，耶鲁则强烈建议加考 TOEFL）。短文的作用是让招生处知道你与其他资质相当的申请者有何不同，为什么你认为自己适合来耶鲁大学等。从中国申请的学生一般学习都很优秀，也能在 SAT 考试上考出很高的分数，但是很多在课外/社区活动方面相对欠缺。许多中国的高中生和家长也意识到了这一点，在申请材料中会尽可能地多加入一些诸如在中国贫困地区支教、到敬老院帮忙等经历，但在有些情况下这些经历可能只是蜻蜓点水，缺乏脚踏实地、坚持不懈的努力和奉献精神。有些经历甚至是临时编撰硬加进去的。其实耶鲁的招生官都有丰富的经验，一旦发现申请材料中有任何虚假内容，被录取的希望就等于零。所以我们鼓励申请者提交最真实的申请材料。

耶鲁大学作为全美最好的私立大学之一，学费还是相当高昂的。2012 到 2013 学年，在耶鲁学院就读一学年的全部费用约为 58600 美元（其中学费为 42300 美元，住宿费 7150 美元，伙食费 5850 美元，书本以及各种杂费 3300 美元）。这笔费用即使对于美国的中产阶级家庭来说也是一笔不小的开销。然而，申请耶鲁的本科完全不必因为这高昂的学费而望而却步，因为耶鲁学院有着全美最好的助学金（Financial Aid）政策之一。这个政策可以概括为三点：学生是否需要申请助学金不影响录取结果（need blind）；被录取的学生所得的助学金依据学生家庭的经济能力而定（need based）；助学金的数额可以百分之百补足学生家庭经济条件与耶鲁学费间的差距（100% of demonstrated need will be met）。这个政策不仅对美国学生适用，对全世界任何国家的国际学生同样适用。耶鲁学院的招生办公室（Admissions Office）和助学金办公室（Financial Aid Office）是完全分开的，招生办公室只负责根据学生的申请材料决定是否录取，完全不考虑该学生是否需要学校提供助学金。而只有确定被录取的学生，其档案才会被转交到助学金办公室，由该办公室来确定具体提供助学金的数额。需要注意的是，耶鲁给予的助学金完全是依据学生的家庭经济承受能力，与其他很多学校根据学生资质发放的奖学金（merit-based scholarship）是完全不同的。耶鲁之所以这么做，是因为耶鲁坚信每一个能被耶鲁录取的学生，一定都是极其优秀的，耶鲁的任务就是要保证这些顶尖的学生不会因为经济原因而错失来耶鲁接受教育的机会。据耶鲁学院招生办公室给出的信息，耶鲁学院专门用于提供助学金的预算高达1.2亿美元。对于家庭年收入低于65000美元的学生，耶鲁会全额承担他们的学费和生活费，而家庭年收入在65000美元到200000美元之间的学生一般只需要按照"收入低少缴费，收入高多缴费"的原则分别缴纳年收入的1%到20%不等。2011学年到2012学年，有55%的本科生获得了耶鲁的学费资助，其中新入学的一年级生平均能够获得41320美元的助学金，而且其中不牵涉到任何今后需要返还的贷款。耶鲁如此慷慨的助学金政策，使得学生在耶鲁上学没有任何经济上的后顾之忧,也令耶鲁能够招募到全世界最优秀的本科生前来就读。①

相比本科生的申请,耶鲁的研究生、博士生申请要相对直接一些,不需要太多不同方面的材料。耶鲁授予硕士以上学位的学院分为研究生院和各个专业学院(如医学院、管理学院和法学院等)。和中国不同的是,中国的高中生毕业后可直接报考医学、法律、商科等专业的本科,而在美国的很多大学,这些课程都致力于专业水准的提高,需要申请者在完成本科学业后再申请。研究生院的录取主要看的是学生的学术能力,包括本科时期的成绩、参与学术研究的经历、有无在教授指导下完成研究项目并在重要学术期刊上发表论文等。而各专业学院的录取则主要看学生在该专业的职业背景和成就,比如管理学院看中申请者的工作经历和工作中展现出的能力,医学院主要重视学生在本科阶段生物、化学等自然科学类课程的全面性和是否有实验室经历,建筑学院则会着重审核申请者的从业经历和以前的作品集。而课外活动等内容在硕士或以上学位的申请中并没有很直接的作用,许多想申请来耶鲁读硕士、博士的中国学生如果花太多时间在课外活动方面而忽略了专业能力的加强,那就显然本末倒置了。至于学费方面,所有研究生院和专业学院的博士项目都是有全额奖学金的,当然奖学金的一部分是由学生担任助教(teaching assistant)或研究助理(research assistant)工作获得的。而专业学院的硕士项目则很少设有奖学金,因为多数专业学院都是为今后从事高薪的职

---

①有关耶鲁大学本科入学申请的详细情况请访问耶鲁招生办官方网站:http://admissions.yale.edu/instructions。

业（如医生、律师、职业经理人等）铺路，所以除了极少数特别优秀的学生能获得部分奖学金以外，绝大多数学生都是自费或者贷款来修读专业学院的课程。如要申请专业学院请访问各学院网站，你能从那里得到非常详细和准确的信息。

第八章
耶鲁大学雷文校长访问中国

雷文校长（Richard Charles Levin）于1993年开始担任耶鲁校长，到2013年已经20年，这使他成为常青藤盟校中担任校长时间最长的一位。下文第十九章我将具体介绍雷文校长。在雷文任职期间，耶鲁为许多著名高校输送了校长级人才：理查德·布罗德黑德（Richard H. Brodhead），曾任耶鲁学院院长，后成为杜克大学校长；朱迪丝·罗迪（Judith Rodin），曾任耶鲁大学教务长，后成为宾夕法尼亚大学的校长；埃里森·理查德（Alison Richard），曾任耶鲁大学教务长，后成为剑桥大学校长；苏珊·霍克菲尔德（Susan Hockfield），曾任耶鲁大学教务长，后成为麻省理工学院校长；安德鲁·汉密尔顿（Andrew David Hamilton），曾任耶鲁大学教务长，现任牛津大学校长。仅举几例，足见耶鲁不仅是培养总统的摇篮，也是大学校长的培养基地。

雷文校长是唯一受到江泽民、胡锦涛和习近平主席会见的西方大学校长。在担任校长期间（确切讲应该是从2001年耶鲁大学300周年校庆开始），雷文校长曾19次访问中国。后来校长偶然谈及曾访华20次时，我着实不解。我争辩说他记错了，因为

▲水均益采访雷文校长

▲雷文校长(左三)在上海交通大学参观试验室

▲ 2004年耶鲁大学访华团头戴五星帽在长城脚下合影

校长的所有中国公务之行，从筹备到落实，包括所有的会见、会议、媒体采访、报道以及其他活动安排都是由我一手协调、具体操办的，所有这些活动我都保存了详细资料。后来我才记起校长曾经和夫人一块专程去北京看望在北大学习的小女儿，那次的中国之行不是公务，我没有算进去。

现将几次具有历史性意义的访问介绍如下：

2001年首次访华

2001年耶鲁迎来了建校300周年。耶鲁第22任校长雷文教授首次率团访问中国。回美国后，雷文校长在耶鲁300周年毕业典礼上，向毕业生、家长、教职员工和校友作了中国的发展和中美交流的演讲。校董事会随后通过了雷文校长提出的耶鲁第四个世纪将以国际化作为其主要奋斗目标的计划，而中国则是耶鲁实施国际化的核心。

当校长准备率团访问中国时，我还在雅礼协会任高级主管，而耶鲁也还没有设立国际事务办公室。雅礼协会的董事长和执行会长主动向耶鲁请战，并把我给"供"了出来。我应该感谢他们的大公无私，为我提供了一个极具挑战性却又极有意义的机会。

代表团除雷文校长夫妇和主管国际事务的罗琳达副校长外，还有校董查理·埃里斯（Charles Ellis）、时任耶鲁全球化研究中心主任、克林顿时期任副国务卿的泰博特先生（Strobe Talbott）、当时的护理学院院长凯瑟琳·吉利斯（Catherine L. Gilliss）、法学院的葛维宝教授（Paul Gewirtz）、医学院许田教授（耶鲁大学校长中国科学和高等教育顾问)、生物系的邓兴旺教授以及东亚语言文学系的孙康怡教授，再加上雅礼协会董事长大卫·琼斯（David Jones）、执行会长贾南希（Nancy Chapman）和我本人。

学校定于5月6日至13日访问中国。这是校长任职以来第一次率团访华，成败将影响代表团所有成员对中国的直接印象，也关系到耶鲁今后与中国合作的深度和广度。事关重大，我当然尽全力做好。3月中旬，我只身前往踩点并做前期安排。除高层会见、在各大学的访问外，我的主要精力放在安排媒体采访、报道上。这也是耶鲁在中国公关的第一步。后来证实这是非常成功的第一步。

正当雷文校长及耶鲁代表团准备访问中国时，中美之间因为撞机事件在外交上陷入了争端。当时中国的舆论环境使得校领导担心耶鲁作为美国的大学，派出的代表团是否会受到中国方面的抵制，耶鲁代表团访华是否还受欢迎，在华活动能否按期完成。为此他们征求了我的意见。我十分理解他们的担心，但我认为耶鲁大学与中国有着悠久的历史渊源，从容闳、詹天佑到今天的大批留学生，耶鲁曾经接纳许许多多中国学子；作为一个著名的教育单位，耶鲁大学一直发挥着友好使者的作用。我们不应该知难而退，要在困难中见真情。就这样，雷文校长及其一行如期访华。事实证明，耶鲁代表团不仅没有受到抵制，反而被视为促进中美关系改善的积极力量而受到中方热情友好的接待。

耶鲁访华团于5月6日抵达北京，入住钓鱼台国宾馆。那时正值春暖花开之际，钓鱼台国宾馆内十分幽静、美丽。当天下午代表团参观故宫，通过北大的精心安排，我们还参观了一些故宫内未对外开放的地方和馆内"宝贝"。5月7日是重头戏，代表团一行访问北大。雷文校长向北大师生作了有关大学全球化的演讲。雷文校长在演讲中强调了北京大学和耶鲁大学在各自国家里的重要作用：北京大学源自戊戌变法中的京师大学堂，自那时以来，北大为中国的现代化进程培养了无数的人才；耶鲁大学在2001年这一年迎来了建校300周年校庆，在最近的六位总统里耶鲁毕业生就占了四位，有55名耶鲁毕业生进入了总统的内阁，多达533名耶鲁毕业生担任过美国国会议员。耶鲁的校友还有许多成了商界知名人物，可口可乐、《时代周刊》、联邦快递、高盛集团、JP摩根、IBM等公司的总裁都是耶鲁校友。除此之外，历史上耶鲁的毕业生还担任了普林斯顿大学、哥伦比亚大学、康奈尔大学、约翰斯·霍普金斯大学、芝加哥大学、佐治亚大学、威斯康星大学、加州大学等学校的首任校长。在论述耶鲁的"世界大学"理念时，雷文校长特别提到了耶鲁在重视文化多样性方面做出的努力：耶鲁开设了50种语言课程和600多门跟国际事务相关的课程。耶鲁重视国际与区域研究的传统最好的证明就是耶鲁的麦克米伦国际与区域研究中心（MacMillan Center for International and Area Studies），在该中心之下，耶鲁集中全球最顶尖的学者，投入充足的资金和资源，保证耶鲁的国际与区域研究能走在世界学术界的前列。为了更加深入地进行国际研究，麦克米伦国际与区域研究中心开设了各种解决全球迫切问题的专门项目，比如秩序、冲突和暴力研究，全球公正研究，全球卫生研究，女性、宗教和全球化研究等。雷文校长还强调说，耶鲁的研究生教育尤其体现了国际化特点。比如耶鲁的博士中有超过30%

是国际学生,他们来自世界多个国家。从爱沙尼亚到肯尼亚,从日本到葡萄牙,从乌拉圭到蒙古,在耶鲁几乎可以找到任何主要国家的留学生。此外,雷文校长还借"世界大学"这一观念阐述了耶鲁如何利用新兴科技扩大自身影响力。

在提问时,有一个北大学生问到网络教育是否会取代课堂教育。这是一个普遍受到关注的问题。雷文校长回答不会的,因为教授和学生面对面的互动非常重要。

演讲结束后,校长为刚成立的"北京大学-耶鲁大学植物分子遗传学及农业生物技术联合研究中心"挂牌剪彩。午宴后我们前往颐和园参观。北大国际部的朋友在参观时介绍了颐和园的历史,给代表团成员上了一节很好的中国近代史课。

随后,我们前往中南海接受江泽民的会见。虽然从北大到颐和园很方便,但颐和园离中南海却不近。加上北京的交通情况不甚理想,我们不得不安排警车开道,这也让代表团成员大开眼界。

4点30分我们准时来到中南海。在会见江泽民的时候,他开门见山地讲到他很羡慕名大学校长,并说自己也很想当个校长,但是已经不可能了。雷文校长介绍耶鲁大学此次来访的情况并和北大合作成立"北京大学-耶鲁大学植物生物研究中心"以及"中国法律中心(The China Law Center)"的情况。会见期间,江泽民还引用了"人生何处不相逢"的诗句。他提到中国第一名留学生容闳,还提出希望中美两国能够通过加强高等教育的双边交流增进中美两国之间的互信。他同时也讲到了美国的文化,还特别提到当时正在放映的电影《泰坦尼克号》是部好电影。雷文校长则特别提到了邓小平的改革开放对中国教育产生了深刻影响,尤其是邓小平推动的留学生出国学习计划,不仅让许多优秀的留学生自身获得了巨大个人成就,也让中国能迅速了解世界的先进动向、越来越主动积极地融入国际社会。雷文校长还提到中国的经济和贸易发展不仅对中国本身,对全世界都有好处。雷文校长很赞成江泽民提到的人民对人民的接触和相互学习。他还就上午北大学生关于网络授课取代课堂教学的提问进一步阐明观点,并希望美中两国的教育、学术交流能够继续并扩展。

会见结束后与会人员在紫光阁门前合影留念。代表团告别时,雷文校长邀请江泽民访问耶鲁,并再次强调自由学术交流的重要性。当我们准备离开时,微风吹起洁白如棉的柳絮,江泽民问起柳絮的英文,把我们几个懂双语的难住了。交头接耳议论后,翻译员准确地翻译成"the willow catkins floating in the air"。

由于这是雷文校长任职以来第一次率团访华,我安排了37家媒体采访并报道此次访问。雷文校长在多次访谈中谈到,美中经济发展取得了瞩目成就,但也都面临着国内的重大挑战:中国的经济发展虽然非常迅速,但是其经济制度和法律制度还有待于进一步完善和变革;美国虽然已经是发达国家,但是还面临着改善底层人民生活、为贫困人口提供医疗保障等问题。中美两国作为世界大国,需要面对共同的全球性挑战,比如资源问题、环境保护、重大疾病传播和维护世界和平等。通过加强中美两国在教育方面的交流,中美两国的学生们——也是未来各自国家的精英们,将增加彼此的了解和信任,迎接人类共同面临的挑战。

晚上我安排校长和北大校长许智宏一道接受中央人民广播电

台《今晚八点半》节目的直播采访。第二天（5月8日）一早，代表团一行前往八达岭。我注意到校长及其他成员都很兴奋，他们告诉我北大负责接待我们的夏红卫处长告诉校长，中国人常说"不到长城非好汉"，所以他们一直期待着上长城，证明自己是好汉。结果，不但每个人都上去了，还走得很快。在长城上，听着北大历史系教授讲述孟姜女哭长城的故事，眺望万里长城，所有人都感慨万千，思索着这"好汉"该如何当下去……

长城归来，我们直奔社科院，除了会见社科院领导外，我们还和有关研究员进行了座谈，耶鲁全球化研究中心主任泰博特和法学院教授葛维宝等都作了专题发言。讨论十分热烈。下午三时我和校长去中央电视台接受《对话》栏目的英文专访，这是我第一次安排雷文校长上央视节目。可以看得出来他坐在演播厅时多少有点新鲜感。"对话"十分顺利，播出效果也很好。从那以后，只要校长访华且时间允许，我一般都安排他上一个央视专访节目。校长可以说是那里的常客。

晚上则是在北京国际俱乐部饭店举办的耶鲁大学300周年校庆宴会。虽然在踩点时和该饭店就有关具体事项作了沟通，我也相信他们很有经验，故没有多花时间过问。没想到当罗琳达副校长提前赶到时，对宴会厅的布置、台布的色调等不满意。虽然当时所有安排都已就绪，饭店最后仍按照罗琳达的要求重新作了调整。这一次让我了解到罗琳达的品位以及耶鲁的标准和要求，同时也体会到"事无巨细"的意义。

5月9日，代表团兵分两路，一部分去北大光华学院；校长和我则前往清华大学，和清华校领导会见，并与有关学院举行座谈、交流。正是通过此次访问，我从时任清华大学校长的王大中先生那里了解到，清华的前五位校长中，有四人早年留学耶鲁，可见清华和耶鲁缘分甚深。回校后，我立即查阅了耶鲁档案馆的历史资料，证实了此事。为了在有限的时间内让更多的媒体了解、报道耶鲁代表团的访问活动，9日下午，在代表团离京飞往湖南长沙前，我安排校长在钓鱼台举行了记者招待会，近20家主流媒体报道了耶鲁校长"旋风"之行，称其为"rock star（摇滚明星）"。我和北京的许多媒体从此交上了朋友。他们对我工作的大力支持和对耶鲁的厚爱在以后的访问中一直体现出来。

长沙之行主要是为了庆祝雅礼协会百年诞辰。5月10日，除在雅礼中学举行隆重的庆祝会以外，校长一行还参观了100多年前由耶鲁校友和湖南地方政府联合创办的湘雅医学院和医院，并在医学院校园种下了象征友谊长存的松树。11年后，当我再次访问湘雅医学院时，这棵小松树已茁壮成长为一棵枝叶茂密、不畏风寒的大树。看到它，总使人联想到雅礼中学那块刻有"十年树木，百年育人"的石碑。

除湖南长沙外，代表团还访问了宁波的两所中学，看望了在那里教英语的耶鲁毕业生。并参观了建于15世纪、至今保存完好的天一阁藏书楼。它是中国现存历史最久的私家藏书楼，于1982年被国务院公布为全国重点文物保护单位。现藏各类古籍近30万卷，其中珍椠善本8万卷，尤以明代地方志和科举录最为珍贵。

离开宁波，耶鲁一行前往本次访问的最后一站上海。由于我们是乘巴士去上海，途经杭州时，在西湖边上休息用晚餐。西湖的夜景十分迷人，湖边的餐厅更是别具一格。晚饭后我们所有人都恋恋不舍。2013年大学校长研讨班要在中国举行，教育部希望耶鲁提出举办地点的建议。当我问校长时，他不假思索地提到浙江大学所在地杭州。看来西湖的回味从来没有在他脑海里消除。

5月12日耶鲁代表团访问了复旦大学。我前面已提到，复旦大学自其创始人李登辉时代就和耶鲁结下了不解之缘。复旦在办学理念上和耶鲁亦有相似之处。校长一行在时任复旦大学校长王生洪先生的陪同下参观了校园。王校长指着一处空地告诉我们，复旦大学要在那里建一片学生宿舍楼，解决宿舍拥挤问题。没想到两年之后我们再次访问复旦大学时，那片空地上数幢宿舍楼拔地而起。从大楼窗外晒着的五颜六色的衣服和床单来看，里面已住满学生。直至今日，每每谈到中国的发展和建设时，罗琳达副校长总要提到那片空地和以惊人速度建造的学生宿舍。

返回美国前的最后活动是当时的上海市长徐匡迪的晚宴，之后乘船游黄浦江。这一个星期折腾下来，我已筋疲力尽。公务活动基本完成我也就放松了，因此，吃晚饭时我的眼皮直打架，到游黄浦江时，我一坐下就睡着了，错过了欣赏黄浦江美丽夜景的机会。数年后我在北京中国工程院见到徐匡迪先生时谈及那次的会见，他善解人意地说："我并没注意到你在打瞌睡，但我相信你是代表团中最辛苦的一个。"

第一次访华获得巨大成功，也为以后耶鲁与中国的广泛合作打下良好的基础。

2003 年访华

2003 年 11 月 8 日至 15 日，雷文校长率领以教授为主的耶鲁代表团访问中国，先后到复旦大学、国家行政学院、北京大学、清华大学等机构访问，受到时任国务委员的陈至立女士的接见。这次中国之行，我除了安排上海、北京的大报跟踪报道外，还安排了东方卫视、《大学生》杂志、由王志主持的中央电视台综合频道《面对面》节目的专访，反响很热烈。

在上海，雷文校长应邀参加了在复旦大学举办的中美教育交流活动：联结太平洋两岸的桥梁——中美教育交流 25 周年学术研讨会，并就中国自改革开放以来在教育改革和中美教育交流方面发表了自己的意见。此后，雷文校长和时任复旦校长的王生洪签署了"复旦大学-耶鲁大学教育合作中心"和"复旦大学-耶鲁大学生物医学研究中心"的备忘录，以共同拓展教育资源、共享学术合作。通过这些合作，复旦和耶鲁两校能够通过远程视频连接起来，使复旦师生能够接收到耶鲁的实况教学课程。此外，耶鲁和复旦的研究人员还可以通过网络视频开展网上学术交流。

抵达北京后，耶鲁一行访问了国家行政学院。雷文校长与当时在行政学院学习的 300 多名中国大学领导人会见，结下了广泛的友谊，并发表题为"创建全球性大学：从学生交流到合作（Creating Global Universities: From Students Exchanges to Collaboration）"的演讲。次日，代表团与耶鲁大学在中国的百余名校友举行早餐会。接着在下榻的饭店同时举行两个圆桌讨论会，分别以学术和企业为主题，由耶鲁代表团的教授主持，中方应邀参会的多是这两方面的专家和资深人士。

11月13日耶鲁一行访问了清华大学。由于时间紧，雷文校长和罗琳达副校长兵分两路：我和校长一道拜会了时任清华大学校长的顾秉林先生及其他清华校领导，主要就两校宏观规划交换意见；罗琳达副校长则和国际交流与合作处及有关院系的负责人交谈具体合作意向。

第二天是"北大耶鲁日"。耶鲁大学历史系的史景迁教授、法学院的葛维宝教授、管理学院的盖茨曼教授（William N Goetzmann）等同时举办讲座，并与北大的同行开展学术交流活动。雷文校长接受了北京大学授予的荣誉博士学位，并就北大和耶鲁如何开展更广泛的合作进行协商并达成共识。进一步合作涉及教学、科研、图书馆等领域，并将建立两校间频繁的师生交流等。

2003年耶鲁的中国学生和访问学者差不多已有300人，是耶鲁最大的外国学生群体。雷文校长在访问中国期间特别提到，中国留学生是耶鲁的宝贵财富之一。雷文校长表示，中国将在未来十年内在世界经济中占据非同一般的地位，中国的大学要成为一流大学，其实路程并不十分遥远，但需要在两个方面有所改变：一是可以效仿美国的教育科研制度，扩大研究项目的自主权，对项目的立项采取学者建议、专家评审的手续；二是中国的大学应当和国际一流大学增加合作和交流。

雷文校长特别向中国的教育界介绍了他希望把耶鲁建成"国际化大学"的目标。他在演讲和采访中说道，所谓的"国际化大学"至少包括四个特点：第一，国际学生在全校人数中的比例应该增加；第二，教学和研究中增加国际方面的内容；第三，同世界其他大学合作，形成广泛的合作关系；第四，通过日新月异的通信技术同全世界的受众沟通。雷文校长特别强调了学生交换项目的重要性和跨国学术教育机构交流的重要性：随着不同国家的学生到其他国家去交流，自然会推动各国教育学术机构之间的合作。在耶鲁，中国学生自容闳以来就是校园重要的组成部分，耶鲁为中国学生提供了一个了解世界的窗口；同时，耶鲁也向自己的学生提供大量去其他国家交流学习的机会，几乎每个耶鲁学生都有机会在学校资助下前往其他国家访学。雷文校长特别强调了中国对于耶鲁来说之所以重要不仅仅是因为中国庞大的人口、日益重要的国际角色和巨大的经济发展潜能，更为重要的是中国长达几千年的连续文明为耶鲁的师生提供了无穷无尽的文化和知识宝库。

2004 年访华

2004 年 7 月 30 日至 8 月 6 日，为纪念容闳从耶鲁大学毕业 150 周年，耶鲁大学在北京钓鱼台国宾馆举行了隆重的纪念活动，并同时召开雷文校长所著《大学工作》的中文版新书发布会。此书由我主译，由中国国际出版集团外文出版社出版发行。出席这次活动的中国国家领导包括时任国务委员的陈至立、时任国务院新闻办公室主任的赵启正、时任教育部部长的周济以及近百名大学领导和各界人士、政府官员。

这次中国之行的另一个重要内容是访问国家行政学院，并和行政学院的领导就举办每年一期的"耶鲁大学：中国高级公务员研讨班"进行具体协商。我们还参观了行政学院的培训大楼及生活设施，罗琳达副校长对行政学院配套齐全的设施十分赞赏。那时耶鲁还没有自己的培训中心，耶鲁大学所有的研讨班就只能利用暑期学校设施空闲时举办。两年后耶鲁大学筹建葛林伯格国际会议/培训中心（Greenberg Conference Center），该中心于2009年落成使用。雷文校长还应邀参加了第二届"中外大学校长论坛"，并就"大学校长的领导力"议题向100多位中国大学校长作了演讲。

在这一周的访问期间，除安排了《中国日报》《人民日报》、《大学生杂志》采访雷文校长外，我还请由水均益主持的央视《高端访问》栏目、容闳故乡珠海电视台、央视第九频道以及中央人民广播电台分别对校长进行专访和报道。后来很多来耶鲁上学的中国留学生都说曾在央视一套看过水均益对雷文校长的采访。

同年9月下旬，以耶鲁大学医学院教授为主要成员的代表团访问了北京和上海。代表团成员中包括后来担任牛津大学校长的耶鲁汉密尔顿教授，耶鲁大学副校长、大学总法律顾问罗宾森女士（Dorothy K. Robinson），医学院副院长斯莱曼女士（Carolyn Slayman）以及七位耶鲁医学院教授及系主任，再加上我和我的同事库克女士（Sheila Cook）。这是一个十分有趣的代表团。我们首先抵达上海访问了复旦大学及复旦大学上海医学院。正如前面提到的，复旦大学和其所属医学院的创始人李登辉和颜福庆均为耶鲁大学校友。因此到这两个地方访问大家倍感亲切，纷纷在颜福庆的铜像前留影纪念。耶鲁医学院的教授们还和自己的同行就癌症研究、病理分析、细胞生物学、内分泌以及儿童心理学等课题展开座谈讨论，并参观访问了医学院附属中山医院、华山医院以及有关研究所和实验室。在上海期间复旦大学还安排我们访问了朱家角水乡。我的同事库克女士对朱家角非常有好感，提出要在朱家角买房，退休后来住。很可惜她那时没有付诸行动，否则她的房产价格到今天很可能翻了四五倍！在朱家角的那顿午餐也十分丰盛，其中一道是炒牛蛙。我看到后急忙告诉陪我们前往的复旦大学副校长"美国人不吃这东西"，请将此道菜换下。坐我旁边的汉密尔顿先生坚决不让换，说已经做好了就尝尝吧。结果这盘菜差不多被吃光。大家一致反映说"吃起来和鸡肉差不多"。

9月30日，代表团结束上海访问之后来到北京，与北京大学的领导以及医学院院、系负责人座谈有关医学教学和交叉学科的科研，讨论了双方感兴趣并且今后有可能开展合作的领域和项目，之后代表团一行访问了北大附属医院。

第二天，大家来到了期盼已久的长城。9月底的山间，已能感到寒气逼人，长城上风非常大，我们大都穿上了保暖的外套，而随行的莫罗教授却穿的是短裤。他说他经常锻炼身体，不怕冷。大家都说，不到长城非好汉，而我们称赞莫罗教授是"非常好汉"！代表团登上长城照集体照前，库克女士还给每个人买了一顶中国军帽，既帮助我们抵御寒风，又让照片里多了一点中国味。

从长城回来，代表团的成员在北京选购纪念品。除了我之外，其他成员都不懂中文。然而令我惊讶的是，所有人买到的纪念品价格都低得出乎我的意料。问了他们我才知道，原来他们来中国

之前都看过一本叫 *Let's Go China* 的旅游书,其中专门讲到在中国买东西怎么砍价。所以他们不用说中文,而是在计算器上打出自己愿意付的价码,交给店主,然后店主再把可以接受的要价输入交回来,就这样几次来回往返后,终于在双方都满意的价格上成交。这种方法买方卖方都不需要多说废话,非常有效率,又不伤感情,很容易就能达到各自的目的,有时候比语言更加有效。

临回美国前一天晚上,我们整个代表团一起吃晚饭,高兴地回忆这次中国之行的种种经历。回到各自房间后没几分钟,我突然接到一个电话,原来是儿童研究中心的伦布洛索教授(Paul Lombroso)的太太突然发现护照找不到了。伦布洛索太太是另一所大学的教授,这次随同我们一起访问中国。我和我的同事库克一起到伦布洛索太太的房间里寻找,我们钻到床下找,甚至把床都掀起来翻了个遍,也没有找到她的护照。第二天,我们来到当地派出所,虽然这天是周末,但我们欣喜地发现派出所还在正常工作。我们向民警说明了情况后,他们帮我们联系了我们去过的各个旅游景点的派出所,但是都没有找到护照的下落。我们得知这种情况下伦布洛索太太必须临时补办护照,便让派出所的民警给我们出具了证明,然后直奔美国大使馆。由于是周末,美国大使馆一开始不让我们进门,后来门卫只让需要补办护照的伦布洛索太太一人进入,而我和库克则被留在了外面。两个小时过去了,伦布洛索太太还没出来,而库克女士急着要上厕所,但周围没有公厕,旁边小店的厕所又不让用,大使馆我们也进不去,她只能憋着坐在马路牙子上。然而天无绝人之路,大使馆的一位工作人员唐纳德正好出来，我以前曾见过唐纳德先生，忙上去打招呼。唐纳德先生得知我们的窘境后，马上回头责问门卫，既然库克有美国护照，为什么不让进大使馆？这下我们才终于得以跑进大使馆方便。回来以后我们和库克女士还经常拿这件事说笑，而其他成员则交流起在北京砍价的心得体会，分享每个人的有趣回忆。

回到美国后，汉密尔顿教授升任教务长，以接替即将赴麻省理工学院担任校长的原教务长霍克菲尔德（Susan Hockfield）教授。不久后我们在教务长的官邸举行了非常美好的聚会，大家都戴上了在长城脚下买的军帽。波拉德（Thomas Pollard）教授后来升任研究生院院长。虽然大家工作很忙，但是偶尔开会见面时大家都会谈起那次中国之行的有趣回忆。

2005年访华

雷文校长在2005年9月19日至9月24日之间，再次率团访问中国的众多高校，包括清华大学、北京大学、上海交通大学、同济大学和复旦大学。除安排《人民日报》《中国日报》《光明日报》《中国青年报》《新京报》等报纸做专门的报道外，我还安排凤凰卫视以及中央电视台科教频道采访了校长。

耶鲁代表团抵达北京后，拜访了时任国务委员陈至立女士。随后，雷文校长一行人开始了中国的大学之行。在清华大学，雷文校长同时任清华校长的顾秉林先生举行会谈，双方强调了国际合作和学生交换对于大学发展的重要性，并就此对双方可能的合作开展了深入的会谈。在北京大学访问期间，雷文校长和北大校长许智宏共同签署了关于建立"北京大学-耶鲁大学微电子和纳米技术联合研究中心"的备忘录。从此，北大和耶鲁将携手建立一个具有世界领先水平的微电子和纳米技术联合研究中心。

在复旦大学，雷文校长一行参加了复旦大学百年诞辰纪念活动。两校的缘分随着"复旦大学-耶鲁大学教育合作中心"和"复旦大学-耶鲁大学生物医学研究中心"的建立而进一步加深，两校的学术和学生交流也在不断扩大发展。在校庆纪念活动上，雷文校长代表海外大学校长致辞，为复旦大学-耶鲁大学友好纪念石碑剪彩；复旦大学还授予了雷文校长名誉教授证书。

在同济大学，雷文校长与时任同济大学校长的万钢先生及同济大学领导座谈，交流大学管理体系及心得，并与同济学子探讨大学生活感受和对未来自身教育的规划。

结束同济大学的访问后，我们来到上海交通大学访问，参观了交大新校园区和实验室。雷文校长仔细询问大学的科研以及实验设备情况，听取正在实验室工作的学生介绍自己的课题并饶有兴趣地观看学生的实际操作。

在上海和北京，我安排了多家媒体对雷文校长及耶鲁代表团进行采访、报道。除了耶鲁与中国的悠久渊源外，雷文校长所阐述的许多教育观念也受到媒体的广泛关注和报道。比如，教授上台讲课是理所应当的事情，教授应当研究和教学并重而不能偏废其一；大学校长是需要全神贯注的职业，校长要全身心投入到工作中。雷文校长担任校长20年，在此期间没有带过一名研究生，因为校长只有保证对学校付出了足够的时间和精力，并且保证对学校管理工作全心投入，才是对校长这一职务的尽责。雷文校长还特别提到了学术抄袭的问题,他认为学生考试抄袭是道德问题,而非单纯的法律问题。美国对于考试舞弊并没有用立法形式予以惩罚,而是各个学校自己制定管理条例做出裁决。在美国,从初等教育开始,就会教导学生如何引用别人的文章,别人的每一句话和每一个观点都要明确标出,然后再提出自己的不同看法。美国对学术抄袭为零容忍,一般惩罚是停学一年或者直接开除学籍。此外,雷文校长还特别提到了美国年轻科学家一般都拒绝担任行政职务,以保证专心从事自己的科研工作,但是很难评价科研人员热衷当官是不是好事,因为确实有些年轻学者不仅学术能力强,也具备领导能力。

2008年访华

2008年5月,雷文校长、罗琳达副校长再次访问中国,耶鲁大学法学院的葛维宝教授也加入了我们的部分活动。和往常一样,我提前去做安排。这一次除安排访问中央音乐学院、为7月底耶鲁在北京举行的文化奥运召开新闻发布会以外,我的重要任务就是安排高层会见和媒体采访报道。我在北京期间,四川汶川发生了地震。虽然当时有关的高层领导会见已经落实,但我还是提醒校长和副校长做好取消高层会见的准备。幸运的是,实际上我们的活动并没有因此受影响。5月14日上午我和雷文校长、罗琳达副校长首先访问了中央音乐学院,拜访了王次炤校长及耶鲁大学在该院任教的校友,并就即将共同举办的文化奥运召开新闻发布会。下午,我们前往中组部拜会相关领导及干训局有关负责人。从2005年开始,耶鲁大学和中国有关部委合作,组织了不同类型和层次的研讨班，为中国的改革开放做出了具体贡献。我们和部领导交流了这几年的项目开展情况，并听取了中组部的反馈意见。第二天上午，我们在中南海拜访了刘延东国务委员。刘延东就教育交流、特别是耶鲁与中国重点大学的合作问题提出了建设性意见。当天下午，时任国家副主席习近平在人民大会堂新疆厅会见了我们，并就进一步加强中美教育交流与合作等问题交换了意见。习近平说教育和青年交流是增进中美两国人民相互了解和友谊的重要桥梁，也是推动中美关系健康、稳定发展的重要力量。他还提到耶鲁大学与中国的交往源远流长，目前与中国政府部门和大学建立了广泛而卓有成效的关系。习近平对雷文校长为中美两国关系所作的贡献表示赞赏，并希望耶鲁大学进一步加强与中国的交流合作。他欢迎更多的美国青年人来中国留学。除此之外，校长还访问了清华大学并接受央视《世界周刊》等节目的采访和报道。

2011年访华

2011年4月清华大学迎来建校百年华诞，雷文校长和我应邀前往参加纪念活动。清华大学的邀请发得很早，并和我沟通希望雷文校长能代表国外大学嘉宾致辞。这是很高的荣誉，我和校长商量后，校长欣然答应。当我把这一消息告诉清华时，顾校长非常高兴地说这是"一块石头落了地"。我在给雷文校长准备的有关资料里详细介绍了耶鲁大学和清华的悠久历史渊源。如前所述，清华大学前五位校长中，有四位曾在耶鲁留学。耶鲁大学培养出五位美国总统，而中国的国家领导人也有不少毕业于清华大学。除此之外，近年来耶鲁和清华开展了广泛合作，其中包括由高盛公司赞助的"巾帼圆梦——中国女性医疗管理领导力培训课程"项目；"清华大学-耶鲁大学环境与可持续发展高级干部培训"项目；由国家留学基金管理委员会赞助的留学基金委：耶鲁生物医学世界学者项目；清华大学-耶鲁大学暑期项目等。清华还数次派团访问耶鲁，详细考察耶鲁的住宿学院及通识教育，对此耶鲁一直给予大力支持。

4月23日，作为清华大学校庆的前奏，大学校长峰会及亚太地区研究性大学联盟举办的全球社会经济发展及高等教育大会开幕。刘延东国务委员向大会致辞。担任本届主席的美国加州圣芭芭拉大学（University of California Santa Barbara）校长杨祖佑先生做了主题讲话，还有多位大学代表分别就高等教育及经济发展等发言。我们日程很紧，大会一结束，我和校长急忙离开前往参加耶鲁校友安排的企业界活动。这期间，我和清华的同事多次会面，抽空改写、翻译校长在人民大会堂的讲话稿。此讲话稿我们在离开耶鲁前就发给了清华，内容极其丰富，对清华大学在教育、科研、国际合作以及培养领导人才方面所取得的成就给予高度赞扬。我们的确认为清华和耶鲁在培养领袖人物方面以及由此所产生的巨大影响是有目共睹的。但清华大学及有关方面对此有些顾虑，讲话稿一改再改，直到4月24日早上出发去人民大会堂前才算最后定稿。清华大学的百年庆典于24日上午10点在人民大会堂隆重举行。胡锦涛、习近平等多位国家领导人、清华大学师生、校友代表以及兄弟院校代表均在主席台就座。雷文校长作为海外大学代表获邀在主席台上就座。我注意了一下，他是台上唯一的西方面孔。按顺序，雷文校长在北大周其凤校长讲话后致辞。出于中国的礼仪习惯，所有发言人都先向主席台鞠躬，然后转身再向观众鞠躬。大家都司空见惯，没有任何反应。然而当雷文校长走到前台两鞠躬时，主席台上的嘉宾和观众十分好奇，并鼓起掌来。坐在我旁边的英国牛津大学校长汉密尔顿先生（前任耶鲁的教务长，我们曾于2004年9月一同访问上海和北京）问是否我提醒校长这样做的，我告诉他我不能"无功受禄"，这次他真的是现学现卖。汉密尔顿的回答是雷文校长学习速度和反应很快！我不得不赞成他的评价。雷文校长的讲话有多处得到热烈掌声，特别是当他讲到清华大学创始人及其他四位早期校长都曾在耶鲁留学时，台下的清华人起立鼓掌，气氛甚是热烈、动人。后来在午宴时人们还在谈论耶鲁和清华渊远流长的友好交往。庆典结束胡锦涛在离开主席台时专门停下和雷文校长讲话。我虽然事先知道这一安排，但仍然忐忑不安——此前一般这种情况我都会在场，校长也会更放心。不过我在台下从他们的表情可以感觉到谈话非常顺利、友好。结束后校长告诉我胡锦涛特别提到他2006年访问耶鲁大学的情况，感谢耶鲁的精心安排，并希望耶鲁大学进一步加强、拓展和中国大学的合作，培养更多人才等。

庆典午宴上我们见到了许多在过去几年曾参加"耶鲁大学：中国大学领导高级研讨班"的校长们，他们高兴地称自己是"黄埔一期""黄埔二期"等各期的学员，纷纷合影留念。校长也许还不十分理解，但我却十分感动和欣慰，毕竟"耶鲁大学：中国大学领导高级研讨班"的成功有我的心血和付出。回到饭店后，在校长和校友见面前，我见缝插针安排央视来饭店采访了雷文校长。

第二天校长整理行李时才发现清华大学赠送的唐装。他当即穿上，还挺合身。希望将来某日他在什么场合"秀"一下！

第九章
耶鲁大学百人团访问中国

应胡锦涛主席的邀请,耶鲁大学百人访华团于2007年5月15日抵达北京,开始为期10天的访问。这是耶鲁历史上最大规模的访华活动。耶鲁的百人访华团由60名学生和40名教授及管理人员组成,其中有85人是第一次去中国。在为期10天的行程中,我们分别访问了北京、西安和上海,拜访了金融机构、外交部、民主党派,特别是与当地著名高校北京大学、清华大学、西安交通大学和复旦大学进行了各项交流活动。

临行之前接受布什总统会见

由于耶鲁百人团访华是应中国最高领导人胡锦涛主席邀请并将受到胡主席接见,按照外交对等的原则,布什总统于5月4日在白宫接见耶鲁百人团代表。参加会见的除了校长夫妇、我和国际事务办公室主任唐纳德外,还有五名学生代表,大家一同前往白宫的椭圆形办公室。会见当天,包括我在内的耶鲁代表团成员计划在纽黑文火车站集合一起前往华盛顿特区,然而已经到了火车发车的时间,我们代表团里的高个子、卷发的耶鲁本科生亨利还没有出现，我急忙给他打电话，得知他由于交通拥堵还需要几分钟才能到站台，我情急之下，赶紧跑到车厢的出口，一只脚踏在火车内，一只脚踏在月台上，靠这样"大胆"的方式，火车延迟了几分钟，终于等来了亨利。事后唐纳德对我说："你真是'胆大包天'呐。"

抵达华盛顿特区后，我们一行人首先来到中国驻美大使官邸，受到周文重大使接见并共进午餐。午餐后接受中国驻外媒体的采访。而后周大使和我们一道来到白宫，进入布什总统的椭圆形办公室。虽然布什总统对耶鲁人来说并不陌生，我们在此前也都有机会近距离接触布什总统，但受到美国总统的专门接见，对我们来说还是第一次。布什总统在会见中，显得平易近人，温文尔雅，而且风趣幽默，这跟我之前在媒体上看到的布什总统形象大相径庭。不得不说，布什总统的确给我留下了很好的印象。他还特意给我们讲述了科技进步对总统的影响，他说椭圆形办公室内的办公桌，除了坐在内侧的总统外，其他人都看不见办公桌的内部构造。因为跟普通的办公桌不同，总统的办公桌对外一面下方不是空的，而是密封起来的，究其原因，还要提到患有小儿麻痹症的罗斯福总统。为了方便罗斯福总统使用轮椅，白宫对办公桌进行了特殊的改造，使得外界看不到罗斯福总统是坐在轮椅上办公的。布什总统还风趣地说，很多美国民众并不知道罗斯福总统是一位轮椅上的总统，而他自己有一次在办公室吃零食不小心被噎住送到急诊室。等他几十分钟后回到办公室，全美国各大主流网站上的头条都是"总统吃点心被送进医院"这条新闻了。他还告诉耶鲁代表团的成员，他最近正在看关于林肯总统的一本书，他说林

▲布什总统在白宫自己的办公室会见耶鲁代表时轻松愉快的场面。最近处是时任中国驻美大使的周文重，左二为雷文校长，左三是校长夫人，校长夫人旁边是作者本人，其余为学生代表。

▲耶鲁师生在北大出席活动

▲耶鲁大学雷文校长(左二)向时任共青团中央书记处第一书记的胡春华(左一)赠送礼物

▲耶鲁百人团部分团员在长城脚下合影留念

▲耶鲁百人团中本科生院成员在鸟巢前合影留念；前排左三为时任本科生院长、现任耶鲁大学校长的苏必德教授

▲耶鲁代表团成员在西安拜访普通家庭

▲耶鲁学生在白村学习使用织布机

肯是一位伟大的总统，但他的家庭生活很不幸。布什总统还指了指楼上，说林肯总统的第三个儿子 11 岁时得了伤寒，在白宫楼上病逝，对林肯总统打击很大。不过布什总统的情况完全不同，他的妻子劳拉在这里过得非常开心。布什总统接见我们的时间很快就过去了，但他的平易近人和人格魅力却给代表团成员留下了极为深刻的记忆。回来后我们还收到了有总统签字的合影照片。

胡锦涛接见耶鲁百人团

耶鲁百人团于 5 月 15 日下午 4 点 40 分抵达北京首都国际机场。代表团的成员分成三组登上了印有"国宾"字样的大巴。令团员感到惊讶的是，中国政府还特意安排了一辆警车来护送代表团的车队。后来团员们发现，这是因为北京的交通容易堵塞，负责此次接待耶鲁百人团的中华全国青年联合会（简称全国青联）怕我们不能按时参加晚上胡锦涛主席的会见而特意做的安排。当然这只是这次高规格的中国之行的开始。耶鲁百人团刚抵达北京饭店，等候在那里的众多媒体便开始了对耶鲁师生的采访，不少媒体还陪同耶鲁百人团进行全程追踪报道。耶鲁百人团访华的新闻见诸世界和中国各大主流媒体，被外界普遍视为中美两国青年和教育界交流的盛事，也是中美两国未来关系走向更加良好的标志。《洛杉矶时报》、《南华早报》等媒体对中国政府接待耶鲁访问团的极高规格也做了深入详细的分析。

胡锦涛的会见，安排在代表团到达当天的下午 6 点 30 分于人民大会堂内举行。接下来由时任共青团中央书记处第一书记的胡春华主持的欢迎晚宴也在此举行。考虑到时间紧迫，我们要求所有访华团成员飞离美国时随身携带当晚要穿的正装,不要托运也不要装箱,从而避免起褶或丢失。后来证明这一要求十分必要。代表团成员抵达饭店后,学生们便迅速回到各自的房间,沐浴更衣,所有人都准时出现在了大厅里,全部统一着正装、有条不紊地乘巴士前往人民大会堂。全国青联的同事们称赞耶鲁团员"守纪律,时间观念强"。

当天下午,耶鲁百人团成员踏着红地毯步入人民大会堂会见厅。在感叹"红地毯"经历之余,团员们更饶有兴趣地欣赏大会堂的建筑风格,抓紧会见之前的点滴时间拍照。这时,负责接待我们的全国青联有关人员找到我,建议耶鲁代表团事先排队,确定每个人和主席合影时的位置,以免发生混乱。根据美国人的习惯以及我对代表团成员的了解,我认为没有必要排练、提前安排站的位置。我把大家集中起来,只提出按高矮顺序,男女交叉自动站好队,等待胡锦涛的接见。大家非常领会,迅速而有序地列队,安静地等待。没有发生任何的意外和混乱,一切井然有序。团中央的负责人对我说,耶鲁的学生果然不一样,没有事先安排,同样迅速有序地列队排好,没有人争抢靠前的位置,不愧是世界顶尖名校的学生。

胡锦涛准时步入会见厅,和前排的每人握手,并和大家合影留念。胡主席热情欢迎耶鲁的客人。他在欢迎辞中引用了三句中国习语:"有朋自远方来,不亦乐乎","自古英雄出少年",还有"百闻不如一见"。这些中国几千年来流传下来的智慧不仅体现中国人的热情、好客,更道出了胡锦涛主席对耶鲁学子的殷切期待以及百人团来华访问的使命——建立中美之间长久的友谊。胡锦涛主席将耶鲁百人团来访看作中美两国青年交流的重要机会并高度重视。他鼓励耶鲁师生利用这次访华机会，亲身体验、了解中国社会，并希望中美两国的青年为中美两国关系长期友好发展作出自己的贡献。

参加会见的还有美国驻华大使雷德、中国外交部长杨洁篪及其他中方政要。

会见结束后，由时任团中央书记处第一书记的胡春华主持欢迎晚宴。宴会在人民大会堂澳门厅举行。宴会的菜品为了迎合美国客人的口味作了微调，但花样繁多、精致可口。其中有一道菜是鲍鱼，但许多美国同学以为那就是某种蘑菇，结果也没细嚼品味就咽了下去，等到知道那原来是鲍鱼才懊悔没有仔细品尝。

了解中国政治、名胜和艺术

第二天一大早，代表团就早早地来到了北京耶鲁校友会为他们举办的早餐会。北京耶鲁校友会还特别邀请了美国驻华大使、耶鲁校友雷德先生来早餐会发表讲话。早餐过后，代表团成员分成了三组：第一组成员前去拜访了民主党派；第二组成员访问了外交部并参加了由时任外交部部长助理的何亚非主持的座谈；第三组成员则拜访了最高人民法院。这些分成小组的会见让团员们有了充分的机会与中国高级官员进行近距离交流，学生们就女性在中国政府中扮演的角色、民主党派在政府政务和决策中所发挥的作用，以及中国对于苏丹问题的立场等事务提出了自己的问题，并和中方官员进行交流探讨。耶鲁学院2009届学生艾丽卡·史密斯（Erica Smith）在会见结束后说，中国领导人坦诚的谈话和回答使她大大改变了从美国和中国媒体上读到的报道留下的印象。下午，代表团参观了故宫。晚上，团员们一起在北京著名的全聚德饭店享用了北京烤鸭。然而内容充实的一天还远没有结束，晚饭后代表团来到天桥，观看了京剧演出《孙悟空大闹天宫》。团员们对京剧演员的脸谱十分着迷，惊讶于旦角演员唱出的极高的音调，并对演出的内容感到非常有趣。在天桥观看演出时，还有茶点服务。身穿中国传统服装的服务生，手持一把铜制茶壶，弯弯的壶嘴大约有两尺多长。他不断变化姿势，远远地将壶里的茶准确地倒在每个人的小茶杯中。大家都看呆了，惊叹不已。有个大胆的耶鲁学生接过服务生手中的长嘴茶壶，模仿着倒茶。结果壶嘴就是对不准茶杯，茶水全都洒在茶杯外。中国有句古话，冰冻三尺，非一日之寒。这茶艺功夫可不是开玩笑的！

在北京的第一天正式行程就如此丰富多彩，使团员们对之后几天的活动充满期待。

访问中国最高学府

耶鲁代表团于抵达北京后的第三天来到北京大学和清华大学参观访问，与北大、清华的学生举行座谈交流。耶鲁与北大从2006年秋季开始启动了"北京大学-耶鲁大学联合本科生教育项目"，由耶鲁选派本科学生来到北京大学，与北大学生一起选修由双方教授开设的课程，并一起生活，参加课外活动。座谈会上正好有一位正在参加了"北京大学-耶鲁大学本科联合项目"的耶鲁二年级学生，她与大家交流了她在北大学习的经历，以及她这半年来对中国的了解和感悟，对代表团的师生很有启发。耶鲁师生还就高等教育、国际关系等议题和中国师生们进行座谈、交流。

晚上团员们又一次受邀来到紫禁城，进入了尚未对外开放的建福宫御花园参观，并听取赞助建福宫维修的陈启宗先生的介绍。

不到长城非好汉

5月19日是在北京的最后一天，代表团参观了期盼已久的八达岭长城。在前往八达岭长城的途中，我们路经詹天佑纪念馆，并停下参观。詹天佑是中国近代科学技术界的先驱、杰出铁路工程技术专家，也是最早从耶鲁大学毕业的中国留学生之一。得知耶鲁百人代表团前来访问的消息，詹天佑的后人还特别制作了纪念册赠送给代表团，里面放入了许多詹天佑在耶鲁学习、生活以及参加体育活动的珍贵照片，还包括詹天佑1881年从耶鲁毕业时的全班的合影，以及一幅詹天佑的英文手迹。代表团的同学们看到100多年前有一位来自中国的伟大校友，都感到十分激动而震惊，并被詹天佑回国后用耶鲁所学得知识开创中国铁路事业的事迹所感动。带着对这位耶鲁校友的崇敬之情，代表团来到了长城，争先恐后，要当一回好汉。

为鼓励大家登长城的斗志，耶鲁的中国本科生任远同学自告奋勇给代表团的每个人买了一顶写有中文"长城"和英文"Great Wall"字样的帽子留作纪念。代表团成员还戴着这顶帽子在长城脚下"同一个世界，同一个梦想"的北京奥运会标语牌前拍摄了集体照。从长城回来之后，代表团又马不停蹄地赶到了当时还未竣工的鸟巢体育场。经接待单位精心安排和协调，代表团得以在鸟巢正式建成之前先睹为快。

西行西安，融入当地家庭

代表团在旅程的第五天来到了古都西安。代表团成员、耶鲁本科2006届、音乐学院2008届研究生汉娜·柯林斯（Hannah Collins）的祖父曾在中国生活，他告诉孙女说："如果我能再去中国，我一定要去西安看看。"耶鲁百人团此行使得孙女替她的祖父圆了多年的梦。百人团团员们首先访问的是西安交通大学。在欢迎仪式之后，他们分成四个小组，分别和西安交大学习工商管理、人文法律、工程以及生物医药的学生进行面对面的交流，还和西安交大学生一起在学校食堂用午餐。其中有一位名叫杨东（Dong Yang 的音译）的生物专业学生给汉娜留下了深刻的印象。杨东坚持说作为西安人，他如果不让耶鲁的客人尝尝西安的特色小吃泡馍和甑糕，就不算尽到了地主之谊。于是他与耶鲁的朋友们约好晚上在酒店再次见面。晚上，杨东果然如约而至，带来了两大袋西安特色的泡馍和糕点让全体团员分享。团员们在中国的几天虽然处处受到款待，但是这位学生的热情还是让他们非常感动。杨东还饶有兴趣地向耶鲁教授介绍了自己的实验。尽管他的实验并不具有突破性发现，但是耶鲁医学院的亚瑟·霍维奇（Arthur Horwich）教授对杨东的学术能力还是赞赏有加，因为仅是本科生的他能在没有太多外在帮助且实验条件相对落后的情况下完成实验。这种对科学的热情赢得了耶鲁师生的一致好评。霍维奇教授在离开西安交大时向杨东同学许诺，一定帮他进入美国的研究生院，继续他的学习。

考虑到耶鲁代表团成员绝大多数都是第一次来中国，午饭后，接待我们的全国青联还专门安排我们分成小组，分散到普通居民家，同当地家庭一起做饭、聊天和逛集市，体验真正的中国普通老百姓家庭生活。西安当地人的热情和友好以及西安本地的众多小吃，给耶鲁师生留下了深刻的印象。不少耶鲁学生和这些家庭从此结下了深厚的友谊。有的家庭里的年轻人后来还回访耶鲁，再续前缘。团员们参观了陕西省历史博物馆、大雁塔，以及著名的秦始皇兵马俑。博物馆有一件镇馆之宝叫"倒流壶"，引起许多团员的兴趣。此壶上端没有开口也没有壶盖，壶底有一个口，用来灌水，但不封口，水却流不出来。这就是"倒流壶"的独特之处。耶鲁的高材生们对这壶百般琢磨，还是最后在博物馆的工作人员的提示下找到了答案，其原理和做气锅鸡用的气锅是一回事。代表团还参加了陕西省政府的欢迎晚宴，再次体会了胡锦涛主席所说的"有朋自远方来，不亦乐乎"的中国传统。兵马俑是许多美国人"听说过"的，真正到现场身临其境时，大家才感慨："这实际上比听说的要壮观得多！"面对那一排排的"士兵"，团员们不断发出"不可思议"的赞叹。

在西安的最后一天，代表团来到位于西安郊外30公里的白村。之前的旅途中代表团看到的都是中国的城市风貌，但对有着9亿人口的中国农村几乎一无所知。团员拉海尔·特斯法马里亚姆（Rahiel Tesfamariam）回忆道，在去往白村的路上，他从车上看到有许多村民站在家门外看着他们车队的到来。一进白村，村民就举着横幅，敲锣打鼓欢迎代表团的到来。代表团的很多成员都感到受宠若惊，但对于自己的来访可能打扰了村民的宁静生活感到不安和歉疚。而身为非裔美国人的拉海尔则发现白村村民紧密的社区关系、坚定的集体致富信念以及几世同堂的生活方式与非洲的社会习俗有许多相似之处，这加深了他了解不同民族、不同文化间相通性的兴趣。在白村，我们还参观了白村的果园和纺织厂。绝大多数耶鲁师生都没有见过织布机，大家争相学习操作，虽然笨手笨脚，倒也能织出布来。临走时，我们都买了白村纺织厂生产的土布围巾、床单等。

写到这儿，也还有一段插曲：当接待单位提出安排去农村访问时，耶鲁有人提出反对意见。理由是禽流感刚过，农村养鸡鸭，担心卫生问题会影响健康。就此问题我们开了"双边会"，消除大家的顾虑。事实上，白村为耶鲁客人的到来做了大量、细致的准备工作，所到之处，庭院干净利落，家禽都是圈养的，用的茶杯也是一次性纸杯。访问结束后，大家对中国农村有了新的了解，改变了旧印象。

东至上海，感受中国的经济奇迹

西安的行程结束后，代表团在第七天晚上来到了中国经济最发达的地区上海，来亲身体会中国改革开放和现代化进程30年来所取得的成果。翌日一早，上海的耶鲁校友俱乐部也像在北京一样，举办了早餐会欢迎团员们。与在北京时主要是雷德大使讲话不同，这次早餐会主要是让团员们交流前几天的经历。耶鲁学院2009届的团员安娜·古督（Anna Goddu）向大家讲述了她在西安接待家庭的有趣经历。接待家庭带她到当地一所学校参观，学校的师生们简直把她当成名人一样看待。回到家中，她还给接待家庭新降生的小婴儿取了一个英文名字，叫"Christopher"。大家在欢声笑语中开始了上海的正式活动。

第一站，团员们分成三组，分别选择拜访上海证券交易所、浦东新区政府以及通用汽车公司在上海设立的工厂。当然，上海证券交易所是最热门的选择，因为许多团员都想知道上海是如何成为中国的金融中心的。耶鲁学院2010届的团员斯图尔特·希明顿（Stuart Symington）就参观了上海证交所。他的第一感觉是在陆家嘴金融区仿佛有华尔街的氛围。团员们进入证交所大楼后获得了一张特别通行证，并被带到交易楼层参观。之后上海证交所的领导们在会议室接待了耶鲁代表团。在提问环节中，很多同学对刚才在交易楼层发现交易活动并不太多表示不解。证交所的领导告诉他们说，这是因为如今99%以上的交易是在网上进行的，不需要打电话通过交易所的交易员操作，这大大提高了交易的效率。代表团还和上海证交所的负责人就中国共同基金的发展、国有企业的上市以及上海证交所与香港证交所的合作展开了交流。

在参观结束后，团员们获得了难得的自由活动时间。耶鲁学院2010届的团员威廉·亚历山大（William Alexander）选择和朋友们一起去逛南京路，发现南京路上的许多店都是他们所熟悉的西方品牌。这回是他们第一次在中国遇上真正的语言问题，不会说中文的他们发现整条南京路上肯与他们用英文交流的只有想向他们兜售手表的小贩。在南京路碰了壁，威廉和同学们决定去看看更传统的上海集市，还好他们有所准备，出发前请团里的翻译给他们写上了"上海老街"字样的字条,终于找到了他们要去的地方"上海老街",这就是上海的著名景点豫园。在这里他们找到了传统的中式建筑,在豫园的亭台楼阁中流连忘返,有的学生还尝试着跟商铺老板砍价。晚上这批学生来到了外滩的一家正对着黄浦江的西餐馆。大家这几天来都吃惯了中式的宴席,偶尔换换口味吃上了西餐,威廉说甚至一时不记得自己是在中国,是在上海了。

转眼间,已经是上海之行的最后一天了。像之前的每一天一样,团员们一清早就起来了,在酒店餐厅的咖啡机前排起了长队,准备抖擞精神迎接满满的行程安排。耶鲁学院2010届的团员格雷格·盖西克(Greg Geusic)说,到了第九天,团员们已经习惯了看到"热烈欢迎耶鲁大学百名师生代表团"的横幅、照集体照、用筷子吃饭这些常规的事物,开始逐渐发现在中国看到的一些表面现象背后的深刻含义。今天,代表团来到了此行拜访的第四所、也是最后一所中国著名大学——复旦大学。之前团员们就听说,近15年来,中国高校的入学人数足足增长了四倍,如今大学的入学率已经上升到了20%。另外,中国的高校在改革中也正逐渐从美国的高等教育中学习值得借鉴的经验,而复旦大学可以说是这一系列改革的先行者。代表团从复旦大学许征副校长的讲话中得知,复旦大学在2005年建立了复旦学院,成为中国第一家推行住宿学院制本科教育的大学。随后,代表团乘车来到复旦大学江湾新校区,共同为"复旦-耶鲁友谊林"揭幕。江湾校区由十几座完全新建的西式风格的教学楼组成,可以容纳数千名新学生。格雷格回忆说,站在江湾校区,他仿佛可以想象这么多新教学楼拔地而起、数千名学生争相涌入校园的场景，这让他突然非常真切地体会到什么是中国的飞速发展。

在与复旦学生共进午餐后，代表团来到了东方明珠电视塔。下车时团员们受到了组织者安排的乐队的欢迎。团员们抵达后立即进入了直升电梯，原来东方明珠早已提前结束了对普通游客的开放，让代表团能够单独享受上海之巅的美景。尽管上海那天雾气重重，团员们还是对上海宏伟的城市规划赞不绝口。晚上，团员们登上了黄浦江游览渡轮，在江上饱览了两岸彩灯齐照的美景。接待单位全国青联的组织者在船上安排了丰富的中国传统音乐和舞蹈，耶鲁的客人也载歌载舞，有几个学生还为大家演唱了一首在旅途中自己创作的关于耶鲁百人团中国之行以及代表团成员的歌曲。在欢声笑语中，代表团结束了上海的两天行程。

中国之行：记忆中的珍宝

回顾精彩的中国之行，研究生院2008届的团员珍妮·卡里罗（Jenny Carillo）说，最让她和许多团员感动的往往是与一个个中国人交流的时候。当中国的家庭敞开大门欢迎他们时，团员们有机会了解中国家庭的生活，看到餐桌上摆了什么食物，以及认识他们的家庭成员。在与中国的大学生面对面交流的时候，团员们向他们了解了他们的个人经历，他们对自己在中国上学所面临的机会和局限的看法，他们对美国学习生活的了解和猜想，以及他们对国际时政的想法。在受邀参观中国农村时，他们考察了给农村地区创造收入的小型工厂，了解了农村孩子所受的教育，感受到中国农村人民其实和耶鲁学生有着共通的生活情愫。除此之外，在与商贩讨价还价、早晨出门晨练、外出就餐泡吧、参观博物馆和美术馆等许多场合中，团员们都仔细地倾听中国人的故事，观察中国人的生活。在可贵的交流机会中发现这种交流带来的真实感，这种真切的学习和认知使得团员们成长、理解、困惑，然后再学习。胡锦涛主席邀请耶鲁百人团访华的目的，也就是"使耶鲁师生对中国充满好奇，并对中国有一定的认识"，可以说这一目的完美地达到了。

在中国之旅的过程中，团员们一再表达了对他们所获得礼遇的感激之情。从接受胡锦涛主席会见，到受邀出席好几次正式晚宴，再到与中国大学师生以及中国普通家庭近距离交流，团员们充分感受了中国人民的热情好客，领略了中国的悠久历史与丰富文化。虽然有些团员担心中国人会对接待方式有一些想法，因为他们是美国人，所以就有资格享受诸如警车开道、乐队欢迎以及不用像本地游客一样排队游览景点等好处，但是团员们还是感受到了这些举动背后所蕴含的极大待客热情。正像珍妮所说，在整个中国之旅中，所有团员都为能够成为胡主席的客人感到极其荣幸。十天的耶鲁百人师生团访华之旅转眼间结束了，在意犹未尽的同时，团员们相信，对于百人团中的许多成员而言，这段旅程只是他们的人生与中国不解之缘的开始。

第十章
耶鲁大学五十人团访问中国

继耶鲁百人团应胡主席邀请访问中国之后，2009年时任国务委员的刘延东女士访问耶鲁大学并邀请五十名耶鲁学生前往中国访问交流。鉴于前次访问中国的百人团中的学生多数是本科生，我们这次特意决定由五十名耶鲁研究生组成访华团。

耶鲁五十人团由我全程负责，国际事务办公室的副主任希拉·帕斯托（Sheila Pastor）协助。团员则由14名来自研究生院的学生和34名各个专业学院①的研究生组成。全团于2010年12月29日抵达北京。这次的访问由北京和上海两部分组成。首站是北京，共四天；团员们参观了孔子学院总部，欣赏了中国文化艺术收藏，特别是剪纸艺术，我和希拉·帕斯托还讨要了自己生肖动物的剪纸做纪念。很多团员都被中国古装服饰所吸引，纷纷穿戴起来留影纪念。

参观故宫那天，天气很冷。加上游客较多，我们要在午门外

---

① 在美国，研究生阶段的学院大致分为两大类，一种是学术类即研究生院；另一类则是以专业化和职业化为特征的专业学院，比如商学院、医学院、法学院、护士学院、公共卫生学院、艺术学院、建筑学院、神学院、新闻学院、公共政策学院等职业导向极强的学院。后文将有更具体的介绍。

广场排队等候。寒风飕飕，很多女生的手、脸都冻得发紫。有个来自美国南方的女生甚至冻哭了。我带她到附近的咖啡馆喝了热咖啡后，赶紧找到一个卖熊猫帽子的小商，经过讨价还价，我以10元人民币一顶的价格给每人买了一顶可爱的熊猫帽子，既保暖又有纪念意义。

第二天安排我们去长城。其实这些研究生早就听说了"不到长城非好汉"的激励口号，人人摩拳擦掌，迫不及待要登上长城，一览这堪称世界八大奇迹之一的人类工程，证实自己是条"好汉"。上长城时大家都戴上了熊猫帽。老远望去，很容易找到自己的团员，熊猫帽使耶鲁五十人团在长城上相当抢眼。在长城上学生们意外地发现了不远处山上的奥运标语"同一个世界，同一个梦想"，他们都兴奋地朝着那个方向大喊着这一口号。

长城归来，我们特意去了鸟巢参观。建筑学院的两位研究生对鸟巢情有独钟，在访问鸟巢之后，他们感叹说："这个华丽的建筑被用来展示中国的雄心和想象力。每天前来参观的中国游客们用他们自己的感叹构成了另外一个有趣的情景。我认为鸟巢是北京最让人兴奋的建筑。"他们还利用参访的空余时间，走访大街小巷。国家大剧院、雍和宫，甚至被有些人称为"大裤衩"的央视新大楼，都得到我们这两位建筑学院学生的赞赏。

2011年新年之夜，由时任国务委员的刘延东女士在北京外国语大学招待国际学生，并举行新年联欢会。耶鲁的学生临时学习用汉语演唱《友谊地久天长》参加演出。他们不愧是各学院推荐出的优秀研究生，现学现卖，令人佩服。尤其法学院的乔治，他纯正的男低音让其他国际学生逊色三分，为耶鲁赢来了一片掌

▲部分团员穿戴中国古装服饰照相

▲耶鲁五十人团在长城脚下合影

▲一名学习书法的耶鲁学生在写"我是素食者"

▲包饺子对美国人来说可不简单

声。当然耶鲁五十人团在联欢会上的突出表现也与来自耶鲁音乐学院和戏剧学院的团员的专业素养分不开。美国人的习惯是新年之夜总离不开蛋糕加美酒,正好耶鲁校友任远在北京,他帮忙买了酒和蛋糕,希拉充当调酒员,大家趁着酒兴,载歌载舞,我们在饭店度过了别具一格的新年之夜。

北京的旅行完成之后,耶鲁五十人团来到了上海,进行为期10天的中国文化学习。我们首先参观了上海博物馆,这里有12万件珍贵的各类收藏品,尤其是中国古代艺术品,例如明、清时的传统木制家具、战国时期的青铜器、中国古代钱币以及最吸引人的玉器,让大家一饱眼福、流连忘返。

带着对博物馆的回味,耶鲁五十人团来到豫园参观。豫园是明朝的一座私人花园,建于1559年,是一座难得的在上海这个现代化大都市中心的江南古典园林。耶鲁的同学们醉心于檐牙高啄、廊腰缦回的亭台楼阁之中,不时停下脚步仔细观察,并拍摄建筑上各式各样的雕塑以及手工绘画的走廊。一些同学对豫园的小饰品很感兴趣,好几个同学请手工艺师傅刻了自己中文名的图章,有个同学还买了古代的量米斗作为纪念。大家争相排队品尝豫园的上海传统小吃,虽然在南翔小笼包店、奶油五香豆店前要排很久的队,但是他们尝到这些美味后都对豫园小吃赞不绝口,觉得这队排得完全值得。

接待我们的上海组织者将我们的晚饭安排在豫园九曲桥边的绿波廊酒店。绿波廊酒店是上海的招牌餐馆之一,以海派菜式的国宴著称,接待过许多国宾和世界政要。绿波廊的服务员介绍说,当年耶鲁的校友克林顿总统也曾来到绿波廊就餐,那次餐点中有一道玉米窝窝头，克林顿总统想用筷子把它串起来吃，哪知窝窝头太硬，居然把筷子给戳断了。同学们听了觉得非常有意思。那天正好是来自一位耶鲁管理学院的小帅哥的生日，接待我们的青联朋友们特意为他精心准备了生日蛋糕，大家一同唱歌为他祝福。恰好，在大堂的另一头有一对年轻人正在举办婚礼。同学们被婚礼主持人搞笑的风格吸引住了，好奇地想对中式的婚礼一探究竟。在美国，婚礼上宾客一般会以敲酒杯的方式怂恿新郎新娘当着众人的面接吻，而这场婚礼上主持人则是让新郎新娘一起咬一个吊在绳子上的苹果，等他们刚要咬下去时，主持人把绳子突然往上一提，两个人张着的嘴正好碰到一起，全场顿时哄堂大笑。耶鲁的同学们通过这个特殊的场景，上了一堂生动的中国社会习俗文化课。

接下来，大家来到黄浦江畔的外滩。在黄浦江畔耶鲁学生们感受到了中国经济的腾飞和融入世界的步伐。尽管当时上海天气很冷，但是所有学生都饶有兴致地走完了整个外滩的大道，他们对上海拥有的这些欧式风格建筑充满了兴趣。此行最后一站是高达468米的东方明珠电视塔，站在电视塔的高处，耶鲁学生们无一不被上海外滩迷人的夜景吸引，他们中很多人都表示以后有机会一定要来上海这个充满希望和前景的城市发展。

第二天，我们来到通用汽车公司访问。在美国，汽车是普通的交通工具，但汽车的生产流程却鲜为人知。经过接待单位的安排，耶鲁五十人团乘坐电动游览车参观通用汽车生产线。现代化的装备，有条不紊的操作，游览车载着我们观看汽车的生产过程，从最小的零部件，到车门、车座、底盘等部件，再到最后的喷漆、组装工序，一部完整的汽车就诞生了。整个过程使我们耳目一新，大开眼界。

学习中文和中国文化是此次访问最主要的组成部分。在华东师范大学的十天里，耶鲁五十人团的学生每天都坚持学习汉语。他们从最基本的拼音和笔画学起，同时学习和了解了上海地方史和经济发展状况，还有汉字书法、中国绘画以及饮食文化。学生们的学习一丝不苟，非常认真，并坚持在课堂之外和中国学生用中文练习对话，做一些简单的交流。令人惊奇的是团员们仅仅学习几天后就能在上海的路边小店里用中文讨价还价了。虽然听起来有点生硬，却总是能把价砍下来。很多团员都表示这段学中文的经历非常开心，回到耶鲁后打算继续系统地学习中文。

来自研究生院比较文学系的尤金妮娅·科博特（Eugenia Kelbert）对这次来到中国非常激动。尤金妮娅本科在牛津大学毕业，主修法语和德语，所以她有非常深厚的西方文化的功底，但是她很希望来中国学习她以前从来没有接触过的非西方的文化。在来中国的前一个暑假，尤金妮娅专门报了一个两个月的中文学习班，为年底的访问做准备。来到中国，她发现中国的文明果然与众不同。她说道："我非常惊讶中国对各种文化包容并蓄的能力，中国既有西方一样现代化的成就，又非常有异域风情。我一定会通过这次机会好好地深入了解这个国家，今后或许我还会来。"

为了增加对中国同龄人的了解，此次活动在大学访问期间，还安排了中国学生与耶鲁学生的见面会，让他们互相自由聊天。耶鲁学生还分散到当地的家庭访问，体验地道的中国式家庭生活。对政治系研究生安东尼来说，中国之行最难忘的部分就是和上海普通家庭的交流。安东尼认为这次经历让他更直观地了解了中国人和美国人在生活方式上的不同，并且获得了许多比旅游者要深入得多的对中国的见解和与中国人打交道的体会。

当谈及耶鲁学生在华东师范大学学习中国绘画的时候，华东师大的美术老师说："看到这些耶鲁学生如此刻苦地学习我感到很欣慰，尤其是他们受到西方艺术的影响，总能够在中西两种画法中获取灵感。最后展览学生作品的时候，我行走在这些学生所画的中国画和油画之间，这两者似乎在那一瞬间水乳交融。尤其是耶鲁学生用油画模仿中国画的画法，让我想起了自己小时候学画画的经历，因为水彩是我最初学绘画的材料。"

除了中国画，耶鲁五十人团的学生还学习了汉字书法，老师们通过讲授汉字字体演变的历史激发了这些学生对中文学习的极大兴趣。实际上这次来访的研究生们几乎都从未来过中国，他们的专业也跟中国没有直接关系，但是这次中国之行让他们不少人在回到耶鲁后都开始了汉语的学习，其中有不少同学后来自己通过其他方式再次来到中国。

此行最有意思的要数学生们学习太极拳的经历了，上海冬天没有暖气，跟着太极拳老师学习时，学生们在室内冻得直打哆嗦，但是寒冷的天气丝毫没有打消学生们的热情，他们穿着厚重的衣服，戴着手套帽子一招一式比画，有模有样。其中法学院学生乔治在所有的太极拳课程学习结束后，又专门找到老师，私下自己花钱多学了几节课的内容，回到耶鲁他坚持天天练习，还逐渐影响周围的同学加入学习太极拳的队伍。

中国饮食文化也是不可错过的。华东师大专门安排了关于中国十大菜系的介绍，耶鲁的学生们还在专人指导下学包饺子，态度之认真，场面之热闹，令人回味无穷。返校后，这些研究生还时常聚会，包饺子。听说他们还举办了包饺子比赛，但竞争激烈，技术不相上下，没能产生冠军。

在上海的最后一天，华东师大为耶鲁班举行毕业典礼。学生们用学会的中文演唱了《茉莉花》和《掀起你的盖头来》。音乐学院的文森特（Vincent）同学和华东师大学生表演了歌剧《茶花女》片段。好不热闹！耶鲁生物学博士在读生亚当说："这是一次极为难忘的经历，我非常感谢中国政府和耶鲁给我提供了来中国旅行的机会。在中国，我们亲眼见到、亲手触摸、亲口品尝、亲耳聆听这个星球上最古老文明之一的一切事物。长城、故宫和东方明珠电视塔，这些地方我以前从来没有想过会访问，而来到这里却发现它们如此惊艳。而到目前为止，我觉得最珍贵的经历就是能够和中国的同学、中国普通家庭建立起联系，以后即使身处不同的东西半球，我们也能发现更多的共同点。"另一位学生返回美国时说："在中国的旅行让我有了一种回家的感觉，当我们在上海的一周多的时间结束以后，我几乎不敢相信我只是像其他美国旅游者一样在这里待了几天，我感觉自己在这里已经住了好几个月了。"

耶鲁五十人团回校后还组织过几次不同类型的聚会。大家对中国之行难以忘怀，意犹未尽。听说有几个团员后来自己又再次访问北京和上海，有的在跨国公司工作，有的去教英语，还有的在中国做论文研究。可以想象15天的中国之行给耶鲁五十名研究生今后的职业生涯所产生的影响是不可思议的。

第十一章
耶鲁大学音乐学院与北京奥林匹克

耶鲁音乐学院①是世界顶尖音乐学院之一,这也是耶鲁与其他世界名校的重要区别之一。在欧美国家,音乐学院往往与综合性大学分离,而耶鲁却将这两者很好地结合起来。耶鲁音乐学院即使跟所有专门音乐学院一起排名,也能名列前茅。耶鲁音乐学院建立已经一个多世纪,培养出了大批优秀的作曲家、演奏家和文化行业的领袖。耶鲁音乐学院不仅重视学术研究,也非常重视艺术创作。同耶鲁的其他学院一样,耶鲁音乐学院的目标也是服务社会、培养杰出的艺术和学术音乐人才。目前,耶鲁汇集了众多世界一流音乐家,他们与学生一道将耶鲁音乐学院建成了一个培养具有人文关怀的艺术圣殿。

耶鲁音乐学院与中央音乐学院在 2008 年 7 月 9 日至 7 月 24 日期间携手举办音乐盛事,为当时即将开幕的奥运盛会吹响文化

---

① 耶鲁大学在过去三百年中逐渐建院的顺序是:医学院(1810)、神学院(1822)、法学院(1843)、研究生院(1847)、谢菲尔德科学院(1861,今已不存)和艺术学院(1869)。1887 年,耶鲁在校长提摩西·德怀特五世(Timothy Dwight V)主理下继续发展,并更名为耶鲁大学,以符合综合性大学的事实。之后又开设了音乐学院(1894)、森林和环境学院(1901)、公共卫生学院(1915)、护理学院(1923)和管理学院(1976)。

序曲。耶鲁大学音乐学院和中央音乐学院共同邀请了世界十所顶尖音乐学院的学生至北京参加文化交流活动,活动内容包括音乐讲座、大师班,各种类型音乐会14场,除在国家大剧院举办的联合大型音乐会外,还有耶鲁大学爱乐乐团与大提琴家、耶鲁音乐学院校友王健在北京中山公园音乐堂举办的音乐会等。由耶鲁大学音乐学院院长罗伯特·布劳克(Robert Blocker)和中央音乐学院院长王次炤共同发起的"相约北京2008:世界顶级音乐学院音乐文化交流活动"汇集了多所闻名于世的音乐学院的大师和学生,是为庆祝奥运会而展现的一个隆重的"学院派音乐节"。

这次音乐交流活动由以下全球顶尖音乐学院组成:耶鲁大学音乐学院、中央音乐学院、上海音乐学院、萨尔茨堡莫扎特音乐和表演艺术大学(The University of Music and Dramatic Arts Mozarteum Salzburg)、赫尔辛基西贝柳斯音乐学院(Sibelius Academy)、伦敦皇家音乐学院(Royal College of Music)、匈牙利布达佩斯李斯特音乐学院(The Franz Liszt Academy of Music)、韩国国立艺术大学(Korea National University of Arts)、悉尼音乐学院(Sydney Conservatorium of Music, University of Sydney)、纽约朱丽亚音乐学院(The Julliard School)以及维也纳音乐与表演艺术大学的贝多芬学院(Ludwig Van Beethoven Institute, University of Music and Performing Arts, Vienna)。

历史上耶鲁大学曾经为中国培养了著名的作曲家黄自。黄自是黄炎培[①]之子,他从小就受到父亲的熏陶,饱览群书,尤其对

[①] 黄炎培(1878~1965),字任之,号楚南,江苏川沙人。教育家、实业家、政治家,中国民主同盟主要发起人之一。

音乐情有独钟，黄自在 1916 年考入北京清华学校后，对西洋音乐产生了浓厚的兴趣，随后他前往美国俄亥俄州欧柏林学院攻读心理学。1928 年黄自终于如愿以偿进入耶鲁大学学习他自己真正最感兴趣的西洋音乐理论与曲目创作。从耶鲁学成后，黄自回到国内到上海扈江大学和国立音乐专科学校教授西洋音乐理论等课程，许多后来著名的音乐家均出自黄自的门下，比如朱英、贺绿汀、江定仙、林声翕、刘雪庵等。黄自的代表作品有《踏雪寻梅》《天伦曲》《花非花》等。

第十二章
张艺谋与耶鲁大学

2010年5月24日，耶鲁大学授予了张艺谋荣誉博士学位，他是第一位来自中国内地获此殊荣的人。耶鲁大学校董事会下设有荣誉学位委员会，负责提名、审定每年的荣誉学位获得者。竞争实际上非常激烈，被提名者一定要是所在领域内世界公认的杰出人士，并取得了非同凡响的成就者。张艺谋在电影界长久的声誉和导演北京奥运会开幕式对全世界的震撼，令评审委员会的成员信服。因为需要多方审查、比较；广泛听取意见，程序繁杂，一般提前一年做准备。而且耶鲁大学有一个传统，即荣誉学位不到最后正式宣布的那一刻，一律不向外界透露。实际上，张艺谋荣誉博士学位早在2009年秋就已经提名、审定。同年我出差去北京和张导初次见面时，按学校的意图向他透露了耶鲁校方荣誉学位委员会有意向他授予荣誉博士学位，并告诉他耶鲁大学有关荣誉学位的"传统做法"，请他一定保密，此事要到来年毕业典礼时才能对外公布。他和秘书都很配合。保密工作做得很好，直到2010年5月他前往耶鲁领取学位，都没有人走漏风声。那次见面是在他北京的摄制组办公室，实际上是一个高档公寓楼里的一个单元房。对于这样一个知名导演来说,略显拥挤、简陋。张艺谋给我的印象是为人谦和,话语不多,丝毫没有国内那种"名人"派头。记得当时他的秘书给我和张导拍合影,但是我的傻瓜相机拍出的照片都不清楚。张导看了看说镜头有水雾,便准备拿布擦掉雾气。我急忙阻拦,说镜头不能随便擦。张艺谋笑着说,你放心,我在电影学院学的就是这个专业。果然擦拭后拍出的照片很棒。

第二次见面时他的办公室已鸟枪换炮,不仅明亮宽敞且单门独户了。那时《山楂树之恋》已经开拍。他告诉我正在筹备另一部新片《金陵十三钗》。听他介绍故事情节,我觉得和莫泊桑的《羊脂球》很类似。张导的女儿张末也在场。我们还一块儿议论了英文名字。根据电影内容,我建议叫"Thirteen Plus One"(十三加一)。后来上映时取名为"The Flowers of War"(战花)。

美国社会对2008年北京奥运会开幕式的反应只能用震惊来形容。雷文校长和夫人原来不准备前往北京参加在鸟巢举办的奥运会开幕式。但是在我的极力劝说下,雷文夫妇还是去了。开幕式结束后,雷文校长给我发短信说:"开幕式非常精彩,不可思议!我很高兴我还是来参加开幕式了。否则我会非常后悔。"可见,张艺谋导演执导的开幕式对美国的观众产生了多么巨大的影响。

张艺谋导演从来不穿西装,他一直保持着自己的着衣风格。在参加耶鲁颁发荣誉学位仪式前一天晚宴时,张艺谋身着一身面料考究的中山装,显得格外引人注目和别致。大家后来都评价说张艺谋导演的着装独特却不失身份。

▲张艺谋导演（前排左一）与雷文校长（前排中）及其他获得荣誉学位者合影

我一直很希望张艺谋在出席完学位授予仪式后，给耶鲁师生举办一个公开演讲，介绍奥运会开幕式背后的花絮。我和他谈了这一想法，他表示也很乐意在耶鲁作一个演讲，但遗憾的是张艺谋导演来耶鲁的时候正好在拍《山楂树之恋》，由于拍摄正在进行，张导说，一百多号人都在等着他，不能因为自己而耽误了剧组其他成员的宝贵时间。于是，他在出席完活动后立即动身前往机场，连我们准备的午宴都没有时间参加。于是我只好在出发去纽约机场前给他装上了盒饭带上车吃。张艺谋导演对自己的工作尽心尽责，给我们所有人都留下了深刻印象。他出席学位授予仪式时穿的博士服是耶鲁校方专门为他量身定做，由于耶鲁规定所有的毕业仪式服不能带走，我们让张导演把披肩带回去留作纪念。张艺谋导演答应，等他的电影拍完之后一定找时间到耶鲁举办一场演讲。

2010年耶鲁大学荣誉学位获得者包括：罗伯特·阿尔特（Robert Alter），加州大学伯克利分校希伯来文和比较文学教授；朱棣文（Steven Chu），美国能源部长；艾瑞莎·路易斯·弗兰克林（Aretha Louise Franklin），美国著名音乐家、歌手，有着"灵魂歌后"的称号；迈克尔·范博格（Michael Feinberg）和大卫·雷文（David Levin），政府特许实验学校教育项目"知识就是力量"（Knowledge is Power Program）联合创始人，奥尔罕·帕穆克（Orhan Pamuk），土耳其作家，2006年度诺贝尔文学奖得主；迈克尔·鲁特尔爵士（Sir Michael Rutter），伦敦国王学院精神病学研究所教授，以"儿童心理学之父"著称；埃伦·约翰逊·瑟利夫（Ellen Johnson Sirleaf），利比里亚总统，非洲第一位女总统；玛丽莲·斯特拉森女爵士（Dame Marilyn Strathern），英国女权主义人类学家，原剑桥大学社会人类学教授、格顿学院院长；张艺谋，中国电影导演，2008北京夏季奥林匹克运动会开、闭幕式总导演。

耶鲁大学在授予张艺谋导演荣誉博士学位时的颁奖词如下：

（你是）使用摄像机和编导的天才，你的作品表现了中国历史的荣耀、复杂、纷繁交错和魅力。在探究胜利与压迫、历史与希望的电影里，你捕捉到了人精神上的挣扎，使人身临其境，又启发了全世界的观众。从电影到歌剧到现场表演，你的艺术手法让人赞叹和愉悦。北京奥运会开幕式炫目多彩，你对中国历史和文化史诗般的赞誉，在我们脑海里留下了难以忘却的记忆。我们非常高兴能授予你艺术荣誉博士学位。

A genius with camera and choreography, your work has portrayed China in all its glory, complexity, contradiction, and charm. In films that explore triumph and oppression, history and hope, you have captured the struggles of the human spirit, and engaged and enlightened audiences around the globe. From film to opera to live performance, your artistry amazes and entertains. The dazzling opening ceremony of the Beijing Olympic Games, your epic salute to Chinese history and culture, endures vividly in our memory. We are delighted to bestow on you this degree of DOCTOR OF FINE ARTS.

第三部分　耶鲁大学的中国元素与合作项目

第十三章
耶鲁大学的中国研究

早在19世纪初,耶鲁大学就开始有老师搜集中文书,耶鲁的师生们通过图书馆收藏的中文书籍了解古老的东方古国。1878年,曾在中国做过传教士以及外交官的卫三畏(Samuel Wells Williams),受聘于耶鲁,从而开始了耶鲁长达一个多世纪的中国研究。耶鲁大学在1936年正式建立了中国语言研究项目,20世纪40年代耶鲁率先研究出新型强化语言教学方法,当时编写的汉语言教科书被美国大学广泛使用。从20世纪四五十年代开始,随着世界格局的变化,美国开始着眼于对东亚、东欧等区域进行深入研究,相关课程设置也逐渐超越了语言文学范围,扩展到政治、经济、社会、艺术、音乐等方方面面。目前耶鲁专门的中国研究集中在两个专业:东亚研究专业(East Asian Studies,EAS)和东亚语言与文学系(East Asian Language & Literature,EALL)。东亚研究专业是以政治、经济、社会、历史、文学等构成的跨学科专业;东亚语言与文学系则以研究语言与文学为主。

目前耶鲁从事中国研究的教授多达数十人,这些教授大部分都是来自耶鲁大学麦克米伦国际与地区研究中心下属的东亚研究

◀西晋越窑瓷器

◀吴昌硕的画

中心的中国研究专家。此外，来自耶鲁法学院、医学院、森林与环境学院、管理学院、建筑学院以及其他学院的教授也积极加入各项与中国相关的研究中。

东亚研究中心和东亚研究专业

耶鲁大学研究生院设有麦克米伦国际与区域研究中心，其下主要由国际关系和区域研究两大分支组成。在区域研究中，麦克米伦中心下设置有东亚研究、欧洲与俄罗斯研究、美国研究、非洲研究、东南亚研究、英国研究、希腊研究等。而在这之中，东亚研究专业成立于1961年，已经成为麦克米伦国际与区域研究中最杰出和最活跃的专业。

耶鲁的东亚研究专业是一个交叉学科，旨在向学生提供对东亚的系统性、深入性了解。耶鲁的东亚研究专业提供本科和硕士两种学位。东亚研究中心向耶鲁的学生提供政治、社会学、人类学、历史、经济学、国际关系、东亚语言与文学、宗教学、神学、艺术史等各专业中与东亚相关的课程。其中与中国研究相关的课程占了大部分。

耶鲁本科阶段的东亚研究专业已经成为耶鲁本科生中最热门的专业之一，该专业要求学生将自己的选课集中在东亚的一个或多个国家，完成一定数量的社会科学和人文科学的课程。耶鲁的学生往往会把中国研究作为首选，每个学生可以根据自己的兴趣，将自己的选课置于不同的侧重点，但是语言学习是一切其他深入研究的前提。学生往往会在语言学习达到一定的程度后，选择中国政治、中国社会和中国历史的相关课程。

研究生阶段的东亚研究专业则是一个更加灵活的专业，该专业开设的目的是为继续攻读博士或者将从事东亚相关职业、已经获得本科学位的人提供深造机会。耶鲁的东亚研究硕士项目每年招收6到12人，选择中国研究的人往往占到一半以上，这些学生或者专门选择研究中国社会、中国政治、中国历史的某一特定深入的话题，或者将重点放在综合性的学习上。目前，耶鲁并没有开设东亚研究专业的博士项目，所以毕业生如果想要继续攻读博士学位，需要申请转到政治学系、社会学系、历史学系、东亚语言文学系等专业。

美国中国史学研究的泰斗史景迁

提到美国的汉学研究，除了哈佛大学的费正清（John K. Fairbank），恐怕最令英语世界熟悉的莫过于耶鲁大学的史景迁（Jonathan Spence）教授了。史景迁1965年获耶鲁大学史学博士学位，1993年被评为耶鲁大学斯特林教授（Sterling Professor），2008年退休。他从剑桥大学获得学士学位，接着从耶鲁大学获得硕士和博士学位，在2004年到2005年期间，史景迁担任美国历史学会主席。其关于中国历史的著作多达数十本，其中有不少获得多项大奖。他研究的主要方向是中国中世纪史，尤其是西方和中国如何让"中国"这一概念西方化，以及为什么这样的努力会失败。他的著作主要有《追寻现代中国》（*The Search for Modern China*，1990）、《康熙与曹寅：一个皇室宠臣的生涯揭秘》（*Ts'ao Yin and the K'ang-hsi Emperor; bondservant and master*，1965）、《改变中国：在中国的西方顾问》（*To Change

China: Western Advisers in China, 1620～1960, 1969)、《中国皇帝：康熙自画像》(Emperor of China: Self-Portrait of K'ang-His, 1974)、《王氏之死：大历史背后的小人物命运》(The Death of Woman Wang, 1978)、《天安门：中国的知识分子与革命》(The Gate of Heavenly Peace: The Chinese and Their Revolution, 1895～1980, 1981)、《利玛窦的记忆宫殿》(The Memory Palace of Matteo Ricci, 1984)、《胡若望的疑问》(1987)、《中国纵横：一个汉学家的学术探索之旅》(Chinese Roundabout: Essays on History and Culture, 1992)、《上帝的中国之子：洪秀全的太平天国》(God's Chinese Son, 1994)、《大汗之国：西方眼中的中国》(The Chan's Great Continent: China in Western Minds, 1998)、《毛泽东》(Mao Zedong, 1999)、《皇帝与秀才：皇权游戏中的文人悲剧》(Treason by the Book, 2001)、《雍正王朝之大义觉迷》(Treason by the Book, 2006)、《前朝梦忆：张岱的浮华与苍凉》(Return to Dragon Mountain: Memories of a Late Ming Man, 2007)。

史景迁是西方中国研究的泰斗级人物。他出生在英国伦敦郊区，1959年因获美仑奖学金（Clare-Mellon Fellowship），以交换学生身份到耶鲁大学读硕士学位，师从于史学家费正清的学生芮玛丽（Mary Wright）。后来芮玛丽推荐史景迁去澳大利亚跟房兆楹教授（Fang Chaoying）夫妇做博士论文，其博士论文《康熙与曹寅》后获珀特尔论文奖（the John Addison Porter Prize）。史景迁的《追寻现代中国》一书已经成为西方中国历史研究的经典教科书之一，而《大汗之国：西方眼中的中国》也备受追捧。

史景迁在耶鲁讲课期间,他的讲座每场都会爆满。一位上过他的课的学生在回忆录中写道:"在第一堂课下课之后,我发现所有人都疯狂地往耶鲁书店奔跑。等我和我的同学赶到书店时,史景迁教授指定阅读的书已经被抢购一空。"史景迁开设的"自1600年至今的中国"课程从晚明社会历史娓娓道来,一直讲到改革开放的中国,每周上三次,一次50分钟。之所以选择1600年,是因为他认为只有从这个时间点开始,人们才能真正理解中国社会的主要问题是从何而来以及中国人是如何运用政治、社会、经济的方法来解决这些问题的。

史景迁将他这门课的主要内容总结为四点,这四点也是他在《追寻现代中国》一书中总结到的:

第一,不管是统治者或是臧否统治者的中国批判者,他们在漫漫的历史长河里各自依循不同的取径,试图建构行之有效的方针来强化边境的防务,理顺官僚机制的运行,免于外人干预而善用自身的天然禀赋,焠炼必要而严谨的知识工具用以权衡政治行动的效率和道德性。

第二,尽管不必然步上西方强权或日本的发展"轨迹",中国总是以强而有力的方式去适应它、扭转它,即使是在适应与扭转的过程中仍奋力维系若干恒定的价值观。

第三,一个"现代的"(modern)国家既是融汇一体,又能兼容并蓄,既有明确的自我认同,也能以平等的地位竞逐新市场、新技术、新观念。到了公元1600年,已存在具上述意义的现代国家。然而在这段时间里,中国都算不上是现代国家，在 20 世纪末亦然。

第四，追寻现代中国是正在进展的行动，希望以此为焦点可以厘清中国当前的状况，可以从历史得到启示。

要把这将近 400 年的历史在 36 堂课里讲得比较全面，意味着每堂课都需要讲解十年左右的内容，史景迁教课的风格主要通过极为精细的细节和具体人物的命运以小见大，而不是仅仅在宏观叙事上滔滔不绝。这跟他写书的风格如出一辙，史景迁的书深入浅出，没有晦涩的专有名词，没有新潮的复杂史学理论，而是用最通俗明了的语言讲述着中国的历史，他的书在西方世界里常年处于畅销书前列，为向西方知识界和普通大众传播中国历史知识做出了重大贡献，可以说，没有史景迁的诸多优秀史学作品，"中国"这一概念在西方人，尤其是英语世界人们头脑中的概念将大为不同。

2021 年 12 月 26 日，史景迁先生辞世，享年 85 岁。

东亚语言与文学系

除了开设跨学科的东亚研究专业外，耶鲁大学还开设了专门研究东亚语言和文学的系，专门研究中日韩三国的语言和文学。而耶鲁中国语言和文学系作为全美大学同类中历史最悠久的，成为耶鲁一块知名的招牌。耶鲁大学东亚语言与文学系设有本科学位和博士学位。在本科阶段最主要的专业是中国语言文学和日本语言与文学。在博士阶段，则是中国文学和日本文学专业。

耶鲁大学的东亚语言与文学系在本科阶段尤其重视学生的

语言学习，目前耶鲁的中文学习者数量在所有语种学习者数量中居于前列。耶鲁大学的中文语言课程分为初、中、高三级，每周上五次课，每天都会有语言学习的作业，正是通过这样一种高强度的训练，耶鲁本科学生的中文水平明显高于不少同级别学校。

东亚语言与文学系的博士项目，每年招收人数较少，该项目要求学生在前三年修满14门课，并且要求至少学习两门东亚语言，博士生候选人除了学习自己领域相关的文学课程之外，还必须修满一学期文学理论课程或者西方文学课程。

耶鲁东亚图书馆

耶鲁大学图书馆早在1849年就开始收藏中文书籍，是美国第一家收藏中文书籍乃至东亚语言书籍的高校图书馆。耶鲁收藏的第一批中文书籍有90多册，主要为四书五经、中文字典、中国法律典籍等。此后，耶鲁大学图书馆不断扩大中文收藏，目前已经拥有超过52万册中文书籍，涵盖中国研究的各个领域，包括文学、语言学、历史、艺术史、考古、宗教、政治与经济等。

在耶鲁最大的图书馆斯特林纪念图书馆（Sterling Memorial Library）中，二楼有东亚图书馆，东亚图书馆内有许多中国相关的图书和资料，到2012年6月30日为止，耶鲁东亚图书馆馆藏的中文书有516026册。耶鲁拥有全美第一家中文图书馆，耶鲁东亚图书馆是美国现存最主要的收集东亚资料的图书馆之一。耶鲁进行东亚研究专业的教育已经长达一个多世纪，相关的东亚研究方面的资料也已经搜集了一个多世纪。正如前文提到的，自从

1877年卫三畏在耶鲁教授中国语言和文学开始，耶鲁对于东亚相关资料的搜集工作就从来没有中断过。1878年容闳向耶鲁捐赠了他的1200多卷藏书，这些书成为耶鲁收藏的最早一批中文资料之一。容闳的赠书里有很多是善本书（乾隆以前），其中包括清康熙五十五年（1716）内府刻制的《康熙字典》。

耶鲁学院图书馆（耶鲁大学图书馆的前身）馆长埃迪森·内穆（Addison Van Name）先生于1871年起连续四年给耶鲁本科生开中文课，是在美国高校第一位教中文的老师。同时，内穆馆长也积极发展耶鲁学院图书馆的东亚书籍收藏，为图书馆购买了大量的中、日文书籍。

2006年，中国国家主席胡锦涛访问耶鲁大学，特别赠送耶鲁东亚图书馆1346册中文和英文书籍。这批书籍涵盖中国政治、法律、哲学、历史、经济、文化、艺术、宗教等各个层面，是研究中国问题的重要资料。斯特林纪念图书馆的国际阅览室（International Room）里有很多关于耶鲁与中国各大学、机构等交流活动和项目的介绍，在其入口处竖立着容闳家乡捐赠的容闳全身雕像。

在耶鲁的在线图书馆系统里，有专门的东亚图书馆网站，通过东亚图书馆的网站，学生可以登入主要中文学术数据库，这些数据库多达38种。

刚刚过去的十年，是耶鲁东亚图书馆急速扩张的十年。耶鲁东亚研究中心自从1961年成立以来就特别重视中国研究方面的学术资料的搜集，由于大量的校友和相关机构捐赠，耶鲁东亚图书馆能够有充足的资金购买大量的中国研究的资料，使得耶鲁的中国研究馆藏在美国所有大学的图书馆中名列前茅。耶鲁东亚图书馆把支持耶鲁的东亚研究作为最主要的目标，中国研究和日本研究成为最主要的两大支柱，朝鲜、韩国研究也正在兴起之中。

耶鲁图书馆有关中国方面的资料在以下几个方面最为突出：中国考古学、中国佛教研究、中国现当代历史、中国艺术史、中国语言与文学、中国经济学。这些领域的藏书在美国属于最高级别的水平。东亚图书馆还设有专门的东亚阅读室，在该阅读室里，有多达上百种中文期刊，包括各类党报、日报、都市报，主要的杂志、学术刊物以及画册，甚至时尚杂志等。目前东亚图书馆的馆长是孟振华（Michael Meng）。

耶鲁中国馆藏

耶鲁拥有众多的自己的博物馆，最出名的要数耶鲁艺术博物馆和耶鲁英国艺术中心。耶鲁艺术博物馆是西半球最古老的大学博物馆。在耶鲁艺术博物馆中有一层专门展示东亚地区的艺术品，包括雕塑、绘画、瓷器、手工艺品、家具和其他各类艺术品，时间跨度也从周代到明清，其中不乏许多珍贵的历史文物。

耶鲁收藏的中国文物种类繁多，比如东周时代的卮，东汉时代的铜质钱树以及其他数件陶器，西晋时代的陪葬用陶器，南北朝时期墓葬中的大型石质坐具，唐代墓葬里发掘出的镇墓兽雕塑，元代壁画《飞天仕女图》，明代书法家王铎的真迹草书《唐诗九首》，明代画家陈嘉言的真迹，清代画家吴昌硕的真迹《莲花》等数件作品，近代画家李华生作品、吴冠中作品、木心作品等；从瓷器来看，耶鲁收藏有数件1600年以前的青花瓷，包括盘子、茶壶和装饰用盘。

第十四章
耶鲁大学法学院中国中心

　　成立于1999年的耶鲁大学法学院中国法律中心于2013年下半年更名为耶鲁大学法学院中国中心，建立时，中心有两项重要的使命：第一，帮助推动中国的法律和政策改革；第二，增进美国国内对于中国的理解。中国法律中心承担研究和教学任务，推动两国之间的政府、学术界、律师和改革者等人员交换并且承担中国法律和政策改革方面的重大项目。1999年成立以来，中国法律中心已经成为美国国内主要的从事中国法律研究的机构。该机构同中国相关机构一起推动了中国的法治建设和改革。中国法律中心和中国国内的顶尖法律专家及法律机构在司法改革、行政法、政策和政府监管制度改革、刑法和程序法、宪法和法律教育方面开展广泛合作和研究。中国法律中心将实际的改革项目同法律理论研究和教育结合起来，实现了双方的互惠合作。除此之外，中国法律中心也吸引了大量耶鲁法学院的学生关注中国的法治进程，他们往往会参加由中心主办的各种学术研讨活动，利用暑期前往中国非营利性组织实习和调研。

耶鲁大学法学院中国中心主要项目

自1999年建立以来,法学院中国中心就与包括法院、行政机关、立法机关和顶尖大学、学者以及律师在内的诸多中国机构及专家建立起了合作关系。中国中心目前的研究项目集中在如下几个领域:法律改革,宪法,行政法、政策与政府监管改革,刑法与刑事诉讼法改革。

法律改革

外界广泛认为随着中国市场经济的进一步发展,公民的法律意识觉醒会更快,社会也急需构建一个能公正、高效、稳定地解决纠纷的体系,同时对公权力也迫切需要进行制约,要实现这些目标,中国的法律体系必须进行进一步改革。这些年来,中国的最高法院采取了许多积极有效的措施增加法院程序的透明度,增强法官裁决的权威性,鼓励诉讼人和律师更加积极地参与。

宪法

观察家们过去普遍认为中国的宪法与具体的法律政策问题没有太大联系。然而最近的情况表明中国的宪法开始在法律改革中扮演越来越重要的角色,并且也在保护民权的过程中受到更多关注。

行政法、政策和政府监管改革

中国的行政法、政策和政府监管改革的内容包罗万千,尤其是处理公民与国家之间的关系。中国中心在此领域的研究集中在行政法基本组成部分，包括许可法、行政诉讼法和程序法；政府信息公开立法；政府监管改革；旨在转变公民与国家关系的改革试验和讨论，尤其是建立公开透明的政府和公众参与公共决策这两个方面。

刑法和刑事诉讼法改革

刑法和刑事诉讼法改革牵涉到诸多与司法公正和保护人权相关的问题。这些问题包括刑事诉讼法改革；判决改革和改进判决标准及程序；建立举证的标准；预防严刑逼供；改革轻罪审判程序；构建多元化方案取代当前单一的监禁方式，比如建立以社区为基础的矫正项目。针对这些重要而敏感的问题，中国中心采取的方式是通过联合立法者、学者、律师和相关法律活动家来帮助改革，推动中国刑法系统的公正、效率和权利保护状况。

中国法律改革专题研讨会

近年来在耶鲁校园，耶鲁中国法律中心每年都会选择一个学期开设一门名为"中国法律改革专题研讨会"的课程。中国法律改革专题研讨会旨在帮助耶鲁师生更详尽了解中国的法律改革最新状况和进程。在该门课上，耶鲁中国法律中心邀请中美研究中国改革的知名、前沿学者和与会者一起研讨一系列关于中国法律及政策改革的问题。研讨会的课题从"清朝灭亡后100年内的中国司法体系"到"中国食品安全法实施和效果""中国的医疗事故纠纷案件"等内容实际、丰富。历届研讨会已成为耶鲁法学院以及耶鲁大学范围内关注中国法律及政策改革的焦点活动。

耶鲁大学法学院中国中心主要成员

葛维宝

葛维宝教授毕业于哥伦比亚大学,随后进入耶鲁大学法学院获法学博士(J.D)学位。葛维宝教授现任耶鲁大学法学院中国中心主任。他创建并曾担任中国法律中心主任,主要教授宪法学、联邦法庭、中国法学和美国外交政策,其著作和研究包含法学界众多领域且大多处在法学研究的前沿。葛维宝教授在中美两国的法学界广为人知。1997年到1998年期间,他曾利用学术休假暂时离开耶鲁的教学工作,前往美国国务院任职,担任总统法治计划的特别代表,领导"中美元首法治计划"[①]。在任职期间他构思并开始实施了中美法律合作计划,得到当时中国国家主席江泽民和美国总统克林顿的支持。1998年克林顿总统访华期间,葛维宝教授作为访问团一员陪同。1999年,他组织成立了耶鲁中国法律中心并担任中心主任。

葛维宝教授之所以创建中国法律中心,源自"中美元首法治计划"。"中美元首法治计划"最主要的内容之一就是将诸多的美国经典法学著作翻译成中文。在完成该计划后,葛维宝教授意识到中美两国之间的合作不应该止于翻译,还需要双方更多的面对面交流。尽管中美两国属于不同的法律体系,中国属于大陆法系国家,美国属于惯例法国家,但是随着这两种体系日益相互借鉴,

---

① 1998年,中国国家主席江泽民和美国总统比尔·克林顿达成"中美元首法治计划",扩大两国在法律领域内的交流和合作。美国方面的特别代表是葛维宝。该计划的内容包括翻译美国法律著作的美国法律文库计划,以及在立法、行政、教育等领域的合作。

▲2011年1月13日奥巴马会见葛维宝教授

▲贺诗礼

互补的部分也在增加。在1999年耶鲁中国法律中心成立之时，葛维宝教授就对采访的记者说："中国正在进行具有历史意义的司法改革，耶鲁中国法律中心希望能为此作出贡献。"

葛维宝教授自20世纪90年代至今始终致力于中美两国法律研究的学术交流活动。尤其是2000年以后，葛维宝教授几乎每年都会访问中国一次以上。葛维宝教授目前在中国出版了数本著作，其中最早的一本是2006年同王利明教授合著的《中美法学前沿对话：人格权法及侵权法专题研究》一书。鉴于人格权制度的重要性，中国人民大学民商事法律科学研究中心与耶鲁中国法律中心于2005年1月22日至23日举办了"中美人格权法与侵权法研讨会"，与会者在两天时间里展开了激烈而卓有成效的讨论，前述《中美法学前沿对话》一书所阐述的一系列重要的观点，主要就是对这次会议的论述。该会议的主题集中于诽谤、隐私和媒体。由于互联网兴起和都市媒体的迅速发展，这几个主题对于当今中国来说显得尤为突出，尤其是当时中国正在制定第一部侵权和人格权法。在制定过程中，中国的法律需要寻找最好的办法，来调节和平衡保护名誉、隐私和发挥媒体重要职能这两个价值目标之间的冲突。美国的经验给中国提供了宝贵的可参考经验。

除了关注人格权，葛维宝教授的另一个主要兴趣就是政府依法行政。2007年，葛维宝教授前往湖南同湖南省政府就加强政府信息公开等课题开展交流，并同湖南省高院和湖南省法制办专门就政府依法行政的问题进行了讨论。2008年，《湖南省行政程序规定》贯彻实施高峰论坛在北京举行，葛维宝教授专门赶到北京参加了此次论坛，对于该论坛"法治政府建设与行政程序"的议题，他以美国的经验作了题为"为什么行政程序对于美国这么重要"的演讲。葛维宝教授坦言，自己是美国人，也许对中国具体应当什么时候颁布一个全国的行政程序法不能精确的断言，但是美国的经验在很大程度上仍然能为中国作为参考。无论政治体制和法律体系如何，可以预见的是行政法的地位会在中国未来社会发展中不断上升。根据中国的实际情况制定一个全国范围内的行政序法，将能为中国政府治理现代化提供一个法律框架，更好地符合新时代的特征，特别是政府和人民之间关系的改变，能够得到更好的体现。这还可以成为中国不断迈向法治社会的一个象征，并使整个世界认识到中国是可以致力于推进政府法治建设的。

随着中美两国法律界交往的加深，两国开始在共同面临的问题上也开始通过加强双方学术机构间的合作开展起来。比如2008年10月，最高人民法院中国应用法学研究所与耶鲁大学中国法律中心在北京共同主办了"中美量刑改革国际研讨会"。来自中央政法委、最高人民法院、最高人民检察院的领导、专家、法官，北京等九省市三级法院的法官，中国政法大学、中国人民大学、北京大学、武汉大学和中国社会科学研究院的专家学者，以及耶鲁大学中国法律中心和美国联邦及州法院的法官、学者共计80余人出席了会议。葛维宝教授同最高人民法院中国应用法学研究所蒋惠岭副所长共同主持了"路在何方——量刑改革的前景"的自由讨论活动。

2011年1月，葛维宝教授访问了北京大学法学院。葛维宝教授通过北大法学院领导的介绍，了解到了正在筹备成立的北京大学法治与发展研究院的有关情况。北大希望通过该研究院的成立加强对包括城市房屋拆迁问题、能源和环境保护问题在内的社会突出问题的研究，并提出切实可行的法律方案。葛维宝教授还接受了北大法学院张守文院长的邀请，同意担任北大法治与发展研究院高级研究员。同年4月，葛维宝教授带领耶鲁法学院教授一行前往中国人民大学参加由中国人民大学法学院与耶鲁大学法学院合作举办的"大规模侵权法律对策国际研讨会"。会议研讨阶段主要讨论了近几年中国国内发生的典型大规模侵权案件，比如三鹿奶粉事件、齐二药案、重庆开县中石油气井井喷案、大连油气管道爆炸案、银广夏案等，并总结了目前中国应对相关问题的法制资源。中国政府的代表介绍了应对大规模侵权赔偿的立法、司法及行政实践。耶鲁代表介绍了美国及其相关国际组织在处理如"9·11"案、BP公司石油泄漏案等大规模侵权赔偿案件的经验，尤其是耶鲁代表关于"大规模侵权的索赔评估和解决方案设计"的主题报告，详尽介绍了确定赔偿数额的考量因素、假设模型及数理分析方法等问题，为中国处理大规模侵权案件提供了宝贵的操作经验。基于此次研讨会，2011年11月由葛维宝教授和张新宝教授合编的《大规模侵权法律对策研究》一书由法律出版社出版。该书汇集了关于大规模侵权研究课题的主要研究成果，包括一份立法建议稿及其理由书，同时也收入了课题组部分成员以及参与前两次研讨会的学者发表的相关文章。作为附录，《大规模侵权法律对策研究》还收录了两次研讨会的会议记录和中国内地部分大规模侵权案件的资料。葛维宝教授希望该书不仅能为中国的国家决策提供参考建议，而且能作为这一领域的开拓之作而丰富法学理论宝库。除了上述的交流活动外，葛维宝教授还到上海与上海法院、上海交通大学等机构的相关人员进行了交流。

2012年5月底，葛维宝教授作为美国联邦最高法院大法官斯蒂芬·布雷耶（Stephen Breyer）的好友陪其访华，再次来到北京。这是布雷耶大法官的首次访华之行。

到2012年，在葛维宝教授的努力下，中心的职能从之前主要关注法学及中美法律领域合作，扩展到更加广泛的中美关系研究，中心也因此更名为"中国中心"。葛伟宝教授在中国中心创立了关注中美关系发展的"第二轨道外交对话"（简称"二轨"），即非官方外交对话，并由他任美方主席，由郑必坚任中方主席。美方人员包括前国家安全顾问斯蒂芬·哈德利、前副国务卿詹姆斯·斯泰因伯格、前驻华大使芮效俭、前参谋长联席会议副主席詹姆斯·卡特莱特将军、前海军作战部长加里·罗海德上将、前美国贸易代表卡拉·希尔斯，以及经济学家丹·罗森。中方也将出席类似级别的代表人员。本次非正式（第二轨道）外交对话的目的就在于为一些中美关系热点议题，如安全和经济问题，做出实质性的贡献。

"二轨"由耶鲁法学院及其中国中心主办。尽管在中国，很多人还没有意识到有法律背景的外交人员在外交中所起的领导性作用，但在美国，这几乎已经成为共识。美国建国初期的托马斯·杰弗森（美国第一任国务卿）就是一位杰出的律师。而今，前总统奥巴马和拜登总统、前国务卿克里和希拉里（耶鲁本科及法学院校友）、前国防部长帕内塔、两位前国家安全顾问托马斯·多尼伦（奥巴马任期内）和斯蒂芬·哈德利（布什任期内，耶鲁法学院校友）、前美驻华大使骆家辉（耶鲁校友）都是律师出身。除此之外，还有相当多的美国外交精英拥有律师背景。耶鲁法学院中国中心已经成为耶鲁大学研究中国法律进程及中美关系发展的焦点所在。

除了专注于中国法律，葛维宝教授最主要的角色是耶鲁大学法学院波特·斯杜沃尔特宪法学教授（Potter Stewart Professor of Constitutional Law）。他曾任全球宪法主义研讨会项目的主任，该项目每年将全世界各国的最高法院院长邀请到耶鲁共同探讨法律界的相关问题。1996年到2000年期间，他还在欧盟担任美国驻欧盟民主代表团代表、美国外交协会成员和美国法学会成员。

贺诗礼

贺诗礼（Jamie P. Horsley）是中国法律中心的执行主任，她在耶鲁法学院同时也拥有高级研究学者和法学院讲师的双重职位。她的学术研究范围是中国法律和中国法制改革。贺诗礼的研究项目主要集中在行政法和行政管理改革上，尤其是推动政府透明度，增进公众参与度，改进行政法程序，改进纠纷解决机制，以及政府问责制。在耶鲁讲课之前，贺诗礼在诸多国际知名的跨国律师事务所工作过，并且还在美国驻华大使馆和美国驻菲律宾大使馆任职过，曾经担任过摩托罗拉公司的高管，以及卡特中国农村选举中心的顾问。贺诗礼本科毕业于斯坦福大学（1972），后入密歇根大学学习东亚研究（1975），随后进入哈佛大学法学院，获得法学博士（J.D）。此外，她还有从东亚大学获得的中国法资格证书（1990）。

贺诗礼能说一口流利的汉语。每年在耶鲁校园举行的各项与中国政府、商界的研讨班大多邀请她前去演讲。贺诗礼女士坚持用中文给各个研讨班讲课，许多成员都惊讶于她那一口标准的普通话。尤其是对于很多美国人来说，发出普通话音调第三声是比较困难的事情，但是贺诗礼的第三声发得非常标准。此外，她的口语既能非常生活化、偶尔还带有北京腔，而在聊专业知识的时候，又能准确使用复杂句子，而且专业名词的词汇量也特别大。

贺诗礼与中国学术机构、政府的合作也遍及中国各地。她与上海市政府、湖南省政府开展了长达数年的关于阳光政府与政府信息公开方面的合作，尽管这些课题重大而敏感，但是上海和湖南的领导们对她的工作非常赞赏，双方合作尤为顺利。她的一些与政府的合作包括2011年3月由上海市行政法制研究所和耶鲁中国法律中心共同举办的"中美行政过程中的信息公开制度研讨会"。2008年在北京举行的中美土地征收和土地纠纷解决机制研讨会上，贺诗礼老师还介绍了美国解决土地纠纷的做法①，引起了中国法律专家们的普遍兴趣。

贺诗礼还经常参加人民大学、浙江大学、中国政法大学等学校组织的中美法律研究会。近期的会议包括：2010年10月，由中国政法大学法治政府研究院主办的"法治政府论坛系列学术讲座"。贺诗礼以《美国公众参与及政府信息公开》为主题给政法

---

① 贺诗礼女士认为，征地过程首先应注重征地自身的透明度，要为那些受到强制征收权项目影响的人，尽可能地多提供相关信息，让他们有更多表达自身诉求的机会，这样可以帮助他们适应或接受放弃自己不动产的条件。其次，要让公众参与整个决策制定的过程，使他们能在项目的设计规划阶段就有发表自己意见的权利。第三，在征地过程的不同阶段和不同环节里，应该为受影响的被征地者提供救济措施，使他们可以并且能够发表反对意见。纠纷解决机制的终极目标是为了解决纠纷，达到这个目标的前提是被征地者觉得自己受到了公正的对待，征地本身的透明公开程度越高，人们感受到的公正感就会越强。

大学的老师和同学介绍了美国政府在构建政务公开方面的历程和经验；2011年9月浙大法学院同耶鲁中国法律中心合作开设的"政府信息公开中美研讨会"，贺诗礼做了题为《美国行政决策中的透明度》的报告，系统介绍了美国政府信息公开方面的做法；2012年6月贺诗礼到杭州参加了由耶鲁大学中国法律中心和浙江大学公法与比较法研究所联合举办的"政府决策公开中美研讨会"。包括中国法学会行政法学研究会会长应松年教授在内的40余位专家学者围绕"决策公开的社会调查报告""决策公开的适用范围""决策公开的公开时机""决策公开中的参与机制"四个主题进行了深入的交流与探讨。

值得一提的是贺诗礼对中国的服饰情有独钟。她在中国生活期间，经常会逛北京各处手工艺品市场，从大型的商铺到胡同里的街边小店，她总能选到独特而富有中国特色的装饰物。这些装饰物让她显得格外引人注目，极具中国风，在各种会议场合，她的装饰搭配风格总能受到大家的称赞。

第十五章
耶鲁大学出版社与中国

早在1847年,耶鲁大学教授卫三畏就出版了《中国总论》(*The Middle Kingdom*)一书向当时的耶鲁学生和美国学界介绍中国文明;1902年,耶鲁大学的哈尔兰·比奇教授出版了《照亮唐代之山》,更加细致地介绍了中国的宗教、哲学和文化传统。

自1990年起,耶鲁大学与中国国际出版集团合作,出版了"中国文化与文明"系列丛书,耶鲁大学出版社负责出版该系列丛书的英文版,中国国际出版集团则负责中文版本的出版发行事宜。这是一套专门介绍中国文明和文化的雅俗共赏、图文并茂的系列丛书,在内容上有极强的学术性,在文字表达上尽量用简明易懂的言辞,让一般读者容易理解。它的目的非常明确,就是要在国际上明确阐述中国文化与文明的历史及其特点,这项工作具有深远的历史意义和极大的现实意义。该丛书分画册、中国文学名著、中国哲学思想三个系列。该项目由中外作者共同讨论写作提纲,进行实地观摩,分头撰写,交换阅读,提出修改建议,最后由出版社定稿出版,这一方式成为中美合作出版史上的开拓之举。正如时任国务院新闻办公室副主任兼中国外文出版发行事业局局长的蔡名照所说,"中国文化与文明"系列丛书"将中国博大精深的优秀文化,用外国读者容易理解的方式,奉献给各国的广大读者,使之成为全人类的共同财富。"

历经 22 年的共同努力,"中国文化与文明"系列丛书已于 2012 年完成全部出版计划,共出版、发行了《中国绘画三千年》《中国古代建筑》《中国古典哲学概念范畴要论》《中论》《中国文明的形成》《中国古代雕塑》《中国书法》《中国陶瓷》《中国丝绸》九本。

1997 年,项目首卷《中国绘画三千年》面世。它作为江泽民 1997 年访美的礼物赠予克林顿总统。此书英文版获得了美国出版商协会为优秀图书颁发的最高荣誉"霍金斯图书大奖"(Hawkins Award),本书至今已由双方出版了汉文简、繁体字,英、法、韩文五个版本,发行量达 10 万余册。2002 年 10 月,画册系列第二卷《中国古代建筑》出版。同年中国哲学论著系列第一本《中国古典哲学概念范畴要论》出版。当年 10 月江泽民访美时将《中国古代建筑》赠予布什图书馆作为馆藏。在中国,该书获 2004 年"中国图书奖"。2004 年《中国文明的形成》出版。2006 年《中国古代雕塑》出版。同年 4 月,胡锦涛访美时将《中国古代雕塑》赠予耶鲁大学图书馆作为馆藏。

该合作项目有三大特点:一是作者均为国际知名专家学者。虽然图书主题均为中国文化,但作者来自国内外,均为每一领域的国际知名专家,如中国社会科学院原考古所所长徐苹芳,故宫博物院前副院长杨新,著名建筑学家傅熹年,炎黄艺术馆副馆长李松,著名书法家欧阳中石,美国加利福尼亚大学伯克利分

▲《中国古代建筑》封面

▲雷文校长与时任国务院新闻办公室副主任的蔡名照签署合作备忘录

校教授高居翰（James Cahill），耶鲁大学东方美术史系主任班宗华（Richard Barnhart）等；二是真正体现了中外合作精神，从选题制定到文字的落实，充分考虑到了中外读者的不同需求，从而使中国读者感到图书具有最高学术水平，而国外读者又能通俗易懂地了解中国文化的奥秘；三是备受各界关注。该项目是迄今为止中美之间最大的合作出版活动，在中美政界、文化界、学术界颇受重视。美国前总统乔治·布什、前国务卿基辛格、前国家安全事务助理布热津斯基（Zbigniew Brzezinski）、前任美国驻华大使芮效俭、南希·洛克菲勒夫人、中国前国家领导人荣毅仁、黄华、首任驻美大使柴泽民等名字都出现在双方顾问委员会的名单中。

乔治·赫伯特·沃克·布什总统是"中国文化与文明项目"的美方荣誉主席。在他看来，"中国文化与文明"项目是一项具有历史意义的出版物和文化载体，将会促进中美两国的互相信任和沟通。中国前外交部长黄华也曾说过："'中国文化与文明'项目是一项具有划历史意义的出版项目，随着我们步入新世纪，这项里程碑式的空前工程的重要价值将会更加显现，同时也更加必要。"1997年，"中国文化与文明"系列丛书的第一卷《中国绘画三千年》一书出版时，如同该系列其他册分卷的编辑工作一样，首卷丛书的编辑遇到了翻译和搜集材料方面很大的挑战。但"中国文化与文明"丛书的编者们发挥过人的智慧和勤劳的专业主义精神，使得该系列丛书获得了各项最高荣誉。联合国前秘书长布特罗斯·布特罗斯-加利（Boutros Boutros-Ghali）评论该系列丛书时说："我自己也来自一个古老的文明（埃及），我赞赏

'中国文化与文明'图书项目能将如此众多的中国优秀学者和其他国家研究中国的学者联合起来。'中国文化与文明'项目是跨国学术合作最卓越的典范。"美国方面编辑委员会还邀请了基辛格作为该系列丛书的顾问，基辛格在评价"中国文化与文明"项目的时候说，"该系列丛书将会成为具有重大文化、政治和学术价值的原创性作品。" 2012年雷文校长和联合国原副秘书长瑞德（Joseph Verner reed）大使因"中国文化与文明"系列丛书的出版获得中华图书特殊贡献奖。

耶鲁出版社出版了大量关于中国的学术书籍，这些书涉及中国的文化、历史、社会、政治、经济、艺术、科技等各个方面。

环球汉语

继"中国文化与文明"系列丛书之后，2009年，耶鲁大学出版社和中国国际出版集团合作出版了一套汉语和中国文化教材《环球汉语》(Encounters: Chinese Language and Culture)。《环球汉语》多媒体教材以供两学年教学使用的40集电视片为基础，以一群拥有不同国籍、不同文化背景的年轻人在中国的现代化大都市和风景优美的田园小镇之间探索自我、探索人生的精彩故事为线索，融入语言和文化学习的内容，配套开发包括练习册和剧本的纸质教材、音频教材、语言游戏及网络版教材。教材的主要作者——夏威夷大学的任友梅（Cynthia Y. Ning）教授和耶鲁大学的孟德儒（John S. Montanaro）教授都具有丰富的汉语教学经验，他们熟知英语为母语学生的学习心理，在教材编写的过程中更注重发挥学生的主观能动性，潜移默化地引导他们开拓自我学习的能力空间。通过在中国北京、青海、上海、苏州、西安和阳朔等地的实景拍摄和精心制作,《环球汉语》连续剧展现了中国当代社会最真实的生活场景,表现了中国年轻人对人生、爱情和社会的思考,以及中外年轻人思想的碰撞与交流。连续剧呈献给观众的是优美绚烂的画面、立体鲜明的人物、精彩紧凑的故事情节,同时还有最新鲜、最真实的汉语语料。边看电视剧边学汉语,让学生在轻松的氛围中享受汉语学习的快乐,这正是《环球汉语》最耀眼的亮点,它把往日枯燥死板的课堂教学变成了一场场如电影大片般的盛宴,无论老师还是学生,都会沉浸其中、流连忘返。

《环球汉语》的学生用书共 11 个单元,每单元都根据连续剧视频设置了大量活泼生动的课堂活动,学生在独立的、两人一组的、团体的各种活动中进行各项交际操练,不知不觉中就能提高口语能力。而教师用书更是提供了丰富而实用的教学建议和练习提示等,有了它老师们就可以从繁重的备课活动中解放出来。汉字的识写一直是汉语教学中的重点和难点,很多学生在面对这些"看起来都跟画儿一样"的方块字时都会觉得头痛。《环球汉语》中的汉字练习本用浅显的英文说明巧妙地解释汉字的相关知识,让学生能毫不费力地掌握课本中出现的生字。今天,网络让世界变得很小,而《环球汉语》互动网站(www.EncountersChinese.com.cn)的设立却让汉语学习的天地变得很大——丰富的音视频材料、"量身定制"的水平测试和顺畅的交流平台,能够最大程度地发掘各国学习者的潜能,提高他们的汉语学习效率和积极性。

《环球汉语》主要面向学习汉语的国外中学生和大学生,兼顾来华或与华有业务往来需要学习汉语的各界人士。利用中国国际出版集团的多语种出版优势，在英文版教材完成之后，将面向其他市场，陆续开发多语种版本。

2007年5月17日，中国国际出版集团（中国外文出版发行事业局）与耶鲁大学在钓鱼台国宾馆就双方携手打造汉语出版项目《环球汉语》（当时名为 *I Speak Chinese*）举行了签字仪式。这是双方在之前合作的基础上，为给世界各国学习汉语人士打造一套全面实用的汉语教材及其配套产品而再度携手，《环球汉语》也成为中国第一套与外国大学联合编辑出版的汉语教学类多媒体出版物。时任国务院新闻办公室副主任、中国外文出版发行事业局局长的蔡名照和耶鲁大学雷文校长分别代表双方签署了备忘录，并先后致辞，对双方的合作前景和项目的顺利推进表达了良好的祝愿和热切的期待。出席签字仪式的国内外嘉宾还有我本人、耶鲁大学驻京法律顾问史蒂夫·罗宾逊先生（Steven Robinson）、新闻出版总署副署长李东东、时任中国国际出版集团常务副总裁周明伟、副总裁黄友义、国家汉语国际推广办公室副主任马箭飞、国务院新闻办公室三局副局长吴伟、北大中文系教授兼世界汉语教学学会会长陆俭明，以及来自国家教育部、发改委、财政部和团中央的有关人员。随着中国综合国力的不断提升和国际交流的不断扩大，中国的古老文明和现代文化日益为世人瞩目，全世界掀起新一轮汉语热，广阔的国际市场为双方的深度合作提供了契机。

2009年10月15日下午，在法兰克福书展上，中国国际出版集团下属的华语教学出版社举办了大型汉语学习教材《环球汉

▲中国外文局周明伟局长率团访问耶鲁,与雷文校长会谈,签署合作备忘录

语》)的首发式和产品宣传推介活动。时任中国外文出版发行事业局局长周明伟、国家汉办副主任马箭飞、耶鲁大学数字业务战略规划师谢夫曼等嘉宾为《环球汉语》揭幕，谢夫曼对首批《环球汉语》英文版教材进行了全方位的介绍。

2012年9月19日，中国外文出版发行事业局局长周明伟率领的中国合作方代表团、中国驻纽约总领事馆副总领事董晓军来到了耶鲁大学，出席了由耶鲁大学举办的大型中美合作出版项目"中国文化与文明"系列丛书首期结项庆祝仪式暨《中国丝绸》新书发布会，并就《环球汉语》教材的进一步合作、发行与耶鲁大学出版社签署备忘录。

第十六章
耶鲁大学与中国学术机构的合作

耶鲁与中国进行学术的合作项目目前已经超过百项，耶鲁与40多所中国高校、政府机构和独立研究机构建立了合作伙伴关系，这些合作项目遍及中国大江南北，从北京到香港，从上海到新疆。这里仅就一些有代表性的合作项目做以下介绍。

巾帼圆梦：耶鲁大学－清华大学妇女医疗管理领导培训项目

由高盛集团和高盛基金会资助的"巾帼圆梦"计划是一项为期五年的活动，旨在通过与大学和发展机构的合作，为全球发展中国家和地区资源欠缺的万名女性提供工商管理培训，促进全球共同的经济繁荣。该计划基于高盛、世界银行和其他机构所开展的研究。研究表明，此类投资对于 GDP 的增长将产生重大影响。研究还表明，此类针对女性的投资将产生很大的乘数效应，不仅有助于增加企业收入和员工数目，而且有助于家庭和谐与教育素质的提高，最终带来社会的繁荣。

2009 年 4 月，作为巾帼圆梦计划之一的"中国女性医疗管理课程"由清华大学经济管理学院与耶鲁大学公共卫生学院联合推出。该课程旨在为中国女性医疗卫生管理人员及官员提供管理与领导力的教育机会,帮助她们在提高中国医疗卫生体制的有效性和可持续发展方面发挥领导作用。耶鲁与清华合作制定问题管理、质量管理和评估、人力资源管理、财务管理、危机管理和领导技能开发等课程。课程的授课对象是那些具有发展潜力但是因为种种原因很难获得医疗管理领域高水平培训的中国女性医疗卫生管理人员和官员。拥有MBA学历或接受过其他正式的高层管理培训的人员不能申请此项目,普通专业博士不能申请此项目(拥有医学临床博士学位者可以申请此项目)。本课程的最终目标是在未来五年内为中国卫生保健行业培训约500名女性医疗卫生管理人员及官员。所有学员将获得由高盛"巾帼圆梦"计划提供的奖学金。

第一期"中国女性医疗管理课程"于2009年11月至2010年3月期间授课,首批毕业的52名学员分别来自包括北京在内的14个省市。她们中大部分人在二级医院或社区医务中心担任院长或副院长,还有一些是地方卫生机关的官员。学员们得到了来自清华、耶鲁两校的名师以及行业内的其他专业人士的精彩授课,还获得了到优秀的医院参观交流的机会。学员们认为此次学习之旅受益匪浅,课程学到的知识不仅对目前的工作有很强的实践指导性,而且对未来个人的职业发展有深刻的影响。课程分为三个模块:第一模块为医疗卫生管理系统构架,第二模块为医疗卫生管理实践技能,第三模块为医疗卫生管理发展走势。每个模块为期一周,其中在第二、第三模块之间的学习间隔,安排学员

▲参加耶鲁暑期学校的中国学生与美国学生及其他国家学生一同访问联合国

▲中国女性医疗管理课程由清华大学经济管理学院与耶鲁大学公共卫生学院联合举办

回到其工作单位，完成一次实践活动，以检验学员是否可以学以致用。课程结业时，每个学员都将获得耶鲁大学和清华大学联合颁发的国际医疗管理结业证书。

中国科技大学－耶鲁大学高可信软件[①] 联合研发中心

2008年10月，中国科技大学和耶鲁大学签署了关于成立中国科技大学－耶鲁大学高可信软件联合研究中心的备忘录。联合中心由耶鲁大学计算机系邵钟教授和中国科技大学陈意云教授共同负责，旨在研究高可信软件和形式化方法的各个领域。中心的长远目标是支持各个独立的研究小组共享两所大学的人力、物力资源和专业技能，开展多领域的研究，共同发表学术成果。中国科学技术大学和耶鲁大学通过新成立的中心开展高可信软件研究学术讲座，同时，双方也定期进行交换生和访问学者的交流。当前的研究课题包括形式化验证系统软件，出具证明的编译器，并行和多核的软件以及自动定理证明系统等。联合中心在探索结合形式化程序验证和领域专用语言及逻辑进行软件开发的新方法，以及为大规模的、以工业应用为目标的、验证的系统软件进行基础研究。这些研究的成功会显著推进当今高可信软件的开发。

北京大学－耶鲁大学植物分子遗传学及农业生物技术联合中心

北京大学－耶鲁大学植物分子遗传联合研究中心于2001年成

---

①高可信软件的研究着眼于应用前沿的技术和工具，显著提高当今计算机软件的可靠性。高可信软件的研究需要深入的专业知识和大量对计算机学科相关领域的了解。

立，由北京大学、耶鲁大学、孟山都公司①和其他中国项目基金共同资助建立，由北大许智宏教授和耶鲁大学邓兴旺教授共同负责。该中心已经成为耶鲁与中国合作最成功的典范之一。该中心承担集中于模式植物系统的基础生物学研究以及对庄稼改良的应用，这对中美两国的实际利益非常重要。中心还为北大和耶鲁之间进行师生交流、促进两校科研人员合作作出了重要贡献，为两校学生和教授提供前往北京和纽黑文的讲学、实习的机会。2003年12月，北京大学—耶鲁大学植物分子遗传学及农业生物技术联合中心搬到了北大校园实验室新址并一直服务至今。

复旦大学-耶鲁大学生物医学研究中心

复旦大学-耶鲁大学生物医学研究中心是在耶鲁医学院遗传学系许田教授领导下，由耶鲁和复旦共同合作的项目，该中心是在复旦发育生物学和分子医学研究所基础之上成立的。复旦大学—耶鲁大学生物医学研究中心通过模式生物对生物发育学和人类疾病（包括人类基因排序）进行研究。该中心的目标主要有三个：一是开展最先进的研究和培训；二是树立学术改革的典范；三是推动国际交流合作。目前，复旦大学-耶鲁大学生物医药研究中心已经成为遗传学和分子医学研究领域国际尖端的研究机构。

在许田教授的领导下，复旦大学-耶鲁大学生物医学研究中心利用PB转座子在2005年发明了一种高效的小鼠基因操作和

---

①孟山都公司(Monsanto Company)是一家大型跨国农业生物技术公司，目前也是转基因种子的领先生产商。

突变新技术。有关论文作为中国科研成果首次登上 *Cell*（《细胞》）杂志封面后得到了国际科学界和生物医药产业界的广泛关注。*Cell* 杂志审稿人评价它是"里程碑式的发现"。《纽约时报》也评论该工作会"影响我们生活的各个方面"。目前，哺乳动物 PB 系统已被小鼠转基因和基因诱变、干细胞、基因治疗、体细胞遗传学和动物遗传学等领域的研究人员广泛采用。原始论文迄今被同行引用 360 多次，是相关领域被引用最多的论文之一。在中国科技部和美国国家健康研究院的资助下，研究中心利用新技术建立了世界最大的基因突变小鼠库。复旦大学—耶鲁大学生物医学研究中心的国际合作得到了各方的高度认可。习近平、陈至立、严隽琪、万钢、周济、陈希等领导都曾来中心视察并指导工作。

复旦大学－耶鲁大学教育合作中心

该中心在 2003 年 1 月成立，其目标主要如下：第一，举办系列讲座。中心邀请复旦和耶鲁以及其他世界名校的学者前来举办讲座，就学术界和公众关心的问题进行讨论。该系列讲座对大众免费开放。第二，召开视频会议。复旦为复旦大学—耶鲁大学教育合作中心专门提供了会堂以及视频会议所需要的仪器，耶鲁医学院为在复旦召开的关于遗传学学术讨论的会议提供影像资料，除此之外，双方还拓展各种课题，通过共享资料和信息，实现有效的教育合作和交流。第三，进行定期师生、学科带头人交换，耶鲁和复旦以该中心为基础，探讨新型的人才交流办法，扩大双方大学的合作范围，使得该中心日益成为中美教育交流中最出色的机构之一。

公共卫生合作

耶鲁的公共卫生学院和护理学院与中国的合作主要集中在重大传染病防治、癌症等重大疾病的科研、人类基因研究项目、医生护士培训项目等方面。

以耶鲁大学公共卫生学院环境健康科学系主任郑同章博士为主的科研团队，主要从事人类环境因素和遗传因素对人体健康的影响，尤其是癌症病因的研究。研究组的主要贡献包括：第一，最先提出人类过度紫外线暴露与人类血液癌的发生有关；第二，提出人类生物钟有关基因的多型性与人类癌症的发病有关；第三，提出妇女于1980年前开始使用染发剂并使用25年以上者，增加了患血液癌的危险性。

在21世纪初的10年中，郑教授的研究组从美国卫生部争取到两个在中国的大型培训项目，该培训项目主要通过与中国国家癌症中心和中国国家环境卫生所合作，以在中国举办短期培训班的形式，已培养近500名中国急需的环境流行病学、肿瘤流行病学及统计学有关人员。同时，在耶鲁大学培训了30名通过严格选拔的中国初级、中级流行病学和统计学等有关专业人员。

通过与中国国家肿瘤中心和中国国家环境卫生所及有关大学和医院的合作，耶鲁在中国建立了四项大的流行病学研究项目，包括：第一，中国出生队列研究；第二，金昌重金属暴露与人体健康研究；第三，大庆普通人群队列研究；第四，开滦煤矿工人健康研究。这些大型研究项目将为研究中国的环境与职业暴露对人体健康的影响提供重要的科学平台。

在癌症等重大疾病的治疗研究上，耶鲁大学的俞和（Herbert

Yu)教授同浙江肿瘤医院合作，研究治疗卵巢癌和肺癌的新型办法；与天津医科大学肿瘤研究所合作，研究乳腺癌的基因以及外成变化。随着中国经济的迅速发展，中国的自然环境和城市环境正遭受着严峻挑战，反映到人的身体上就是各类与环境相关的严重疾病迅速增长，但是中国在环境疾病研究方面还相对落后。耶鲁大学派出许多环境医学教授培训中国的医生和护士，特别针对高发的直肠癌、肺癌、白血病等疾病进行培训。

在人员培训方面，除了派出耶鲁的医学院教授前往中国，耶鲁还邀请大量的中国医务工作者来耶鲁的医学院、公共卫生学院、护理学院学习和进修。耶鲁与国内一些重点医科大学合作，开展了联合研究计划。此外，耶鲁与中国还在DNA甲基化、儿童哮喘病、空气质量低下诱发疾病等方面开展了广泛的合作。比如，比较成功的案例是在云南宣威开展的肺癌防治项目。云南宣威是全中国肺癌死亡率最高的地方，耶鲁大学和美国国家癌症研究所携手到宣威实地调查，为当地防治肺癌搜集数据、分析原因和提出解决方案。在厦门和太原，耶鲁大学医学院的教授们还针对肝癌的发生状况进行了对比试验研究，为中国的肝癌研究尽自己的力量。

中国国家留学基金管理委员会－耶鲁大学世界学者生物医学科学项目

自2004年开始，耶鲁大学和教育部进行了长达两年的具体协商，最终由耶鲁和中国国家留学基金委员会于2006年设立了中国留学基金委：耶鲁世界学者生物医学科学项目。该项目从北京大学、清华大学等中国八所知名大学选拔顶尖的生物医学本科应届毕业生到耶鲁大学医学院生物和生物医学科学专业（Biological and Biomedical Sciences，BBS）攻读博士学位。BBS项目负责耶鲁大学所有生物科学的博士生项目的统一招生和培训。BBS项目的师资来自耶鲁所有生物科学有关的院系，还包括心理学、计算机科学、化学、统计学以及耶鲁医学院许多临床学科的教授。该项目的目标是通过将中国顶尖大学的生物和生物医学专业毕业生输送到耶鲁BBS项目，来培养今后可以对中国的研究作出重大贡献的学术带头人。该项目的学生能享受耶鲁和BBS项目所能提供的学术资源。无论学生第一年是选择该专业中的哪个具体方向，以及第二年具体加入哪个院系，都可以在耶鲁大学自由选课、进行试验、开展课题研究、参与小组讨论课。除此之外，这些学生还会参与为他们量身定制的职业发展活动。完成了在耶鲁的博士学业和博士后培训后，学生会回中国服务至少两年。该项目的经费由中国留学基金委的两年制奖学金和耶鲁方面的奖学金提供。

BBS项目的第一年，学生需申请加入项目七个学科方向之一。这七个方向是：生物化学、生物物理学和结构生物学，计算生物学和生物信息学，免疫学，微生物学，分子细胞生物学、遗传学和生物发展，分子医学、药理学和生理学，以及神经科学。第一年的学生每学期修两门课，参与二到四个实验室的工作，然后选择一位论文导师，在导师的实验室中进行博士论文的相关实验。

项目的第二年，学生需选定一门BBS所属的具体博士学位专业。可供选择的有：细胞生物学，细胞和分子生理学，计算生物学和生物信息学，实验病理学，遗传学，生物免疫学，跨系综合神经科学项目，微生物学，分子生物物理学和生物化学，分子、细胞和发展生物学，神经生物学，药理学。学生在第二年完成所有课程要求，参加博士资格考试，担当讲座课或实验课的助教，并开展与论文相关的实验。平均而言，BBS项目从入学到取得博士学位一般需要5.5年时间。

在耶鲁学习期间，BBS项目中的中国留学基金委-耶鲁世界学者会从资深教授处获得额外的关于职业发展的指导。例如，他们会与耶鲁大学的高级管理者见面，其中包括学院院长、副校长和教务总长，并聆听教诲。他们会从资深教授那里学到如何成功运营实验室。他们还将获得学术写作以及口头表达方面的专门训练，并在准备博士资格考试过程中获得帮助。在他们从耶鲁毕业后要申请工作时，他们还将获得关于学术履历以及求职信的写作指导。总而言之，这些中国留学基金委-耶鲁世界学者会学习到今后要成为生物医学领域的学科带头人所必备的关键知识和技能。

除此之外，在BBS项目开始前，中国留学基金委-耶鲁世界学者们还会参加耶鲁暑期英语学院的学习，在六周的高强度训练中提升他们的英语能力。英语学院的课程会帮助学生加强发音、词汇、阅读以及会话等关键的语言能力，并着重采用科技类文献进行训练，还会就学术写作和公开演说进行指导。

八所中国的顶尖大学参与了中国国家留学基金委-耶鲁世界学者项目。它们是：北京大学、清华大学、复旦大学、浙江大学、南京大学、华中科技大学、上海交通大学和中山医科大学。其中每所学校可向中国留学基金委和耶鲁 BBS 项目提名四位学生。提名的要求包括：学生需要有坚实的生命科学基础知识、实验室研究经历、拔尖的学业和标准化考试（GRE 和托福）成绩，以及出色的英语综合能力。总共 32 名学生将通过耶鲁 BBS 项目的网站进行网上申请，并填报专业方向。之后 BBS 项目的教授会飞赴中国，对申请者进行面试，并从 32 名申请者中选择出最顶尖的学生推荐给耶鲁研究生院。这些学生名额并不一定会在八所中国大学间平均分配。耶鲁研究生院会做出最后的录取决定，并书面通知被录取学生、中国国家留学基金委以及参与 BBS 项目的中国高校。被录取的中国学生随后通过国家留学基金委的网站进行奖学金申请。[1]

中国学生暑期班

自 2005 年开始，耶鲁大学暑期学院接受来自复旦大学、北京大学、清华大学的本科生参加为期六周的暑期学习项目，每校 20 至 25 人不等，其中一部分学生参加耶鲁大学暑期课程（Yale Summer Session），另一部分则参加耶鲁英语学院（English Language Institute）。2010 年参与院校扩大到中国人民大学，2012 年，上海交通大学也加入该项目。在耶鲁暑期课程中，这些国内一流大学的学生可以获得和耶鲁大学参加暑期班的在校学生一同聆听耶鲁教授讲课并进行学术讨论的宝贵机会。课程之外，

---

[1] 有关该项目申请的详细信息，请登录耶鲁 BBS 的官方网站 www.bbs.yale.edu。

耶鲁暑期学院还安排了赴纽约、波士顿等地的参观活动。

中国人民大学的李家鸿同学参加了2012年耶鲁暑期学校，并修读了法律方面的研讨课。他回忆在耶鲁暑期学校的学习经历时写道："耶鲁的学习生活紧张而又充实，课堂学习思维广阔而又不失严谨，在学术上追求光明和真理的精神给我留下了深刻的印象。"每天课上都要布置五到八个案例，将近300页的阅读作业，巨大的阅读量和阅读材料的词汇要求对母语为非英语的学生来说很有挑战性，但是也对中国学生英语和专业能力的提高有着极大的帮助。上海交通大学安泰经济与管理学院学生王雅玮也在2012年参加了耶鲁暑期学校。她说："很高兴有机会参加（耶鲁的）游学，让我拓宽国际视野、体验多元文化，在大洋彼岸度过一个很有意义的夏季小学期。"

理查德·莱特奖学金

每年耶鲁本科生都有接近百人拿到莱特奖学金去北京、南京、哈尔滨等地学习汉语。这些学生不仅要参加为期八周的高强度汉语课训练，还会在中国的主要城市旅游，了解当地的文化和历史。理查德·莱特奖学金旨在鼓励耶鲁本科学生前往东亚地区学习语言文化。每年大约有100多人能获得该奖学金前往中国、日本和韩国。而这当中前往中国学习汉语的人占70%左右。

理查德·莱特（Richard Light）出生于1902年，他1924年毕业于耶鲁大学经济系，毕业后前往密歇根大学学习神经外科学。在获得医学博士学位后，理查德·莱特业余学习飞行，并和他的妻子展开了环球飞行，围绕飞行路线拍摄了许多难得的航空照片。

理查德·莱特家族于1996年在母校耶鲁设立莱特奖学金。到2010年为止，该奖学金已经支持了将近900名学生，发放了将近1300万美元的奖学金。在中国，与莱特奖学金合作的学校和机构有：首都经济贸易大学的美国各大学联合汉语中心，清华大学的国际联合汉语培训项目，北京师范大学的普林斯顿北京汉语培训班，哈尔滨工业大学的CET-哈尔滨汉语项目，南京大学的CET-南京汉语项目以及南京大学-约翰斯·霍普金斯大学中美文化研究中心。

"斗牛犬在中国"实习项目

"斗牛犬在中国"项目是由耶鲁本科生职业服务中心（Undergraduate Career Services, UCS）组织并出资赞助的。该项目以耶鲁大学校队吉祥物斗牛犬[①]命名的。"斗牛犬在中国"实习项目每年约向30名耶鲁本科生提供暑假到北京，上海和香港的企业或机构实习的机会。从小型个体企业，到大型跨国企业，再到非营利组织，"斗牛犬在中国"实习项目提供的实习机会种类繁多，比如北京故宫博物院、IBM中国、香港信和置地以及上海路思德咨询。每一项工作都富有挑战性。实习生可以在一位负责老师的指导下工作，在实习中了解自己所在的行业，丰富职业经验并学习特定的知识。在中国生活期间，参与"斗牛犬在中国"实习项目的同学可以参加当地耶鲁校友俱乐部（Yale Club）举行的活动，通过与校友的活动了解中国，了解自己所在的城市，丰

[①] 斗牛犬为耶鲁校队的吉祥物，详细介绍见后文。

富自己的阅历。耶鲁本科生职业服务中心为参与"斗牛犬在中国"实习项目的同学统一提供住宿,以方便他们在工作之余相互交流实习经验与心得,分享在中国生活的感受。"斗牛犬在中国"实习项目每年都吸引大量的耶鲁本科生报名。现在,"斗牛犬在中国"实习项目已经成为想在暑假前往中国实习并了解中国的耶鲁本科生的首选。

福克斯国际学者项目

福克斯国际学者项目(Fox International Fellowships)是耶鲁与12所世界知名大学之间的双边学生交换项目,参与国家包括中国、日本、英国、德国、法国、俄罗斯、印度、土耳其、以色列、巴西、南非和墨西哥。该项目的设立旨在寻找并支持有才干的年轻学者今后成为能够做出影响全球政策和国际关系的重要决策的学术带头人。福克斯国际学者项目是由耶鲁大学1938届毕业生约瑟夫·福克斯(Joseph Fox)及其夫人爱丽森·福克斯(Alison Fox)捐资设立的,由耶鲁大学麦克米伦国际与区域研究中心负责管理。

福克斯国际学者项目开始于1989年,原本是一个研究生和专业学院学生的交流项目。如今,本科应届毕业生也可以申请。该项目的国际合作院校都有着顶尖的教学资源,并吸引着当地的青年才俊。福克斯国际学者仍保留原学校学籍,并在他们所在的交流学校从事一年的独立研究项目,使他们能够开展研究、与教授合作、利用档案和图书馆资源,还可以在交流学校旁听课程、参与职业发展考察旅行,并与当地学生进行互动交流。福克斯国际学者的研究领域涉及影响当今国际重大问题的关键领域，包括法律、经贸、金融、环境、社会、现代史以及国际关系等。该项目提供机票和住宿费用，并给予生活补助。

福克斯学者从事学术研究，感受外国语言和文化，同外国同事建立深厚友谊，更好地了解当地的人民与制度，从而为在世界范围内实现和平共处奠定基础。耶鲁在中国选定的福克斯学者项目合作伙伴是复旦大学，1998年开始，福克斯研究基金每年会从耶鲁选拔一至二名耶鲁学生前往复旦大学进行学习，从复旦大学选拔两人来耶鲁进行独立研究。这些福克斯学者回去后都在各自的学术领域发挥重要作用，有的还肩负重要行政工作。同样，耶鲁选送到复旦大学的福克斯学者在中国期间通过和中国大学师生的接触，除了学术研究外还进一步学习、了解中国的社会和文化。他们返回美国后发挥桥梁作用，促进中美学术及民间交流。

耶鲁大学公开课在中国

随着互联网在中国的普及，许多人即使不能亲自到耶鲁听教授讲课，也可以选择在家里通过观看这些学校免费提供的公开课视频来增加知识、陶冶情操、感受一流名校的风范。耶鲁大学投入专门的资金将一些课程录制成视频传到网页上[①]。在这些课程中不乏一些与中国相关的课程。

除了耶鲁大学公开课，耶鲁的麦克米伦国际与区域研究中心还会拍摄麦克米伦报告[②]（MacMillan Report），每一期采访一位

[①] 除了官方网站 oyc.yale.edu，还有苹果公司的 iUniversity 可以免费下载。
[②] 麦克米伦报告的官方网页是 http://www.yale.edu/macmillanreport/。

教授，让教授介绍自己的最新研究成果，比如较近期的政治系教授詹姆斯·斯科特（James Scott）的《不被统治的艺术》一书讲述了印度支那地区的居民如何摆脱政府的控制而成为国家机器以外生存的族群；历史系彼得·培杜（Peter Purdue）教授关于中国茶叶生产经济历史的视频以及社会学系戴慧思教授（Deborah Davis）关于新婚姻法研究的视频，都受到中国学生和研究者的关注。

从 2010 年开始，中国的各家大型商业网站纷纷开辟了国外公开课的视频专区。根据相关统计，中国范围内世界高校公开课的点击率排行榜前五名中耶鲁就占了三位。位列前五的是哈佛大学"幸福"（Happiness）、耶鲁大学"死亡"（Death）、哈佛大学"公正"（Justice）、耶鲁大学"聆听音乐"（Listening to Music）、耶鲁大学"罗马建筑"（Roman Architecture），它们都达到了至少 100 万次以上的点击率。其中耶鲁的"死亡"是最早配有中文字幕的国外名校公开课。这些网络公开课程在网易、腾讯、新浪等几大网站均可以观看。

哲学系"死亡"公开课

"死亡"虽然是中国传统文化里一再避讳的话题，在耶鲁大学却成为最受欢迎的教课内容。"死亡"课是由耶鲁大学哲学系教授雪莱·凯根（Shelly Kagan）为本科生开设的哲学课。本课每周在学校上两次，每次 50 分钟，于 2007 年春季拍摄作为耶鲁大学开放课程之一。

凯根教授是一个充满激情和个性的教授，在课程一开始时就不断要求学生叫他雪莱,而不要叫凯根教授。在整个讲授的过程中,穿着一双平底布鞋的老头子,还始终盘着腿坐在讲台上,像打坐讲经的道士,颇有一种中国古代坐而论道的风范,中国的网友戏谑地称他为"大仙"。凯根教授在课程介绍中说道:"有一件事我能肯定:我终将死亡。但是我能对此做些什么呢?""死亡"课上,将会对一些人们反思生死时会提出的问题进行深入的探讨,包括辩论死亡是否是最后的终结、人类是否应当追求永生、分析对死亡的不同态度,以及自杀现象是否道德和理性。"死亡"课的作业要求相当大的阅读量,涉及的作者包括柏拉图、菲舍尔、佩里、托尔斯泰等众多西方名家。

2012年10月北京大学哲学院庆祝建院100周年,特邀凯根教授作为嘉宾并为与会师生做关于"死亡"的演讲,再次掀起"凯根大仙"热。

音乐学院"聆听音乐"公开课

"聆听音乐"由耶鲁大学音乐学院克莱格·怀特教授(Craig Wright)主讲,旨在培养没有音乐基础的学生对西方经典音乐形成初步的鉴赏能力。该课程主要通过开发学生对音乐的听觉感知,介绍包括乐器音色、节奏、旋律和音乐风格等构成音乐的元素,并教会学生如何鉴赏巴赫、莫扎特、格里高利圣歌、蓝调音乐等西方音乐史上最有影响力的音乐风格,尤其是对杰出音乐家的作品能形成一定的鉴赏力。

建筑学院"罗马建筑"公开课

"罗马建筑"一课由耶鲁大学艺术史教授戴安娜·克莱内尔(Diana E. E. Kleiner)主讲,主要介绍罗马帝国的建筑和工程,涉及城市规划、古迹介绍以及内部装饰欣赏等,涵盖了罗马、庞贝等罗马帝国主要城市,并连带介绍了罗马帝国行省的各式特色建筑。克莱内尔教授为了该课,使用了包括她自己的收藏在内的1500多张图片进行阐述,使学生能够更形象直观、身临其境般地从建筑角度了解古罗马文明。"罗马建筑"在新浪公开课频道点击量超过340万,仅次于苹果公司创始人史蒂夫·乔布斯演讲的访问量,足见其在中国受欢迎的程度。

第十七章
耶鲁大学：中国研讨班

自2004年以来，耶鲁与中国政府相关部门以及教育机构合作，开办了多个全方位、多领域、高层次的研讨班。其内容涉及依法行政、教育改革、企业管理、环境保护等诸多领域，无论是内容涉及之广，还是成员层次之高，可以说作为由大学承办的此类研讨班，在全世界范围内都是首屈一指。

耶鲁大学：中国大学领导高级研讨班

自2004年耶鲁大学：中国大学领导高级研讨班首次举办以来，本研讨班得到了各方的大力支持。作为对1998年江泽民提出的将少数中国大学建成世界一流大学这一号召的回应，教育部对耶鲁大学：中国大学领导高级研讨班高度重视。早在2003年，当时担任教育部部长的陈至立女士就邀请雷文校长为中国大学的高层领导开办研讨班。在研讨班上，耶鲁大学通过向来自中国大学的领导人介绍美国知名研究型大学的管理职能、机构设置以及实施办法，希望能对中国高等教育的发展和改革起到一定的促进作用。耶鲁的教学人员和行政领导与中国的同行们就美国研究型大学所面临的主要问题进行了交流、讨论，这些讨论包括通识教育、学术评论、教授聘用、资金筹备、战略规划等行政实践。该研讨班旨在向中国介绍目前美国最优越的模式和实践，希望中国能从美国的实践中汲取有利的成分加以利用。该研讨班第一、第二届均在耶鲁大学举办，第三届在厦门大学举办，第四届则是在西安交通大学举办。

2004年8月14日到25日在耶鲁大学举办的首届耶鲁大学：中国大学领导高级研讨班，共有来自12所中国顶尖大学的校长和领导参加。能够集中如此多的中国顶尖高校的校长，这在海外还是第一次。研讨班通过将讲座、案例剖析和情景模拟等形式相结合，向中国的大学校长们说明美国的顶尖研究型大学是如何进行行政运行和实现大学教育目标的。耶鲁大学的主办者特别强调，本届研讨班并不是要向中国的大学推销美国大学的研究和教学办法，而是希望能够为中国大学的体制革新提供一些有帮助的思考。参加首届研讨班的中国大学领导包括北京大学、清华大学、复旦大学、香港中文大学、浙江大学、香港大学、南京大学、上海交通大学、东南大学、厦门大学、西安交通大学和重庆大学。

2005年8月16日至8月24日期间，耶鲁大学又成功举办了第二届耶鲁大学：中国大学领导高级研讨班，来自中国14所大学的校长和高级管理人员参加了这次研讨班。此次研讨的主要话题包括"美国研究型大学""情况介绍""建立一所世界顶尖的研究单位""建立世界一流的师资队伍""发展校友关系与经济后盾""组建出色的本科生社团"等。

耶鲁举行的两届研讨班受到了与会各界的好评，会后成员给

▲时任耶鲁研究生院院长的约翰·巴特勒教授和研讨班的同行们讨论招募教授的议题

▲耶鲁大学法学院兼职教授唐纳德·埃略特在给环境与可持续发展研讨班学员讲课

▲2011年5月10日时任美国国务卿的希拉里·克林顿会见第二期耶鲁大学：中国发展中的女性领导者高级研究班学员并合影

讲座（演讲者水平、课程指导、自由讨论、课程资料）、后勤服务（住宿、饮食、交通、其他）等方面做打分评价，几乎所有的学员都认为研讨班属于"最好的"或者"最好的之一"水平。时任中国教育部部长的周济在给耶鲁大学校长雷文的信中说："耶鲁大学：中国大学领导高级研讨班为其他许多一流大学提供了非常好的典范。我们感谢你们在该领域中走在了领先的位置。"

在四次成功举办研讨班的基础上，教育部和耶鲁大学决定再次携手开展新一轮的合作。2009年10月和2011年11月，每年各30名来自中国重点大学的校长、副校长和书记、副书记聚集耶鲁，就大学的组织管理与校长的权力、筹建多学科研究机构、通识教育、聘用和培养世界级教师队伍、校友捐赠、财务管理、危机处理等领域进行了交流探讨。该项目将在不断总结、评估和改进的基础上继续进行。

近年来，我们欣慰地看到中国一些重点大学已经或正在实践本科生通识教育。我们真诚期待耶鲁研讨班的成果能够得到进一步推广和普及。

耶鲁大学：中国高级公务员研讨班

耶鲁大学：中国高级公务员研讨班是目前中国在海外设立的级别最高的政府领导培训项目之一。该研讨班于2005年首次在耶鲁举行，前三届研讨班由耶鲁大学中国法律中心和中国国家行政学院合作，以"依法行政"等课题作为主题顺利举办。从2009年开始，中央党校与耶鲁大学建立了合作伙伴关系，并在前三年的基础上加以调整，以社会治理、公共政策的制定、执行和评估为主题继续进行。参加该项目的耶鲁大学校友和其他相关专家包括时任美国总统乔治·W.布什、美国最高法院大法官、时任或前任美国部长级官员、纽约州州长和联合国秘书长等。他们与耶鲁大学法学院、管理学院、森林与环境学院以及研究生院的一流学者合作,设定该研讨班的具体内容。研讨班成员和授课者共同探讨美国治理的实践,并增进了研讨班成员对美国在法律、公共政策等重要问题上的最佳思维方式的理解。通过该项目的成功举办以及研讨班成员的积极反馈,耶鲁与中方合作伙伴已经将该项目办成了耶鲁与他国政府合作的项目中最成功的一例。近年来耶鲁与印度议会、耶鲁与墨西哥以及巴西政府也以此模式开展合作,在耶鲁举办类似的研讨班。

2005年5月到6月期间,耶鲁大学举办了第一届耶鲁大学:中国高级公务员研讨班,旨在为中国政府高级领导提供一个和美国同行、学者进行面对面交流、探讨共同关心的问题的平台和机会,将以中国发展相关的法律和公共政策作为重点向研讨班的中国领导们介绍。本届研讨班将主题定为"政府职能与依法行政",具体内容包括:三权分立、中央与地方政府的权力、司法审查、制度理论、单个部门内部的管理方式、行政程序法、公众参与以及律师在推进依法行政方面起到的作用。第一届研讨班以中国国家行政学院和耶鲁大学法学院作为依托,从此拉开了耶鲁大学为中国政府高级公务员举办研讨班的序幕。本届研讨班首先在中国国家行政学院进行为期一周的学习,重点讨论中国行政策略的战略与目的;继而在美国进行了15天的交流、讨论。第一周在耶鲁学习,然后前往华盛顿和纽约进行实地考察、座谈。地点包括:

美国白宫、美国最高法院、美国国会、联合国、多家跨国公司以及非营利机构。在拜访美国最高法院时,研讨班成员还和最高法院的布莱耶大法官(Stephen Breyer)和美国历史上首位女性大法官桑德拉·戴·奥康纳①(Sandra Day O'Connor)女士进行了座谈、交流。

2006年5月,第二届"耶鲁大学:中国高级公务员研讨班"如期举行,这次的主题是"行政改革与依法行政",主要的研讨内容包括:美国政治制度介绍、市场经济中经济规制的理论与事件、美国行政法历史与实践、信息自由与政府公开、公众参与、政策效果评估以及对行政行为的司法审查。研讨班的参与者不仅包括耶鲁法学院的教授,还有美国法律界知名律师、国际经济学专家等。这一届高级研讨班不仅成功地在耶鲁举行了各项研讨活动,我们还安排代表团拜访了国会参、众两院,并受到了时任美国总统的乔治·W.布什的热情接见。布什总统和研讨班成员会见,原计划交流15分钟,后延长到了45分钟之久。由于白宫安全管理规定,进入白宫不能携带照相设备,公务员班的成员们都为不能拍照留念感到遗憾。可是让人意外的是,布什总统特意安排了白宫摄像师,跟全体中国高级公务员研讨班的成员合影留念。参观访问结束之后,布什总统还在合影照片上签名。

2007年6月,第三届"耶鲁大学:中国高级公务员研讨班"如期举行,30名公务员再次会集耶鲁。这次的主题为"行政改革和法制化",其中包括市场经济的规制和实践、美国政治体制、

---

①桑德拉·戴·奥康纳,美国法学家,1981年被里根总统提名为美国最高法院大法官,成为美国历史上首位女性大法官。

美国行政法（历史和实践）、对行政行为的司法审查、信息自由与政府公开、公众参与、政策分析、绩效测评和政策效果评估、行政改革和政府管理创新等。

基于该项目前三年的成功举办，耶鲁大学和中央党校就继续开展耶鲁大学：中国高级公务员研讨班达成协议，并于2011年11月和2012年8月分别举办两届。新一轮的研讨班以社会治理为重点，兼顾探讨美国治理基础和案例分析、中美信息管理比较、领导风格、应对危机等议题，并和美国前常驻联合国大使博尔顿（John R. Bolton）就美国如何制定国家安全政策进行了认真探讨。研讨班成员在纽约拜访了联合国总部、应急管理中心、纽约市政府、纽约证券交易所、摩根大通总部。在华盛顿，研讨班成员分别拜会了美国国务院副国务卿、白宫幕僚长、美国前首席贸易代表、美国能源部部长、住房与城市发展部前部长及现任美中关系委员会主席等重量级官员。

耶鲁大学将在评估总结的基础上继续与中国方面开展合作。

耶鲁大学：中国高级管理研讨班

从2005年秋，耶鲁大学管理学院和中国国际技术交流中心、联合国开发计划署合作举办了耶鲁大学：中国高级管理研讨班，26名来自中国国有企业的执行总裁、总经理以及副总经理参加了该研讨班。此项目包括在耶鲁进行课堂学习和讨论，随后在纽约、华盛顿的相关政府机构和企业进行实地考察，包括联合国、纽约证券交易所、摩根大通集团等机构。讲授课程的教授和学员通过共同讨论，增进对企业的法律、环境、投资者关系、公司治理和公司高层经理的领导风格等认知。

耶鲁大学－清华大学环境与可持续发展研讨班

耶鲁大学森林与环境学院和清华大学以及中国市长协会合作建立了为期三年的领导培训项目，帮助负责城市规划发展的中国地方官员推广可持续的经济发展。该项目主要面向市长和副市长，参与者包括国家级和省级政府官员和其他负责城市规划与发展的领导干部。研讨班成员首先在清华大学和耶鲁大学各进行一周的学习、讨论，然后在美国进行为期十天的实地考察培训。环境与可持续发展领导培训项目通过讲座、案例分析和实地考察等方式，主要关注三个方面的议题：环境与可持续发展的挑战和机遇；土地使用规划、社会生态和企业生态的理念及对城市规划与政策的影响；可持续发展观念在城市规划中的应用，例如，水的供给和质量；可持续发展的概念在包括水供给与质量、能源、减轻污染、废物处理及其他城市环境问题上的应用。环境和可持续发展领导培训项目的前三届研讨班已于 2004 年至 2006 年顺利完成。耶鲁大学获得了莱斯基金（Rice Foundation）的资助，到 2011 年为止，该项目已成功举办了六届。

雷文校长在 2006 年 4 月 21 日欢迎胡锦涛访问耶鲁的致辞中说，环境与可持续发展培训项目成为清华和耶鲁两所高等学府在环境和可持续发展方面联系的纽带。项目致力于通过高层次的集中专门培训，为中国各级政府领导者系统阐释城市规划、能源资源、基础设施、产业和社会结构以及信息化进程等方面的挑战和对策，鼓励他们将城市可持续发展的理念融入城市的规划、管理与建设中；通过学习和借鉴发达国家在环境保护和城市建设管理方面的先进经验和所走过的弯路，进一步提高高层管理者的综合决策能力，推动节能减排，促进资源节约型、环境友好型社会建设。

参加该研讨班的学员们回到中国后每年集中一次，交流实践、应用中的问题和经验，以求共同进步和发展。

耶鲁大学：中国发展中的女性领导者高级研究班

耶鲁大学同中国全国妇联合作，自 2010 年起举办了发展中的女性领导者高级研究班。参加该研究班的 30 名学员是来自中国省部级以及国有企业、金融机构的高级女性领导者。考虑到中国对于杰出领导者的需求特别是女性领导者面临的挑战，耶鲁大学结合自身的特长将该研究班的课程侧重在对公共政策和行政能力的培训方面。该研究班先是在北京国家行政学院学习一周，然后前往耶鲁，和耶鲁的教授以及来自不同领域的资深管理者探讨政府行政、公共政策、社会发展、谈判和领导力相关内容。该研究班的学习不仅局限在课堂授课，还前往华盛顿和纽约会见美国政府和商界的高级领导，与他们进行面对面的交流。研究班得到美国国务院的高度重视，研究班成员受到了时任国务卿希拉里·克林顿、最高法院法官索尼娅·索托马约尔（Sonia Sotomayor）和美国政府负责全球妇女事务的外交大使等的接见。学员还同百事可乐总裁英德拉·努伊（Indra Nooyi）、奥美公司前总裁雪莉·拉扎如斯（Shelly Lazarus）、美中关系委员会主席卡拉·海尔（Carla A. Hills）以及美国贸易代表团前任团长巴尔沙夫斯基（Charlene

Barshefsky）等著名女性杰出人物进行了亲切的座谈，交流女性领导的经验及独特的心得体会。与此同时，通过举办研究班，中美两国女性领导及同行建立了网络联系，为今后进一步交流、合作打下良好的基础。

第四部分　了解耶鲁大学

提到耶鲁与中国的缘分，还应介绍耶鲁大学自身的状况，尤其是耶鲁的学科、机构设置、校园建筑以及广受关注的学生社团骷髅会。耶鲁大学位于康涅狄格州纽黑文市，处在纽约和波士顿两大东部沿海城市之间，既可以利用两大城市的资源，同时又闹中取静。选择在大城市中间的一个小城市内，相比处在大城市中的学校，耶鲁大学更多了一些静谧和安宁，少了一些世俗和喧闹。

耶鲁大学建立于1701年，是美国历史最悠久的几所大学之一，现有学生1.1万人左右（本科生5000多人，研究生5000人左右）。教职员工1.1万人左右。本科学院开设的通识教育的课程内容广博，学生选择余地很大。除此之外，耶鲁还拥有一个研究生院，以及法学院、管理学院、医学院、林业与环境学院、护理学院、建筑学院、音乐学院、艺术学院、戏剧学院和神学院共九所专业学院。学校的建筑风格独特，是很多学校无法比拟的。

耶鲁大学为美国培养出500多名议员；60多位内阁成员；20名最高法院大法官以及5位美国总统，包括前总统乔治·W.布什以及他的前任比尔·克林顿。

第十八章
耶鲁大学校徽和吉祥物

耶鲁大学校徽

耶鲁大学的校徽自 1736 年就开始使用。校徽由两部分组成，上部为一个盾牌，盾牌的底色是一种叫"耶鲁蓝"（Yale Blue）的深天蓝色。盾牌的中央是一本《圣经》，《圣经》上印有希伯来文"םימותהו םירואה"（英语读作"Urim V'Thummim"），出自《圣经·旧约》，是"光明与真理"的意思。盾牌下方是写有"LUX ET VERITAS"的条幅，为拉丁语，意思也是"光明与真理"。校徽的设计者已经无法考证了，但是校徽中央的文字是由耶鲁大学第七任校长厄兹拉·斯泰勒斯[①]（Ezra Stiles）决定加入的。斯泰勒斯校长也是著名神学家，他要求当时的每个耶鲁学院新生都必须学习希伯来语，方能读懂《圣经》的原文，这也是他在耶鲁校徽中加入这句希伯来语的原因。"光明与真理"后来也成了耶鲁大学的校训。

[①] 厄兹拉·斯泰勒斯 1778 年至 1795 年任耶鲁大学校长，下文有以他名字命名的耶鲁本科住宿学院的介绍。

▲耶鲁大学校徽

▲帅哥丹在斯特林图书馆前

耶鲁大学吉祥物

西方的许多大学都有自己的吉祥物,这也是美国校园文化的重要组成部分。耶鲁大学的吉祥物是斗牛犬,取名"帅哥丹(Handsome Dan)"。和有些大学仅仅由人穿上卡通服饰扮演吉祥物不同,耶鲁大学的吉祥物是一只实际存在的斗牛犬。由于斗牛犬生命有限,到现在这只已经是"帅哥丹"十七世了。耶鲁大学选择由哪只斗牛犬来担任吉祥物时,尤其看重如下几点:第一,对乐队和儿童要有极强的忍耐力;第二,对绯红色(哈佛大学的象征)和老虎(普林斯顿大学的吉祥物)要有极为淡定的反应;第三,清洁度。选择真实存在的动物来担任吉祥物,这也是耶鲁在全美范围内的首创。自1889年第一只斗牛犬被选为"帅哥丹"一世以来,已经有17只斗牛犬获此殊荣。现在耶鲁的斗牛犬是在2006年冬季从众多参选的斗牛犬中选出来的。

耶鲁的体育队就叫作耶鲁斗牛犬队,其下共有35支不同的体育队伍,耶鲁大学在过去数十年的全美大学生竞赛中,赢得过数次女子击剑冠军、男子跳水冠军和男子游泳冠军。耶鲁斗牛犬队尤其擅长高尔夫球,夺得过21次男子高尔夫球冠军。

之所以选择斗牛犬作为耶鲁的吉祥物,并非仅仅因为它可爱温顺,更重要的是斗牛犬个性固执、具有韧性,代表着一种坚持不懈、固守自我价值的精神,而这正与耶鲁大学校训"光明与真理"相呼应。只有具有坚韧的决心和毅力,才能在学术上真正实现追求光明和真理。

第十九章
耶鲁大学校董事会和校长

耶鲁大学校董事会

耶鲁大学董事会是耶鲁大学的管理和决策机构。相比其他教育机构的董事会，耶鲁大学董事会规模更小，并且在大学的管理上扮演着非常积极的角色。耶鲁大学董事会由19名成员组成：作为董事会主席的耶鲁大学校长；10位继任受托人，有权选择自己位置的继任者担任最多两届、每届六年的任期；6位校友董事，由耶鲁校友选出，担任互相交错的六年任期；康涅狄格州的州长和副州长。耶鲁大学董事会的资深董事在校长缺席的时候负责主持董事会。耶鲁大学董事会一年至少举行五次会议，有时还会召开特别会议。董事会内设12个委员会，主要负责审计、投资、教学规定以及荣誉学位颁发等方面的决策。董事会的成员多数会参加两个以上委员会的工作。董事会每学年的第一次会议是战略规划秋季会议，通常在9月底或10月初举办。每学年的最后一次会议安排有董事会对校长和其他学校官员的工作审核。每年五次会议中的一次用来集中讨论一项特别议题，对一个重点领域或问题进行深入研究和探讨。例如有一次会议集中探讨了耶鲁如何

▲前校长理查德·雷文

发展艺术领域，另一次会议的议题是规划建设新的住宿学院。

前校长理查德·雷文

理查德·雷文先生是美国高等教育的领导者之一。他担任耶鲁大学校长逾 20 个年头，是美国常青藤联盟学校中任期最长的校长（常青藤联盟学校包括布朗大学、哥伦比亚大学、康奈尔大学、达特茅斯学院、哈佛大学、宾夕法尼亚大学、普林斯顿大学和耶鲁大学）。很多其他学校的校长因雷文校长经验丰富、智慧超群而经常向他请教，寻求指导和建议。

雷文校长出生在美国西海岸加利福尼亚州的旧金山市，1968 年以全班最优异的成绩获得斯坦福大学的学士学位。之后他获得英格兰牛津大学的全额奖学金赴英攻读政治经济史，并荣获荣誉学士学位。1970 年，雷文成为耶鲁大学经济系的博士生，同时，他的研究兴趣也从经济史转为科技和经济。雷文 1993 年担任耶鲁大学校长，在此之前，他从事教学、研究和行政工作 20 年，并曾担任过经济系系主任和文理研究生院院长。

学者风范

像耶鲁大学一样著名的美国大学的校长通常本身都是卓越的学者，雷文校长也不例外，他是耶鲁的弗雷德里克·威廉·拜内克教授（Frederic William Beinecke Professor），并且是技术变革经济学的专家。他的著作涉及知识产权、专利权制度、产业研究和发展以及反托拉斯和公共管理对私有产业的影响等广泛领域。

雷文校长与耶鲁同事合作，进行了一项特殊的调查，即产业组织皆知的"耶鲁调查"。调查在科技、经济行为和法律之间可能的互相作用和互相影响方面给出了重要的结论。调查涉及130个行业的650位研究和发展人员，从中总结出法律对于市场结构和市场运作的影响很大程度上取决于技术本身的性质。例如，专利权保护之所以只能很有力地刺激制造行业的一小分支的创造性，如化学行业和制药行业，是因为这些行业具有发明创造容易描述，无产权时容易被模仿，侵犯产权复制时容易被发现等特点。

由于研究卓越、成果斐然，雷文校长被邀请前往华盛顿做演讲，阐明学术研究对经济的重要裨益。雷文校长还被选为美国文理学院的院士。

经济改革的促进者

雷文校长自接任校长职务开始就意识到耶鲁大学对于邻近地区乃至全国的经济增长具有至关重要的作用。为了确保耶鲁大学卓越的研究和发明，雷文校长从大学基金中拨款10亿美元，用于扩建耶鲁大学医用和科学设施，包括建造四栋新的理科大楼和新型医学研究设施，后者是美国国内最大的同类设施之一。它们分别是1954届学生捐赠化学研究大楼（Class of 1954 Chemistry Research Building, 2005），1954届学生捐赠环境科学中心（Class of 1954 Environmental Science Center, 2005），柯榕楼（Kroon Hall）(2009)，梅伦工程学中心（Malone Engineering Center, 2005），以及安莱茵医学科研及教学中心（The Anlyan Center, 2003）。

在雷文校长的任期内，学校额外投资给耶鲁大学的衍生公司

15亿美元,并且自1993年起直接投资给纽黑文市总计10亿美元。雷文校长以社区发展为己任,支持很多相关项目,使耶鲁大学的学生和教员有机会以自己的才能服务纽黑文市。

如今,有机会参观耶鲁大学的人士都会感觉到校园经济发展振兴的巨大进步:忙碌繁华的街道、精心修整过的教学楼、新的科学设施以及更多正在发展中的新景象。

国际主义者

耶鲁大学招收国际学生的传统源远流长。在美国大学接受教育的第一个中国人容闳,就是于1854年毕业于耶鲁大学本科学院的。雷文校长自继任开始便致力于使耶鲁大学成为国际研究的领导者。他注重加强学校已有的广泛的国际和地区研究项目,使学生可以学习52种语言、600多门与国际背景密切相关的课程。

经过雷文校长在任期内的努力,耶鲁大学现有来自101个国家的1775名国际学生,他们组成了耶鲁历史上最大的国际团体。耶鲁的学生中有超过16%的学生来自国外,使耶鲁大学拥有丰富多彩的国际学习环境。走在校园中,就能感受到耶鲁的国际氛围:来自五湖四海的人住在一起,互相取长补短。

在雷文校长全球战略的鼓舞下成立了耶鲁全球化研究中心,聘请耶鲁大学的毕业生、墨西哥前总统俄尼斯托·塞迪略为中心负责人。同时还设立了耶鲁世界学者项目,邀请世界各国的新生领导人来耶鲁,使他们互相交流思想,并参加耶鲁主要教员的研讨会。雷文校长还邀请英国前首相托尼·布莱尔在耶鲁大学教授信仰与全球化课程。

家庭介绍

雷文校长在斯坦福读书时与夫人简相识，并在意大利学习一个学期。简·雷文（Jane Levin）也曾就读于牛津大学，并在耶鲁大学获得英语博士学位。她是学校最受欢迎的教师之一，并于2002年被学生选为最优秀的教师。雷文夫妇有四个孩子和四个孙子女。

雷文校长爱好棒球运动，尤其是旧金山巨人队的忠实球迷。当雷文校长的孩子们还小的时候，他曾做过纽黑文小联盟棒球队的教练。他对棒球运动的赛情如数家珍，无人能出其右。他还被选中参加国家蓝带讨论组（Blue Ribbon Panel），研究棒球运动经济学，小组提供的报告对研究美国娱乐活动作了重要贡献。雷文校长也喜欢戏剧和音乐，他拥有男子冰球比赛的长期季票。他也热衷于从耶鲁的收藏中精心挑选出艺术作品，悬挂在校长官邸。

雷文校长素以不知疲倦的精神而著称，即使身边的人已疲劳不堪，他仍是一如既往精神抖擞地工作，无论是频繁的旅行计划或是在纽黑文超负荷的工作都从没有吓倒过他。危难时刻，他最镇定。而平日他则乐观通达，乐于接受意见，从不大发雷霆，并且深深相信即使遇到不顺利的事，也总会时来运转。雷文校长的人生观，影响了他周围的人，同时也有益于学校营造积极向上的思想氛围，并且成为耶鲁大学近年来成绩卓然、校园风气良好的重要因素。

第二十章
耶鲁大学建筑

三个世纪的耶鲁建筑给人的第一印象就是惊人的规模、丰富的变化和纷繁的多样性。耶鲁建立了北美第一个大学艺术博物馆和第一个艺术学院，并且逐步修建了世界上最漂亮的大学校园建筑。然而在耶鲁建筑群这样一种复杂的新旧融合风格中，最保守的元素和最新潮的元素之间原本可能存在的不和谐却全然不见。自1717年在纽黑文开始建设，耶鲁就在学校的建筑设计方面得天独厚，耶鲁校园本身就是一部活着的建筑学教科书。现在的耶鲁校园长达3.2公里，其建筑覆盖范围达1.02平方公里，主要建筑物多达300多处。下文将选取一些具有代表性的建筑予以介绍。

耶鲁老校园

耶鲁老校园（Old Campus）是耶鲁校园里历史最悠久的一部分，也是耶鲁本科校园的核心区域。耶鲁本科学院的第一座建筑（1718年建成）即是坐落在老校区现在的宾汉姆楼（Bingham Hall）的位置上。由于年久失修，第一座建筑在1782年被学生拆除。1750年开始，旧砖排楼（Old Brick Row）工程开始修建，这一

◀左楼即康涅狄格楼

◀耶鲁老校园

◀著名的菲尔普斯大门

▲伍尔西校长的铜像　　　　▲哈克尼斯塔

▲斯特林图书馆大门上的石刻多国文字，右边第二块是颜真卿题写的碑文复制而成。

▲斯特林图书馆的大厅

▲拜内克古籍善本图书馆

◀"坦克履带上的口红"雕塑

排建筑中第一个修建的就是康涅狄格楼（Connecticut Hall）。

旧砖排楼项目是由约翰·杜伦巴尔（John Trumbull）和詹姆斯·希尔豪斯（James Hillhouse）设计执行的。这是美国历史上第一个有规划的本科生学院，也成了全美后来所有的本科学院的建筑设计学习的典范。旧砖排楼包括四个宿舍大楼：联合楼（南院）、康涅狄格楼（正南）、伯克利楼（正北）和北院。而在这些建筑之间则是雅典第一教堂（Atheneum First Chapel）、康涅狄格兰心教堂（Connecticut Lyceum）和第二教堂（Second Chapel）。位于旧砖排楼的前面的耶鲁篱笆一直是耶鲁历届学生的最爱。而在1888年由于新修的建筑，耶鲁篱笆被移除，从此成了人们的回忆，为了纪念耶鲁篱笆，耶鲁学生成立了耶鲁篱笆协会。现在耶鲁老校区里的篱笆跟耶鲁篱笆仍然有几分相似。现在在耶鲁老校区上的许多建筑其实是将以前的老建筑移除之后重新修建的，而那些被拆掉的老建筑包括旧实验室（Old Laboratory，1782～1888）、杜伦巴尔画廊（Trumbull Art Gallery，1832～1901）、校友楼等。

如今，老校园最主要的作用是作为耶鲁本科大一新生的宿舍使用。耶鲁的学院内设12座平行的住宿学院，除了西里曼学院（Silliman College）和蒂莫西·德怀特学院（Timothy Dwight College）以外，其余十所学院的大一新生都统一住在各学院在老校园的新生宿舍楼里。由于大二到大四这三年，本科生都要住到自己的学院里，大一在老校园住宿的时光成了耶鲁本科生最好的认识同一届不同学院的学生、结交新朋友的机会。

老校园的入口是正对着纽黑文绿地的菲尔普斯大门（Phelps

Gate)。菲尔普斯大门是耶鲁学院（今耶鲁大学的本科生院）传统意义上的正门。大门顶上刻着一行拉丁文"LUX ET VERITAS"，这是耶鲁大学的校训，意思是"光明与真理"。每年9月开学，大一新生来学校报到，都要走过菲尔普斯大门，踏上耶鲁的校园，标志着耶鲁四年本科学习生活的开始，也象征着学生探索"光明与真理"的旅程的起步。高年级的学生会在菲尔普斯大门的门洞下敲锣打鼓，欢迎新生来到耶鲁，场面好不热闹。

从菲尔普斯大门走进老校园，左侧的一幢红色的小砖楼就是耶鲁校园里也是纽黑文市现存的年代最早的建筑——康涅狄格大楼。康涅狄格大楼里曾经出过好几位耶鲁早期的著名校友，诸如美国前总统威廉·霍华德·塔夫特（William Howard Taft）、美国独立战争时期的英雄内森·黑尔（Nathan Hale），以及大发明家伊莱·惠特尼（Eli Whitney）等。康涅狄格大楼现在是耶鲁大学哲学系的所在地，因为哲学在西方学科体系中至高无上的地位，耶鲁把哲学系放在了校园中历史最悠久的这幢楼里。

耶鲁的老校区里有不少雕塑，这些雕塑不仅仅具备人的形象，而且栩栩如生，富于动作神态。康涅狄格大楼的旁边就立着内森·黑尔的塑像。内森·黑尔是耶鲁学院1773届的毕业生，被认为是美国历史上第一位间谍。在美国独立战争时期，黑尔受日后美国第一任总统华盛顿的指派，潜入英国军队打探情报。但不久黑尔不幸被英军发现，并在纽约被处绞刑。黑尔在被押赴刑场时，在自己的大衣左口袋里放了一本《圣经》，右口袋里放上了他当年耶鲁的毕业文凭，耶鲁学生口口相传的励志口号"为上帝，为国家，为耶鲁"（For God, for country, and for Yale）就是从黑尔的事迹来的。内森·黑尔在临刑前说了一句话，这句话镌刻在他铜像的脚下："I only regret that I have but one life to lose for my country"，意思是"我一生中唯一遗憾的事情就是我只有一条生命奉献给我的祖国。"由于当时是美国独立战争时期，也就是美利坚合众国建国之初，内森·黑尔被视为美国的民族英雄，1985年他被正式追封为康涅狄格州英雄。他的这一席话也被引作美国爱国主义教育的经典教材。2006年4月21日中国国家主席胡锦涛在耶鲁演讲时还专门讲到耶鲁引以为傲的校友内森·黑尔，并称其为民族英雄。

走到老校园的中央，会看见耶鲁大学前校长西奥多·德怀特·伍尔西（Theodore Dwight Woolsey）的坐像。伍尔西校长于1846年至1871年担任耶鲁大学校长，其间美国经历了南北战争。伍尔西校长是南北战争时期北方大学中唯一没有把学校里的南方学生送回家中的校长。他的名言是："我相信这些学生在课堂里互相可以学到的东西比他们在战场上可以学到的东西要多得多。"伍尔西校长对南方学生的保护为美国日后的知识精英阶层留存了一支重要的力量。伍尔西校长也是现在老校园建筑格局的规划者。在他上任之初，老校园只有几座零散的宿舍和教学楼，和别的地方并没有什么两样。伍尔西校长不赞同学生这样宿舍、教室、食堂几点一线的单调生活，提出把老校园改造成现在的围栏封闭式结构。这样，学生每天从宿舍走出，都会在老校园中间的大草坪上见到新的朋友，大家相约一起吃午饭、去图书馆，增进了同学间的了解和友谊，创造了更多互相交流、互相学习的机会。伍尔西校长的铜像还有一点特别之处，就是他的左脚是金光闪闪的。

这其中的缘由还得从耶鲁的校际运动队说起。伍尔西校长当时是耶鲁赛艇队的铁杆粉丝，相传只要他亲临比赛现场，并且用他的左脚蹬开耶鲁的赛艇起航，耶鲁总能取得比赛的胜利；而伍尔西校长没有前来观战的时候，耶鲁就会输掉比赛。久而久之，耶鲁的学生相信伍尔西校长的左脚能给他们带来好运，于是每逢重要考试之前都会来伍尔西校长的铜像前，摸一下他的左脚。于是脚上的漆一点一点褪去，成了现在这样金光灿灿的颜色。去过哈佛大学的朋友们也许记得哈佛校园中央约翰·哈佛的铜像，也总是会有游客去摸这座铜像的脚，据说这个传统就是从耶鲁伍尔西校长的铜像这里拷贝过去的。

离伍尔西校长的坐像不远处还有耶鲁第一任校长亚伯拉罕·皮尔逊（Abraham Pierson，1646～1707）的铜像，耶鲁十二个住宿学院中的皮尔逊学院就以他的名字命名。皮尔逊校长雕像是耶鲁第一座公共雕像，该雕像的背后就是耶鲁最具代表性的建筑哈克尼斯塔（Harkness Tower）。皮尔逊在耶鲁还没有正式改名为耶鲁大学之前就担任校长，那时候耶鲁的前身学校还不在纽黑文。皮尔逊的父亲是康涅狄格州布兰福德市（Branford）的建立者，他在重视神学正统性这一问题上给予了当时的纽黑文市长大力的支持。皮尔逊雕塑的设计师是罗恩特·汤普森（Launt Thompson），他的作品在当时并没有得到广泛的认可，而是在两代人之后，才开始受到重视。耶鲁的学生给皮尔逊雕塑起的外号叫"Hank Statue"（汉克雕塑），因为在这个雕塑的底座上刻有纪念皮尔逊的拉丁文，而开头的第一个单词就是"Hank"。

老校园除了是本科新生的住宿之地，也是校园生活的重要活动场所。每年春天，都会举办新生奥林匹克运动会，每个学院的新生都会代表自己的学院参与到打野鸭、拔河、草地排球等小时候的游戏中，以此培养学院学生的团结精神和凝聚力。到了春季学期即将结束的时候，老校园里还会举办对全体耶鲁学生开放的春季嘉年华，由耶鲁本科学生会邀请近十家美国知名的流行音乐演奏团体来老校园举行盛大的欢庆派对，来驱散复习迎考阶段的紧张氛围，让学生能以轻松的心态准备即将到来的期末考试。到了5月底，老校园也是耶鲁本科生毕业纪念日（Class Day）以及全校毕业典礼的举办地。

艺术馆片区

在老校区西南方向一个街区左右，便是建筑物林立紧凑的耶鲁艺术馆片区，这里坐落着艺术学院、建筑学院、耶鲁艺术博物馆、耶鲁英国艺术中心和其他诸多跟艺术相关的建筑物。早在1852年，耶鲁就建立了杜伦画廊（Trumbull Gallery，艺术学院前身），也就是在这一年，从德国学习归来的一群耶鲁本科生成立了骷髅会。这也许是包括骷髅会在内的诸多社团会址位于艺术馆片区的原因之一。

艺术馆片区里建筑风格独特，大多数建筑都既有传统风格也有不少创新元素融入，所以往往很难确切地说某种建筑是特定风格的代表。比如旧艺术馆和高街上的拱形石桥门让人联想起意大利北部和法国南部建筑物高大、厚实的风格，但是这些建筑却又具有独特的功能性作用，而不仅仅是装饰。

如果不是学建筑的专业人士，耶鲁艺术博物馆的样子看上去会让人觉得很难理解。人们也许会禁不住问为什么要在这样一个笨重盒子状的建筑物里收藏如此多的珍品？最简洁的答案也许是，你需要通过跟它多次接触才能开始逐渐理解其独特之处。实际上，即使对于专业建筑师来说，要理解刘易斯·卡恩[①]（Louis Kahn）的这件作品也绝非易事，1951年1月，耶鲁校方在卡恩快过50岁生日时找到他设计博物馆。卡恩以教学富有激情而出名，经常以诗意的方式讨论建筑的目的。他接受这个任务以后，花了比平常设计多出许多的时间来构思，最终形成了现在的方案。卡恩还设计了耶鲁英国艺术中心。该中心在艺术博物馆的斜对面，由耶鲁校友保罗·梅伦出资修建，是英国本土以外最大的收藏英国艺术品的中心。耶鲁英国艺术中心收藏着诸多英国艺术珍品，其中西洋油画占主体。耶鲁英国艺术中心构思精巧，设计独特，尤其是对自然光的利用受到建筑界广泛的赞誉。此外，骷髅会和其他许多社团也将自己的活动场所选在这一区域内。

说到耶鲁在建筑学界最出名、最具争议和最受关注的建筑，莫过于建筑学院大楼了。有人称建筑学院大楼是耶鲁最不美观的建筑，但该大楼的设计者鲁道尔夫曾经说过："建筑设计是建筑师个人的事情，要一群建筑师一起设计是一个可怕的想法，同一建筑的设计者越少，作品才会越好，因为这样建筑师与其作品之间的距离才是最小的。"耶鲁建筑学院大楼造型独特，尽管其外形色调上尽力与耶鲁传统的哥特式风格和乔治王朝风格保持一致，但仔细琢磨便会发现建筑学院大楼带有更多现代派风格。鲁

[①]刘易斯·卡恩（1901～1974），爱沙尼亚裔犹太人，美国建筑师、建筑教育家。

道尔夫通过他在耶鲁设计的作品完成了对他的哈佛大学导师推崇的单一风格的挑战。

哈克尼斯塔

哈克尼斯塔是耶鲁最醒目和最突出的建筑物,到 1921 年哈克尼斯塔修好的时候,耶鲁的校园已经北至科学山,南到医学院了。哈克尼斯塔和斯特林纪念图书馆的设计者均是詹姆斯·罗杰斯(James Gamble Rogers)。后来以哈克尼斯塔为起点,在其周围修起来布兰福德学院(Branford College)和塞布鲁克学院(Saybrook College),成了"纪念四合院"(Memorial Quadrangle)。哈克尼斯塔不仅仅是为了纪念曾经的石油大亨哈克尼斯或者在世界大战中阵亡的士兵,更是为了纪念许多其他与耶鲁相关的人、事和活动。哈克尼斯塔高达 216 英尺(合 66 米),每一英尺代表着耶鲁从 1701 年建校到 1917 年哈克尼斯塔开始建造时的每一年的历史。

哈克尼斯塔从其底部往上的各类壁窗和镂雕讲述着耶鲁自建立以来的各类故事,比如,伊利胡·耶鲁(Elihu Yale),耶鲁大学以他的名字命名;内森·黑尔,耶鲁学院 1773 届毕业生,美国民族英雄;伊莱·惠特尼(Eli Whitney),大发明家,耶鲁学院 1785 届毕业生;诺亚·韦伯斯特(Noah Webster),辞典学家,耶鲁学院 1778 届毕业生;詹姆斯·费尼莫尔·库柏(James Fenimore Cooper),《最后的莫西干人》的作者,曾在耶鲁求学;约翰·C.卡尔霍恩(John Calhoun),美国前副总统,耶鲁学院 1804 届毕业生;萨缪尔·摩尔斯(Samuel Morse),摩尔斯电码发明者，耶鲁学院1810届毕业生；以及乔纳森·爱德华兹（Jonathan Edwards），神学家，耶鲁学院1720届毕业生。还有其他分别代表生命、进步、战争、死亡、和平、繁荣、努力、秩序、公正、真理、自由和勇气的各类浮雕。

由于哈克尼斯塔存在的首要目的是确保耶鲁建筑风格的统一性，其位置必须能确保与老校区融为一体，于是设计师罗杰斯以皮尔逊塑像为中心轴，设计了哈克尼斯塔。哈克尼斯塔以其庄严肃穆和霸气十足的特点在纽黑文全市的建筑中分外醒目，罗杰斯创作该塔的灵感不仅仅来自14世纪英格兰圣波托尔弗塔和20世纪初美国威尔斯纪念建筑塔，还来源于他本人加上的很多自己的创新。好的作品往往是饱受争议的，哈克尼斯塔也不例外，不少人批评罗杰斯将大量本来可以修建更为实用和契合大学作用的建筑的钢材和石料修成了高达66米的塔，并批评该塔透露出了男性霸权和威权主义意味。

哈克尼斯塔上装有耶鲁纪念排钟，是一座由54口钟琴组成的演奏系统。其中10口钟琴于1922年安装；另44口在1966年添加。耶鲁的本科生有一个专门的演奏团体——耶鲁排钟演奏协会，平时学期中每天两次到塔上用排钟敲奏古典音乐，一次是中午12点30分，另一次是傍晚5点。到了夏天，每天只有傍晚一次演奏，但是每周五都会有专场的排钟演奏音乐会。近些年来，耶鲁纪念排钟除了演奏古典音乐外，还增加了一些流行元素，比如电影《哈里·波特》的主题曲、流行歌手Lady Gaga的歌曲等新潮音乐。有一年春节的时候，排钟演奏协会的本科生还特意演奏了中国名曲《茉莉花》，与耶鲁的中国学生学者共同庆祝农历新年。

斯特林纪念图书馆

斯特林纪念图书馆（Sterling Memorial Library）是耶鲁大学最大的图书馆，其中收藏了超过400万册书籍。斯特林图书馆为纪念耶鲁校友约翰·威廉·斯特林（John William Sterling）而建。斯特林是耶鲁学院1864年的本科毕业生，后来成了世界知名律师事务所希尔曼和斯特林律师事务所的创始人之一。斯特林临终前将自己总共1800万美元的资产捐赠给耶鲁大学，这笔钱相当于2011年时2亿美元的价值。斯特林的遗嘱中要求耶鲁用这笔钱建造"至少一座经久耐用并且外表美观的建筑，以表达我对母校的感激和热爱。"斯特林的这笔巨款后来用于建造了斯特林图书馆、斯特林法学院大楼等耶鲁校园的重要建筑，并且设立了耶鲁大学杰出教授的最高学术等级——斯特林教席。

斯特林纪念图书馆的建筑风格是哥特复兴式，这也是耶鲁大学最早的几个住宿学院的建筑风格。整座图书馆最大的特点是外观看上去像一座庄严的大教堂，这得益于它的设计师詹姆斯·G.罗杰斯。罗杰斯是耶鲁大学1889届的校友，毕业后成了一名著名的建筑师。他的主要作品包括耶鲁的最早几座住宿学院、哥伦比亚大学的主图书馆巴特勒图书馆（Butler Library），以及西北大学的主图书馆蒂尔林图书馆（Deering Library）。西方建筑界有一个不成文的传统，即每一位建筑大师要想被历史铭记就必须设计一座能载入史册的大教堂。据说罗杰斯晚年时虽然作品颇丰，却从来没有建造过这样一座大教堂。有一天他拜访了耶鲁大学的校长,希望能够在母校完成这样一桩心愿。可是罗杰斯的请求令校长感到为难,因为当时耶鲁已经有了基督教堂。校长向罗杰斯提起建设斯特林图书馆的计划,罗杰斯欣然接手了斯特林图书馆的设计任务,并踌躇满志地表示要将斯特林图书馆建造成一座知识的大教堂(Cathedral of Knowledge)。1931年,斯特林图书馆终于正式竣工,从此耶鲁大学的主图书馆就以它酷似哥特式大教堂的设计而举世闻名。

斯特林图书馆的正门上方刻着八种古代文明的早期碑文,从左至右分别是克罗马农人岩画、古埃及象形文字、亚述楔形文字、古希伯来文、阿拉伯语、古希腊语、古汉语以及玛雅文字。其中古汉语的碑文取自唐朝大书法家颜真卿的书法,许多到耶鲁参观的中国学者和游客都会在此拍照留念,为中国文化能在异国如此受到重视而倍感自豪。1930年斯特林纪念图书馆大楼落成之前,设计师特意邀请东亚图书馆第一任馆长、历史学家朝河贯一(Asakawa Kanichi,1873~1948)先生截取一段代表中国古代文明的文献,让工匠们刻在大楼正门的门楣之上作为装饰。朝河先生精心选出了一段颜真卿晚年书写的传世名作《颜家庙碑》中的文字。《颜家庙碑》是颜真卿为其父亲颜惟贞镌立的家庙之碑的碑文。由于这段文字是直接从庙碑上拓下来的,上面没有任何标点,一般人无法断句。还记得1998年春天,著名国学大师文怀沙老先生来到耶鲁大学,我向他请教这段文字的来历,才知道这是唐肃宗对颜真卿堂兄颜杲卿平定安禄山叛乱事迹的赞扬之词。全文如下:

卿兄以人臣大节，独制横流，或俘其谋主，或斩其元恶。当以救兵悬绝，身陷贼廷，旁若无人，历数其罪。手足寄于锋刃，忠义形于颜色。古所未有，朕甚嘉之。

从正门进入图书馆后首先来到的是前厅，这也是模仿天主教大教堂的设计，因为需要通过前厅才能进入"教堂"的正殿——这里指的就是斯特林图书馆前厅背后高达15层的藏书楼。前厅尽头的借书台也是依照教堂的神坛设计的，借书台上方有一幅巨大的壁画，中间的主人公就是耶鲁大学的创始人伊利胡·耶鲁。有趣的是，耶鲁先生在这里被描绘成一位女神的形象，这是因为一般教堂中这个位置经常会挂上圣母玛利亚的画像。耶鲁女神左手拿着一颗水晶球"光明之球"，右手拿着一本希伯来文的"真理之书"，而"光明与真理"就是耶鲁大学的校训。前厅左侧放着许多排木制的柜子，以前曾用来放置检索用的图书资料编目卡。其实由于耶鲁图书馆系统的信息都已经电子化，这些柜子里的编目卡早已清空了，但是为了仿照教堂中唱诗班的长椅，这些木头柜子还是原封不动地留在那里，作为摆设。前厅两侧上方是彩色玻璃花窗，上面的图案记录了耶鲁大学成立早期和纽黑文市建市初期的重要事件。

整座斯特林图书馆除了高达15层、总共超过400万册的藏书空间以外，还有大大小小近20间特别收藏室和阅览室。比较有代表性的有二楼的东亚阅览室，是全美国最主要的东亚资料汇集地之一；三楼的巴比伦收藏室，内有全美国最大的楔形文字篆刻收藏；七楼的地图收藏室，里面藏有超过1.5万张1850年以前的珍贵地图。在一楼大厅里，斯特林图书馆内最大的阅览室斯塔尔参考书主阅览室（The Starr Main Reference Room），在这里可以通过查阅百科全书、多语种辞典以及各种手册、索引，对事实性的问题找到解答。一楼还有两间报章和期刊阅览室。还有一间特别的阅览室，是2011年新开放的国际阅览室（International Room），位于斯特林图书馆正门入口的左侧。这间阅览室内部陈列了耶鲁教授和校友关于国际问题的著作，还展出了耶鲁大学在世界教育、医疗、政治领域的贡献。国际阅览室既可以作为一间环境轻松惬意的读书室，还可以转换成小演讲厅接待来耶鲁访问的国际事务专家。值得一提的是，在通往国际阅览室的走廊中间，摆放着耶鲁大学第一名中国毕业生容闳的塑像。这座塑像原来一直放在位于校园北部的国际事务中心内，随着近年来耶鲁求学、参观的中国学生和游客逐年增多，容闳塑像在国际阅览室开放后从国际事务中心搬到了斯特林纪念图书馆的显要位置，这也凸显了中国留学生在耶鲁大学历史上的重要地位和对耶鲁国际化发展的突出贡献。

耶鲁音乐图书馆（Irving S. Gilmore Music Library）位于斯特林图书馆的内部。该图书馆坐落于斯特林图书馆的一、二层北部，收藏了众多原版音乐资料，包括许多原声录音，为音乐研究者提供了珍贵的第一手研究资料。除此以外，音乐图书馆内的参考资料也非常丰富。该图书馆还为阅览者提供试听与影印等诸多服务。在该图书馆的二层可以俯瞰一层的全貌，环境幽雅，视野开阔，是学习与鉴赏音乐的绝好地点。

在斯特林图书馆一层还有一个环境宜人的四方庭院。这个四方庭院被耶鲁音乐图书馆与黎诺尼亚与兄弟阅览室（The Linonia & Brothers Reading Room）环抱，四周绿树成荫，芳草鲜美，中间的喷泉终年流水潺潺。虽然面积不大，但庭院清净优雅，是阅读学习之余呼吸新鲜空气，放松身心的绝佳去处。2010年5月张艺谋导演到耶鲁大学接受名誉学位后，校长就在这个环境优美的庭院中举办室外招待会，欢迎众多来到耶鲁接受名誉学位的专家学者。

巴斯图书馆

巴斯图书馆（Bass Library）是斯特林纪念图书馆在地下的延伸，又被称为"跨校园图书馆"，从斯特林纪念图书馆内部下到地下一层通过一个长通道便可到达拥有地下两层的巴斯图书馆。巴斯图书馆是耶鲁学生选择小组讨论时最热门的地点，因为在巴斯图书馆旁边有贩卖咖啡和点心的自动售卖机。巴斯图书馆虽然地处地下，但是采光极好。20世纪60年代，美国经历了婴儿潮，大学校园的资源也显得日趋紧张，为了提升日益捉襟见肘的图书馆资源，不少美国大学都开始开掘地下空间以拓展图书馆资源。尽管耶鲁大学即使是在婴儿潮之后招收的人数也并没有增加，但是在全美大学都开始拓展新空间的潮流下，耶鲁大学的建筑设计师负责人、罗格尔斯的接班人爱德华·巴尔内斯（Edward Barnes）决心不能忽视对地下空间的开发，而建设了巴斯图书馆。

佩恩·惠特尼体育馆

耶鲁最大和最厚实的建筑莫过于位于耶鲁校园西北角的佩

恩·惠特尼体育馆（Payne Whitney Gym）了，该建筑物内部面积达 12.27 英亩(约合 49655 平方米)，高达 200 英尺(约合 61 米)。耶鲁历史上曾经在修佩恩·惠特尼体育馆之前修建过两次较小的体育馆，但都在后来的校园扩建中被推倒。在约翰·波普（John Pope）于 1925 年接到设计修建该体育馆的任务后，耶鲁花了差不多 30 年时间才将其从蓝图变为现实。波普的团队将体育运动特别与耶鲁自身的神学传统有机结合了起来，整个体育馆外观庄严肃穆。波普团队对体育馆的理解受到了结构功能主义学派的影响，所以该体育馆从专业化、高效化和机能化角度审视，跟现代化工厂的设计理念如出一辙。在该体育馆内有各种设施，包括篮球场、皮划艇训练中心、游泳池、击剑场、健身中心等。

拜内克古籍善本图书馆

拜内克古籍善本图书馆（Beinecke Rare Book and Manuscript Library）位于休伊特纪念方庭的西侧，紧邻 200 周年纪念建筑群。拜内克图书馆收藏了耶鲁大学收集的早期图书、限量版图书以及作者手稿的珍本、善本。拜内克图书馆被誉为"冰山图书馆"，因为其位于地下的部分多于地面上的部分。图书馆的地上部分外部结构非常特别，四面墙都由 54 英寸（合 1.37 米）见方的白色正方形大理石板筑成，外部结构酷似北京的"水立方"。这些大理石板都是从美国北部的佛蒙特州精挑细选出来的，每一块都被打磨成 1.25 英寸（合 3.18 厘米）的厚度，这样可以部分透过太阳光而把紫外线隔绝在图书馆外。从图书馆的内部可以看到外面的阳光从大理石板斑驳的纹路间透射进来的效果，很有中国水墨画的神韵。

走进拜内克图书馆，可以看到大理石外墙内部有一个由透明玻璃幕墙搭起的六层的藏书阁，透过玻璃可以清晰地看到里面保存精良的古典藏书。整个拜内克图书馆藏有 80 万册左右的珍本、手稿，其中放在这个玻璃藏书阁里的有 18 万册。这个玻璃藏书阁并不向外界开放，耶鲁的学生如果要借阅拜内克图书馆的藏书进行研读，需要在网上填写借书单，由专业的工作人员进入藏书阁内将书取出，然后带到图书馆地下部分的研究室内，读者需要戴上配发的手套和口罩才能进行阅读。如此严格的规定完全是因为拜内克图书馆里的收藏都极为珍贵。玻璃藏书阁还有一个特殊的设计，就是万一藏书阁内的书籍失火，工作人员必须在一分钟以内撤出，因为一分钟后，玻璃藏书阁内的控制系统会自动将空气抽走，往里面充入惰性气体，以隔绝氧气的方式扑灭火灾。这样的好处是可以避免一般化学灭火器会在灭火的过程中"殃及池鱼"，不但着火的书籍会被喷得面目全非，周边其他并没有着火的书也很可能被灭火器淋得一塌糊涂。

拜内克图书馆经常举办各种展览。图书馆的西北角有一个玻璃柜，里面展出这整座拜内克图书馆中最珍贵的馆藏——一套两册 1455 年在德国美因茨谷登堡印刷社印刷的《谷登堡圣经》。《谷登堡圣经》是西方从中国习得活字印刷术后第一套用活字印刷出来的图书，在西方历史文明中有着里程碑式的意义。现今世界上仅存的较为完整的版本只有 48 套，而耶鲁大学就有幸拥有其中一套。每过一周，耶鲁的工作人员就会打开玻璃柜对两册书进行翻页，以免天长日久其中一页受光照过多而褪色。

200周年建筑群和伍德布里奇楼

位于耶鲁中心校区有着一片白色石灰石建筑群和一个大广场,它们合起来被称为休伊特庭院(Hewitt Quadrangle)。而这一排白色的石灰石建筑群名为200周年建筑群(Bicentennial Buildings),建筑群内有着耶鲁最主要的行政机构、报告厅和食堂。尽管该建筑群的官方名称被称为休伊特庭院,但耶鲁师生在日常生活中都称其为拜内克广场(Beinecke Plaza)。

休伊特庭院里的200周年建筑群由耶鲁大食堂、伍斯里大厅和圆形纪念大厅组成。这些建筑物是耶鲁大学转变为综合性大学后所修建的第一处建筑群,反映了当时转型时期的校长蒂莫西·怀特和亚瑟·哈德利对于集中式管理模式的重视。该建筑群在1901到1902年之间建成后,将老校园的耶鲁学院同处在科学山上的谢菲尔德自然科学建筑群紧密联系了起来。200周年建筑群的设计者是约翰·卡瑞若(John M. Carrère)和托马斯·哈斯汀(Thomas Hastings)。

休伊特庭院的广场被拜内克图书馆和耶鲁大食堂半包围着。耶鲁大食堂向全校提供午餐,大约能容纳近千人(耶鲁每个学院都有自己的食堂,该大食堂仅在午间开放)。在耶鲁大食堂的门前是一个巨大的衣冠冢纪念碑,碑上写着:

纪念那些忠于耶鲁赋予其传统的战士,那些为自由而战亡却将流芳百世的耶鲁人。公元1914年到1918年。(In Memory of the Men of Yale who true to Her Traditions gave their Lives that Freedom might not perish from the Earth. 1914

Anno Domini 1918.）

在衣冠冢后面，镌刻着一战中康布雷战役、阿尔贡战役、索姆河战役、伊佩尔战役中丧生的耶鲁校友的名字。伍德布里奇楼位于该广场的东侧，由豪威尔·斯多克公司（Howells & Stokes）设计，采用法国文艺复兴时期的风格修建而成。在该楼里有着耶鲁最主要的行政机构，之所以叫伍德布里奇楼是为了纪念耶鲁学院创建者之一的蒂莫西·伍德布里奇（Timothy Woodbridge）。

由于位于校园中心腹地，同时也正巧处于耶鲁校方行政中心大楼的前面，不少游行和抗议活动都会在拜内克广场上举行。这些抗议中有普通劳工表达对联邦政府医改不满的，有表达对政府相关雇佣法律不满的。而上一次主要的学生抗议发生在 2002 年，当时耶鲁的学生举行了长达 16 天反对血汗工厂的抗议活动。最具影响力的游行示威则是 1986 年耶鲁学生反对南非种族隔离政策的大抗议。亚历山大·卡德尔（Alexander Calder）的雕塑"绞刑架和棒棒糖"（Gallows and Lollipops）也竖立在广场之上。而以前该广场上曾经有过克拉斯·欧登伯格[①]的雕塑"坦克履带上的口红"，现在该雕塑被搬到了摩尔斯学院里。

伍尔西大厅是耶鲁主要的大礼堂。伍尔西大厅能容纳 2695 人，该大厅位于 200 周年建筑群之中，与耶鲁大食堂相连，这些建筑都是 1901 年为了纪念耶鲁建校 200 年而建立的，该建筑群的设计者也是纽约著名建筑纽约公共图书馆的设计者。在伍尔

[①] 克莱斯·欧登博格（Claes Oldenburg，1929～2022），瑞典公共艺术大师，1950 年毕业于耶鲁大学，1956 年定居纽约市，此后 30 年，他发表了无数的雕塑、素描、绘画及行为艺术作品。

西大厅里有着世界上最大的管风琴之一：共 12617 节风管，造于 1928 年的纽伯瑞风琴。伍尔西大厅的壁画代表了传统教育的理想，壁画中是九位缪斯女神和雅典娜。这些女神形象的出现反映了在耶鲁还是全男生时代的耶鲁建筑设计师们一些微妙的心理。

由于没有地毯、窗帘或者软座，伍尔西大厅成了音乐演奏会举行的理想场所，尤其对于管风琴演奏来说，可以说是举世无双。在伍尔西大厅内曾经举办过各种各样乐器的演奏会。有趣的是，设计师在最初设计伍尔西大厅时并没有刻意考虑特定乐器的演奏效果，可是建成后惊奇地发现，这里尤其适合管弦乐演奏。需要注意的是，耶鲁专门为音乐会建造的场所远远不止这一处。在伍尔西大厅听众席二楼第一排右边上有一个座位被做得非常大，这是为了能够让被称为"校园大胖子"的威廉·塔夫脱[①]能够坐得下。

[①] 威廉·塔夫脱 (William Taft, 1857～1930)，美国第 27 任总统以及美国联邦最高法院首席大法官，毕业于耶鲁大学，据说是骷髅会的成员。

第二十一章
耶鲁大学院系设置

耶鲁大学的院系设置大约分为两类：本科学院和研究生阶段学院。耶鲁本科学院（Yale College）由12个下属的住宿制学院构成，研究生阶段的学院则是由耶鲁研究生院（Graduate School of Arts and Sciences，GSAS）和12所专业学院（Professional Schools）构成，这12所专业学院包括艺术学院（School of Art）、神学院（Divinity School）、戏剧学院（School of Drama）、工程与应用科学学院（School of Engineering and Applied Sciences）、森林与环境研究学院（School of Forestry and Environmental Studies）、法学院（Law School）、管理学院（School of Management）、医学院（School of Medicine）、音乐学院（School of Music）、护理学院（School of Nursing）、公共卫生学院（School of Public Health）和建筑学院（School of Architecture）。

由于中美两国教育体制不同，很多人对美国的"专业学院"理解起来有一定的困难。所谓专业学院，是指以培养学生在特定领域内的能力为目标，从而使得学生能在特定职业上有更好发展的研究生阶段的机构。所以归根结底，第一，专业学院是一个研

▲布兰福德学院庭院

▲耶鲁医学院

▲耶鲁法学院大门上方的两个浮雕之一 　　▲耶鲁法学院大门上方的两个浮雕之二

▲耶鲁法学院

▲耶鲁研究生院院徽 　　　　▲耶鲁法学院院徽 　　　　▲耶鲁医学院院徽

▲耶鲁管理学院院徽 　　　　▲耶鲁建筑学院院徽 　　　　▲耶鲁森林与环境学院院徽

▲耶鲁音乐学院院徽 　　　　▲耶鲁戏剧学院院徽 　　　　▲耶鲁公共卫生学院院徽

▲耶鲁神学院院徽　　　　　▲耶鲁艺术学院院徽

▲耶鲁护理学院院徽　　　　▲耶鲁工程与应用科学学院院徽

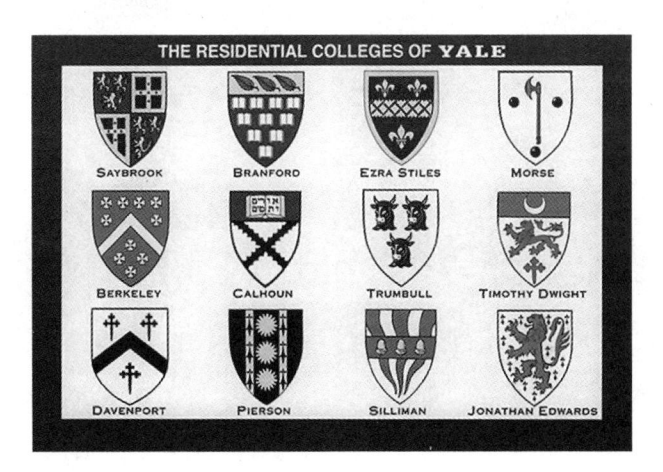

▲耶鲁12个本科生住宿学院院徽

▲耶鲁法学院创始人瑟斯·施特普勒斯 　　▲耶鲁音乐学院创始人斯多额克尔

▲耶鲁医学院首任院长温思娄 　　▲耶鲁戏剧学院创始人乔治·贝克

▲耶鲁森林与环境学院毕业典礼的场面，帽子上的装饰别具一格。

究生阶段的学院,要求申请者必须具备本科学位才能申请;第二,专业学院是一种职业导向型的学院,因而不少专业学院在招生时偏好有工作经验的申请者,比如商学院、法学院等。美国的专业学院主要如下:建筑学院、商学院、牙科医学院、教育学院、工程学院、艺术学院、新闻学院、法学院、图书馆管理学院、医学院、护理学院、视光学学院、药学院、足科医学院、公共卫生学院、公共政策学院、兽医学院、社会工作学院等。从这些学院的设置上不难看出,专业学院具有极强的职业导向和教育专门化特点。

耶鲁学院

耶鲁学院是耶鲁大学的本科生院。自耶鲁大学建校之初,耶鲁学院就一直是耶鲁大学的核心组成部分。耶鲁学院致力于从全球寻找有突出潜力的学生,通过对他们思想、心智和社会经验的教育,使他们的才智、道德、社会服务精神和创造能力得到充分的发展,以培养能够在世界各个领域承担领袖责任的全球公民。

耶鲁大学的本科为四年制,学生需要在四年内修满36个学分的课程。耶鲁学院采取通识教育(Liberal Arts Education),学生入校后能够在耶鲁学院所设的75个专业中自由地选取任何自己想学的专业,并且可以等到大学三年级开始前才决定这个专业。除了专业课程以外,耶鲁的本科学生还需要在写作、定量分析、外语三种能力和人文、社会科学和自然科学三个学科领域各选修两门课程才能毕业。这样的课程设置很好地保证了耶鲁学院的学生不但能够在所学专业上有所专长,并且在各方面全面发展。

耶鲁学院的学生每年能从近2000门课程中选择自己想学习的内容。耶鲁学院的大多数课程实行小班教学，大约四分之三的课程学生人数在20人以下，将近30%的课只有不到10名学生。整个耶鲁学院学生与教授人数的比例为6:1。在耶鲁学院，最受本科生欢迎的课程有唐纳德·卡根（Donald Kagan）教授的"古希腊历史初探"、本杰明·波拉克（Benjamin Polak）教授的"博弈论"、雪莱·凯根（Shelley Kagan）教授的"死亡"以及迈克尔·麦克布莱德（Michael McBride）教授的"一年级有机化学"等。这些课程也被耶鲁制作成视频放在公共课程的主页上。

耶鲁学院最大的特点在于其实行的住宿学院制度(Residential College System)。耶鲁学院每年在全球招收1300名左右的本科生，每个本科生在大一入学时会被随机分配到耶鲁12座住宿学院之中的一座。耶鲁现行的住宿学院制度是1933年开始实行的。当时一位名叫爱德华·哈克尼斯（Edward S. Harkness）的校友给了耶鲁学院一笔数额巨大的捐款，希望耶鲁可以效仿英国的牛津、剑桥两所大学，开始实行学院制，耶鲁的第一所住宿学院从此开始动工兴建。直到1962年，耶鲁完成了全部12座住宿学院的建设。

每个住宿学院都是由宿舍楼围成一圈，中间有一个大花园或草坪。每个学院中有自己的食堂、图书馆和一些其他学生活动的设施，比如地下篮球场、壁球房和照片冲洗暗室等。学院的主要负责老师是学院的院长（Master）和教务长（Dean）。院长主要负责学生的生活和社交方面的事务，包括举办耶鲁著名的传统活动院长茶会（Master's Tea）。在院长茶会上，学院会请来社会各个领域的知名人士与学生进行近距离的交流，以让学生更多地了解学校以外的广袤世界。教务长则负责学生在学术上的事务，包括每学期开学的时候需要审核学生提交的课程表，以保证每个学生的课程选择既能符合耶鲁学院的要求，又不至于课业负担太沉重。此外如果学生在学习上遇到任何困难，都可以到学院的教务长那里寻求帮助，因为即使教务长本人不是研究学生所学的领域，他也可以为学生找到相应的学习资源来为学生解决困难。

耶鲁的住宿学院与牛津、剑桥的制度也有一点明显的不同。在耶鲁，学院只负责学生的住宿、社交等生活事务，而学生上的课则都是耶鲁大学的院系所开设的课程。这点有别于在牛津、剑桥的学生只要进入了其中的一所学院，就只能在自己学院所属的教授门下学习。耶鲁本科的住宿学院制度的优点在于，学生既能在学习上享受到整个大学的优质教授资源，回到学院之中又能交到一批四年朝夕相处的朋友。

除了负责本科生的学习生活之外，耶鲁的住宿学院间还会举办院际的体育比赛。院际比赛的内容十分丰富，每个学年都会分成三个赛季：秋季、冬季和春季，每个赛季都会举办应季的体育活动，比如秋季有足球、网球，冬季有游泳、壁球，春季有羽毛球、高尔夫等。每一场比赛的胜利都会给学院相应的积分，到学年结束的时候，除了每项运动有单项的排名、每个赛季会决出当赛季的冠军外，还会把本学年所有比赛的积分进行累加，总积分最高的一所学院将赢得这个学年的总冠军，获得"廷奖杯"(Tyng Cup)的奖励。廷奖杯的授予是耶鲁学院自1933年住宿学院制度建立以来就一直保有的传统，耶鲁的本科学生通过院际的体育比赛不仅能锻炼身体、建立与本学院同学的友谊，还能借助这个机会认识更多平时接触较少的其他学院的同学，在大学里交到更多的朋友。

耶鲁的住宿学院制度还有一点特殊的安排，就是所有新生在第一年都要统一住在学校历史最悠久的老校园（Old Campus）里。由于接下来三年，学生都要各自住进自己的学院，大一一年成为耶鲁本科生最好的认识自己同一届学生的机会。老校园是由几座宿舍楼和教学楼围成一圈的封闭式结构，中间是一片巨大的草坪。这样，每天新生走出宿舍去上课的时候都有机会在草坪上遇见新认识的朋友，增进互相了解和学习的机会。到了周末，老校园又成了学生休闲活动的最佳场所，随处可见学生玩橄榄球、相约在阳光下看书闲聊的身影。每年春天，老校园还会举行新生奥林匹克运动会，12个学院的新生代表各自的学院参加拔河、打野鸭、草地排球等小时候的游戏，既在紧张的学习之余得到充分的放松，又为学院同学之间的集体友谊打下了基础。

耶鲁本科教育的理念

耶鲁学院提供的是通识教育，目标是培养具有开阔视野、兼容并包的学生，但是并不明确告诉学生所学到的知识应该具体怎么运用。这样的教育方法把本科教育作为一种探索，使本科阶段成为锻炼好奇心和发现自我新能力、兴趣的关键时期。本科学院不刻意把学生往特定的职业上培养，尽管学生可以自行决定是不是需要比其他人更早职业化。耶鲁的本科教育的目标是让学生能够将他们在耶鲁学到的知识和内化的技能运用到任何最终选择的职业之中。这样的教学理念与1828年的《耶鲁报告》中提到的观点一致："扩展大脑的力量"和"储存知识"是不同的，仅仅储存知识，掌握一些事实虽然是必要的，但是更为重要的却是在各种不同的情况下都能学会批判性思维和创造性思考。

为了确保学生在本科阶段学习的知识不过于零散或者过于集中，学院制定了关于如何分配不同科目的基本规则，鼓励学生在课程选择上有一定的侧重。具体来说，就是学生在本科阶段的前一半时间里，可以广泛探求各个不同的领域，体会各种学术和研究方法；在本科阶段的后一半时间里，能够有所侧重地将课程放在一个或两个专业之上。除此之外，学院要求学生必须选择一些特定领域的课程，比如写作、定量分析和外语，因为这些课程对学生未来的生活将会产生重要的影响。如果学生没有在大学时代培养这几个特定方面的技能，那么他们有可能失去未来的发展机会和巨大的可能性。尤其是写作、定量分析和外语，如果不在大学继续加强学习，那么很可能在大学毕业时，学生这些方面的技能会严重退化甚至丧失。

除了强调写作、定量分析和外语，耶鲁学院还特别重视学生的国际交换背景、学术诚信和言论自由。耶鲁学院每年向学生提供数百种奖学金和专项资金，让学生到世界各地体验不同的社会和文化。几乎每个学生在四年本科结束之前，都会在耶鲁的资助下，到国外参加至少一次交流。不少人几乎每个暑假都能拿到资助，前往世界各地实习。

耶鲁大学如同其他诸多的顶尖学府，都有自己恪守的价值观。对耶鲁来说，言论自由是最被耶鲁师生珍惜的价值观。对于学术机构来说，没有什么比言论自由更能够保证学术自由，1975年耶鲁的一位教授凡·伍德沃尔德（Vann Woodward）发布了一本《委员会关于耶鲁表达自由的报告》（*Report of the Committee on Freedom of Expression at Yale*），也被叫作伍德沃尔德报告（Woodward Report）。该报告着重回顾了知识分子发展史，并且通过这些历史证明了在学术研究方面"想他人之不敢想，讨论不被允许的讨论和挑战不可战胜的事物"的重要性。报告承认这样的自由有时候会使得一部分社会群体感到不舒服，但是同时也强调，"因为没有其他任何社会机构像大学的本科学院一样是将学术研究和通过教学传播基础知识结合在一起的机构，确保其言论自由则显得最为重要"。耶鲁对于言论自由的笃信意味着学生进入到的是一个对"挑衅性的、让人不安的和非传统的"事物高度包容的地方。耶鲁希望其学生在遇到那些跟自身不同的人时，无论是想法、行为还是其他任何方面，都应当不要急于否定别人，而是聆听和交流。

耶鲁还特别强调学术诚信，没有人能够总是有原创性的想法，几乎所有的人都依靠他人的一定想法，在此基础上提出自己的想法。所以，引用和借鉴别人的观点并不是可耻的事情，只要你在自己的论述中明确标示出来哪些是别人的观点，哪些是自己的观点。事实上，如何运用他人的著作来促进自己的写作是一个人进步的关键。耶鲁特别强调诚信，如果你的观点是借鉴别人的，一定要毫不含糊地标注出来，否则等待你的将是最严厉的惩罚。

耶鲁的12所本科住宿学院分别是：

伯克利学院（Berkeley College）建于1934年，是为了纪念乔治·伯克利（George Berkeley）主教而命名的。乔治·伯克利在18世纪时将自己的土地和收藏的书籍捐赠给了耶鲁。伯克利学院的大一新生住在老校园的兰曼·赖特楼（Lanman-Wright Hall）里。伯克利学院的食堂楼上有一间名叫"瑞士屋"（Swiss Room）的私人用餐小屋，里面的木质地板是从瑞士搬运过来并完全依照原样拼起来的，房间的窗户上则装饰有欧文·伯纳维特（Owen Bonawit）设计的彩色玻璃，而伯纳维特正是斯特林图书馆著名的彩色玻璃的设计者。伯克利学院的学生还以院长Marvin Chun的名字命名了学院的小吃吧Marvin's，晚上学生做完作业饿了可以在小吃吧买到炸鸡、三明治等零食，和好友一起看看电视聊聊天，来消除一天的学习生活带来的疲惫。

布兰福德学院（Branford College）以耶鲁大学早期所在地康涅狄格州布兰福德（Branford）镇命名。在布兰福德学院内有四个大大小小的方形庭院，其中大庭院（the Great Court）被曾四度获得普利策奖的美国著名诗人罗伯特·弗罗斯特称为"全美国最美的方形庭院"。其他三个小庭院都以耶鲁早期的文学、辩论社团命名，分别是力诺尼亚（Linonia）、卡利俄佩（Calliope，希腊神话中掌管史诗的缪斯女神）、团结兄弟会（Brothers in Unity）。学院中还有耶鲁校园内最高的建筑之一哈克尼斯塔。

卡尔霍恩学院（Calhoun College）以美国前副总统、国防部长，耶鲁大学1804届校友卡尔霍恩（John C. Calhoun）的名字命名。卡尔霍恩是对当时美国政治产生了重大影响的人物。学院活动包括"有轨电车之夜"和卡尔霍恩音乐节等。"有轨电车之夜"的来历十分有趣。卡尔霍恩学院建立之初，由于学院位于纽黑文市有轨电车的轨道转角处，电车驶过时经常会伴随恼人的"吱吱"声，当时的院长查尔斯·施罗德曾许诺说，一旦这令人生厌的电车服务被取消，他就会买下一辆电车放在学院的院子里，并举办欢庆活动。纽黑文的电车系统终于在1949年被拆卸，虽然买下一整辆电车并不可行，施罗德院长还是买下了一台电车上的收费机来履行自己的诺言，并大张旗鼓地举行了庆祝仪式。从此"有轨电车之夜"成了卡尔霍恩学院每年最受欢迎的活动。

达文波特学院（Davenport College）建于1933年，该学院是为了纪念纽黑文市早期创始人约翰·达文波特（John Davenport）的名字命名。达文波特是殖民地时期新英格兰地区知名的牧师。学院建筑主要为佐治亚风格，但学院正门则以哥特式风格修建。美国前总统布什父子以及美国前驻华大使雷德都是达文波特学院的毕业生。

蒂莫西·德怀特学院（Timothy Dwight College）以耶鲁大学两任校长蒂莫西·德怀特四世和五世的名字命名。詹姆斯·罗格尔斯以美国联邦政府风格设计了这所学院，这种风格在蒂莫西·德怀特任耶鲁校长时特别盛行。蒂莫西·德怀特学院的建筑均以新英格兰地区的乡村为范本，特别融入了美国建国初期小镇上的镇政府的风格。而从外观上看，很多人会觉得蒂莫西·德怀特学院的食堂像是一艘倒置的船。

乔纳森·爱德华学院（Jonathan Edwards College）以耶鲁大学1720届校友、著名神学家和哲学家、普林斯顿大学创始人之一乔纳森·爱德华（Jonathan Edwards）的名字命名。它是最初建成的七个学院之一。学院经常被简称为JE学院。JE学院是耶鲁12所本科学院中唯一的一所有独立基金的学院，这使得JE的学生有专门的经费举办一些艺术、音乐和社交活动。美国前任国务卿约翰·克里和前驻华大使骆家辉都是JE学院的毕业生。

摩尔斯学院（Morse College）建于1961年，设计者是耶鲁建筑学院的著名校友、美国圣路易斯拱门的设计者埃罗·沙里宁。摩尔斯学院以耶鲁大学1810届校友、摩尔斯电码的发明者萨缪尔·摩尔斯的名字命名。摩尔斯还是一位出色的艺术家，曾在英国皇家艺术学院学习绘画。他的著名画作包括美国独立战争中著名的拉法耶特将军的画像，以及表达了他的开尔文教信仰的《朝圣者登陆》。摩尔斯学院每年4月份都会举行"斯蒂文森院士宴会"，邀请全美最出名的学者出席。

皮尔逊学院（Pierson College）建于1933年，以耶鲁大学第一任校长亚伯拉罕·皮尔逊（Abraham Pierson）的名字命名。至今在耶鲁的老校区还有他的雕塑。耶鲁1933年开始修建皮尔逊学院时主要聘请了营造盛行一时的"佐治亚复兴"样式的佐治亚建筑师来设计施工，同类型的建筑还有费城的独立纪念馆。

詹姆斯·甘波·罗格尔斯是皮尔逊学院的主要设计者。耶鲁在 2003 年到 2004 年对本科学院翻修了一次，重点是重新装修了已有的寝室和各类休息室。在这次翻修之后，皮尔逊学院和隔壁的达文波特学院地下室连通，两个学院一起共享新的基础设施。每年 11 月的哈佛耶鲁橄榄球比赛时，耶鲁乐队都会在赛场上演奏起皮尔逊学院的名曲，皮尔逊学院的学生们会有节奏地高唱"P—I"，以突显自己对耶鲁球队的支持。

塞布鲁克学院（Saybrook College）以耶鲁大学始建时所在的老塞布鲁克（Old Saybrook）镇命名。史蒂芬·哈克尼斯夫人为了纪念她的儿子威廉·哈克尼斯（耶鲁 1883 年毕业生）而捐资修建了该学院。塞布鲁克的建筑有着浓郁的英国都铎王朝时期的风格。塞布鲁克学院与隔壁的布兰福德学院均以耶鲁大学建校初期的所在地命名（耶鲁大学在 1718 年搬迁至现址纽黑文市前，曾在康涅狄格州的布兰福德镇和塞布鲁克镇短暂落址），这两座相邻学院所构成的方形建筑群也被称为纪念方庭（Memorial Quadrangle）。纪念方庭于 1917 年开始修建，由于一战中断了数年，最后于 1922 年建成。最初纪念方庭的修建是为了扩充学生宿舍的数量，1933 年耶鲁学院开始实行住宿学院制以后，纪念方庭就被拆分成两半，这就是布兰福德和塞布鲁克两座学院的由来。

西里曼学院（Silliman College）以耶鲁大学著名科学家、石油分馏技术的发明者、耶鲁第一位化学教授本杰明·西里曼（Benjamin Silliman）的名字命名。西里曼受聘为耶鲁教授时年仅23岁,由于他知识渊博,被称为"美国科学教育之父"。1852年西里曼主导了耶鲁工程学院的建立,使其成为最先在美国国内建立起来的职业科学教育学院之一。

厄兹拉·斯泰勒斯学院(Ezra Stiles College)是以耶鲁大学前校长厄兹拉·斯泰勒斯的名字命名。斯泰勒斯也是神学家、律师、科学家以及哲学家,该学院与摩尔斯学院属于对称式设计。

杜伦巴尔学院(Trumbull College)以美国独立战争时期的康涅狄格州州长乔纳森·杜伦巴尔(Jonathan Trumbull)的名字命名。1775年,耶鲁大学授予杜伦巴尔法学荣誉博士学位。该学院的建筑融合了哥特式风格和美国现代派风格,被视为哥特式风格建筑与美国现代派建筑的完美结合。

耶鲁的这12所本科住宿制学院与哈佛大学的12座本科生宿舍楼结成了姊妹学院。这一方面是模仿英国的牛津与剑桥大学的学院间的联系,但更具体地表现在一项耶鲁与哈佛之间的传统项目即耶鲁-哈佛橄榄球赛上(The Yale-Harvard Game)。每年11月末,美国感恩节前的星期六,耶鲁和哈佛之间要举行一年一度的耶鲁哈佛橄榄球赛,作为常青藤联盟体育赛季的收官之战。每年耶鲁和哈佛都要交替作为主场,这样客场学校的学生都会在比赛前一天晚上到另一所学校的学生宿舍中留宿一夜,等待第二天的大战。由于这个现实的需要,加上哈佛大学也正好有12座本科生宿舍楼来对应耶鲁的12座住宿学院,耶鲁的本科生就可以住到他们在哈佛的姊妹学院的学生宿舍之中,反之亦然。耶鲁的住宿学院也与牛津、剑桥的部分学院分别结成了姊妹学院。

耶鲁研究生院

耶鲁大学的研究生院（亦译为文理研究生院）是全美最早的研究生院，耶鲁研究生院和哈佛研究生院、普林斯顿研究生院长期占据全美研究生院前三名。耶鲁的研究生院授予了美国历史上首个博士学位。现在耶鲁研究生院授予的学位包括文学硕士（M.A.）、理学硕士（M.S.）、哲学硕士（M.Phil.）和哲学博士（Ph.D.），开设的专业有73个。研究生院和耶鲁的职业学院一起，提供联合学位，此外研究生院还提供一些高级的非学位项目的学习机会。耶鲁研究生院的众多学科常年在全美大学中排名第一，比如历史、英语、比较文学等。而耶鲁整体的社会科学、人文学科在美国所有大学中有着不可撼动的地位，自然科学中也有不少学科在全美所有研究生院里名列前茅。

研究生院的教学目标是让学生成为文科和理科研究、学术和教学领域的人才。研究生院的总人数目前在2300人左右，最近数年来每年申请者大约在11000人左右，录取的人数约500人。研究生院的教授和研究者约900人，给研究生院的2300人提供教学和学业方面的指导、帮助。除了学术方面，研究生院还关心学生的经济状况、职业生涯规划、教学培训、社会和文化活动、住房、医疗保险和国际学生的专门服务。研究生院位于约克大街320号，由研究生院办公室、部分院系办公室、麦克杜格学生中心、研究生食堂和研究生宿舍组成。

耶鲁研究生院建院于1847年，现在的研究生院在建立之初被称为"哲学与文科院"（Department of Philosophy and the Arts），首届招收了 11 名完成本科四年学业的学生。当时研究生院的专业主要是化学、冶金、农业科学、希腊语和拉丁文学、数学、哲学和阿拉伯语。研究生院的教授由两位全职教授本杰明·西里曼（Benjamin Silliman Jr.）和约翰·诺顿（John P. Norton）以及另外五名耶鲁本科学院的教授组成，这五名教授开设在本科基础之上更高级的课程。这是耶鲁首次在纯研究和纯粹学术专业方面开设更高级的学位和课程。职业学院的培训在这之前已经开始，医学院、神学院和法学院的研究生阶段学位的培训分别在 1810 年、1822 年和 1824 年开设。

在 1861 年的毕业典礼上，耶鲁首次授予了三名学生博士学位（Ph.D.）这也是美国历史上首次颁发博士学位。随着耶鲁开始授博士学位，其他学校争先效仿。继耶鲁之后宾夕法尼亚大学在 1870 年开始授予博士学位，哈佛则是 1872 年开始，普林斯顿是 1879 年。

在学术界的多样性方面，1876 年首位非裔美国人爱德华·亚历山大·伯西特（Edward Alexander Bouchet）获得了博士学位，他的物理学博士学位是美国授予的第六个物理学博士。耶鲁研究生院也在同一年开始招收女性，1894 年伊丽莎白·迪尔英·汉斯康（Elizabeth Deering Hanscom）成为首个获得博士学位的美国女性。她后来前往史密斯学院（Smith College）成为一位杰出的英语和美国文学教授。

1892 年，"哲学与文科院"正式改名为"研究生院"，耶鲁选派亚瑟·退宁·哈德利（Arthur Twining Hadley）担任院长，他后来成为耶鲁第 13 任校长。1920 年，研究生院开始组建自己的管理体系，在院长威尔伯·克洛斯（Wilbur Lucius Cross）的带领下，耶鲁成功地吸引了一大批最杰出的学者加入研究生院。研究生院大楼在 1930 年到 1932 年之间建成，由詹姆斯·罗杰斯（James Gamble Rogers）设计，属于典型的学院派哥特式风格，该大楼的设计在细微之处无不透露出设计者的匠心，尤其是其窗户和天花板设计尤为出色。1996 年，由阿尔弗莱德·麦克杜格（Alfred McDougal）和他的妻子捐资，在研究生院大楼里建立了麦克杜格学生中心（McDougal Graduate Student Center）。研究生院还聘请专业人士来加强对于学生的服务，比如学校花重金安排专门人员负责培训博士生做助教，成立了研究生职业指导办公室、学生事务中心。1997 年学生自治团体研究生学会也成立了。

耶鲁法学院

耶鲁法学院几十年来在全世界法学院排行中独占鳌头，它是最好的法学院也是最难进的法学院。仅以 2011 年为例，约有 3200 人申请耶鲁法律博士（J.D.），最后录取的人数约是 260 人。耶鲁大学法学院的历史可以追溯至 19 世纪初期，当时的法律教授方法是学徒制，即已经从业的律师带着学徒学习法律。包括耶鲁在内的最早建立的这些法学院就是从这样一种学徒制中逐渐发展而来。目前耶鲁法学院的校友遍及美国社会各个主要行业，从国务卿到最高法官、从商业巨头 CEO 到全球最大的 NGO 负责人、从司法系统到全美顶尖法学院教授，可以说耶鲁法学院的校友是美国社会精英阶层的重要组成部分。最著名的毕业生包括美国前总统杰拉德·福特（Gerald Ford）、比尔·克林顿（Bill Clinton）、美国前国务卿希拉里·克林顿（Hillary Clinton）等。美国最高法院九位现任的大法官中有三位毕业于耶鲁法学院，分别是克拉伦斯·托马斯（Clarence Thomas），美国历史上第二位非裔最高法院大法官；塞缪尔·阿利托（Samuel Alito），最高法院历史上第二位意大利裔大法官；和索尼娅·M.索托马约尔（Sonia M. Sotomayor），最高法院历史上第一位拉美裔大法官、第三位女性大法官。不少关于美国法学院的申请指南中都写道：耶鲁法律博士学位可以毫不含糊地说就是一张确保终身不用为经济状况发愁的文凭，你需要考虑的是国家、社会乃至世界的命运，而不是个人的经济状况。

耶鲁法学院位于斯特林法学大楼（Sterling Law Building）内，这幢大楼是耶鲁1864年毕业生约翰·威廉·斯特林（John William Sterling）捐资兴建的。斯特林法学大楼是依照英国训练大律师的组织律师学院（Inns of Court）的建筑风格修建的，因为最初耶鲁法学院也是模仿英国律师学院采取学徒制的教授方式。斯特林法学大楼内有教室、大礼堂、办公室、食堂，还有全世界最大的法学院图书馆之一——莉莲·戈德曼法学图书馆（Lillian Goldman Law Library）。斯特林法学大楼的建筑细节上有一些有意思的地方。大楼正门入口前有两道石头拱门，顶上各有五个小装饰雕塑，描述的是一个小偷被抓获、审判、入狱、劳改到刑满释放的整个过程。耶鲁法学院正门有两个入口：一个是给教授的，另一个是给学生的。在两个入口上面各有一幅浮雕，以喜剧的效果生动地描绘了教授与学生各自对于课堂教育的不同感知。教授的入口上方的浮雕描绘了一个富有洞见、精力充沛的教授在给一群无精打采的学生上课的画面；而在学生入口的浮雕中，好学而勤奋的学生面对着一位怀着无所谓态度的教授。这些看似滑稽、幽默的浮雕实际上寓意深刻，耐人寻味。从某种意义上讲，它们体现了耶鲁法学院教会学生的是批判性的思考方式，而不是一味服从权威。这种思想在法律从业者中是非常重要的。

耶鲁法学院目前提供五种学位[①]：

1. 法律博士（J.D.），由于美国大学在本科阶段并不开设法律专业，所以所有的法学专业申请都需要向专门的法学院提出（法学院为专业学院，前文已经提到）。攻读法律博士需要三年，在美国绝大多数州，拥有 J.D. 学位是考取律师资格证、从事律师行业的必要条件。美国人一般所说的上法学院指的就是就读该学位。

2. 法学硕士（LL.M.），该学位主要针对国际学生，因为美国以外的不少国家都会在本科阶段开设法律相关专业，LL.M. 学位就是针对这些国际学生来到美国继续深造而开设的。该学位攻读仅需要一年。耶鲁大学的 LL.M. 招收的中国学生都在中国国内已经拥有相当好的学术背景，比如教授、副教授，所以申请难度

[①] 在美国，法律博士（J.D.）被认定为专业学位。中文的"博士"既可以对应于美国学位体系中狭义的"哲学博士"（Doctor of Philosophy, Ph.D.），也可以对应于广义的学术博士和专业博士学位，包括 Ph.D., M.D., J.D. 等。在美国，广义的博士学位都要求申请者具备大学本科学历，而并不要求申请者有硕士学位（这是与中国学位体系的一个显著差异）。哲学博士（Ph.D.）广泛适用于各个学科而非仅限于哲学，它是学术领域的终极学位，要求以博士论文的形式对某一学术领域的知识做出原创性贡献。医学博士和法律博士则属于专业学位，对知识的原创性贡献不是获取学位的必要条件。法律学位在普通法国家之间也并不完全互通。在美国，拥有美国法学院的 J.D. 学位即可参加律师资格考试，但部分其他普通法国家和地区的法律学位则需要满足额外的条件方可应试。

也很大。

3. 法学博士（J.S.D.），必须拥有法学硕士（LL.M.）学位才能申请，该学位为那些已经拥有法学硕士学位但仍然希望继续深造的学生而提供的。法学博士在耶鲁法学院被认为是"最高等级的法律学位"。

4. 法律研究硕士（M.S.L.），该学位是为那些希望学习一般性法律相关知识但不打算成为律师的其他专业的学生开设。攻读法律研究硕士学位仅需要一年，所学课程和法律博士学位第一年的课程基本一致，主要学习宪法、侵权法、合同法、民事诉讼以及其他相关内容，和第一年的法学博士有一样的论文和考试要求。申请该学位的主要是拥有其他专业博士学位的学者或者资深记者，通过攻读该学位获取一些法律的相关知识和学习法律思考方式。

5. 法律哲学博士（Ph.D. in Law），是耶鲁大学从 2012 年开始在全美范围内首创的学位。申请该学位必须具有法律博士（J.D.）。由于就读者已经具有法律博士学位，所以该学位只需要读三年。

想要申请耶鲁法学院法学博士，最主要的是三个方面，大学本科的平均成绩、LSAT（法学院入学统一考试）和个人经历。拥有一个几乎完美的大学本科成绩和非常高的 LSAT 考试分数几乎成为被录取的最基本条件，大多数被录取的人除了满足这两个条件，还需有一些独特的个人经历。

耶鲁大学的法学院最早是从法律从业者瑟斯·施特普勒斯（Seth Staples）的办公室里开始形成的，在那个年代法律的书籍非常珍贵，而施特普勒斯却拥有自己的图书馆，施特普勒斯决定利用好自己的图书资源，于是从1800年左右开始招收学徒。到了19世纪初，他的法律办公室已然成为羽翼丰满的法学院。施特普勒斯之前的学生塞缪尔·希奇库克（Samuel Hitchcock），成了施特普勒斯办公室的合伙人之一，后来他成了纽黑文法学院的业主。

纽黑文法学院从1820年到1840年开始逐渐并入耶鲁大学。法学院的学生从1843年开始接受学位。来自康涅狄格州的前美国国会参议员大卫·戴格特（David Daggett）在1824年加入了希奇库克的法学院并成为合伙人之一。1826年，耶鲁任命戴格特为耶鲁本科生学院的法学教授，他开始在本科生中教授公共法和政府相关的课程。

在接下来的数十年里，耶鲁法学院保持了这种松散的组织状态。当希奇库克在1845年去世以及他的继任者亨利·杜敦（Henry Dutton）在1869年去世时，耶鲁曾经两度试图关闭法学院。

在19世纪的最后一个十年里，耶鲁开始严肃地将法学教育纳入大学教育之中，并且郑重申明了关于耶鲁法学院性质的两点：第一，耶鲁法学院将保持小规模并且重视人性和人道主义，耶鲁法学院将承受住日益在其他的法学院出现的扩大招生的压力和克服缺乏人情味儿的师生关系；第二，耶鲁法学院将会在教授法律的过程中使用跨学科教育方法。

最初，法学院通过将其他院系的老师邀请到法学院讲课实现了跨学科式的教学。在20世纪初，耶鲁率先在全美聘请包括经济学教授、心理学教授在内的各种学科教授到法学院任教。这些举措都使得耶鲁法学院不再一味只重视典型的私法领域的美国法学院教育，而是由此扩展开来开始重视公共法和国际法。

从1869年开始担任耶鲁法学院院长的弗朗西斯·卫兰多（Francis Wayland）带领耶鲁法学院迅速崛起，尤其是他帮助法学院建立起了慈善体系。也就是在卫兰多的任期内，耶鲁现在的法学院图书馆建立了起来，《耶鲁法律期刊》（The Yale Law Journal）也开始发行，1876年耶鲁法学院颁发了首个法律硕士（Master of Laws）学位。

1900年以后，耶鲁法学院作为法学学术研究中心的地位进一步巩固。20世纪30年代，耶鲁法学院发起了法律现实主义运动[1]，该运动重塑了美国律师对于法律条文的作用和法庭法官的工作的认识。法律现实主义的主张者们强调不能只关注书本上的条文，还要关注法官和陪审团的态度，以及他们对特定案件事实的细微洞察。由于受到了法律现实主义的影响，美国的法律信条从偏重概念辨析逐渐演化成偏重经验和现实。在耶鲁法学院院长查尔斯·克拉克（Charles Clark）任内，耶鲁法学院吸收了一大批具有传奇色彩的教授，比如瑟尔曼·阿诺德[2]（Thurman

---

[1] 法律现实主义的主要观点有：一、相信法律的不确定性。很多法律现实主义者认为，书本上的法律（如制定法、判例等）并不能决定法律争议的结果。二、采用跨学科的方法来研究法律。很多现实主义者对用社会学和人类学的方法来研究法律感兴趣。三、相信法律工具主义。认为法律应该作为一种工具，以实现社会目标，平衡各种竞争的社会利益。

[2] 瑟尔曼·阿诺德是一位具有传奇色彩的律师，他参与的最出名的案件是1938年至1943年期间的起诉罗斯福政府的司法部反垄断局一案。在参与此案起诉之前，阿诺德担任过怀俄明州拉诺米市市长，在耶鲁法学院担任过法学教授，参与了法律现实主义运动，曾经出版了两本有影响力的书：《政府的象征》（The Symbols of Government）和《资本主义的民俗学》（The Folklore of Capitalism）。

Arnold)、埃德温·伯乍得①（Edwin Borchard）、后来担任美国最高法院法官的威廉·道格拉斯（William O. Douglas）、杰罗蒙·弗兰克（Jerome Frank）、安德希尔·穆尔（Underhill Moore）、沃顿·汉密尔顿（Walton Hamilton）和卫斯理·斯德吉斯（Wesley Sturges）。克拉克院长在制定联邦民事程序法（Federal Rules of Civil Procedure）过程中发挥了关键作用，该法奠定了现代美国法律程序的基础。

耶鲁法学院对公法和私法并重的传统随着公共事务在法律领域占据越来越重要的角色而显得愈加明显。耶鲁法学院的毕业生发现由于耶鲁法学教育的特点，他们在踏出法学院之前已经为这样的变化做好了充分的准备，于是这些耶鲁法学院的毕业生在美国的法律领域，尤其是新兴的行政法，国际法和国内民权运动方面，当仁不让地成为美国法律界精英最主要的组成部分。

20世纪50年代、60年代，耶鲁法学院成了世界闻名的宪法、税法、商法、国际法、反垄断法和法律经济等诸多法学研究领域的中心。在最近的几十年里，耶鲁法学院的课程创新步伐更加迅速，新增了比较宪法学、公司财政、环境法、性别研究、国际人权、法律史以及诸多由来自世界最顶尖律师事务所的法律从业人员教授的实用课程。2012年耶鲁在全美范围内首先开设 Ph.D. in Law 这一学位，此举必将引发法学教育方面新一轮革新。

---

① 埃德温·伯乍得是耶鲁大学美国法法学教授和法学专家，曾在著名的1944年松丰三郎诉最高法院案中担任美国公民自由联盟代表（ACLU）。他在耶鲁研究法学长达34年。

耶鲁医学院

耶鲁医学院属于耶鲁专业学院中的一所。它由27个系（11个基础科学系，16个临床系）组成，由耶鲁医学院院长统领。耶鲁医学院成立于1810年，是世界知名的生物医药研究中心、医学教育中心和先进的医疗中心。耶鲁医学院下有全美最早建立的公共卫生学院和最早建立的儿科研究中心，这两个机构都获得了最高的国际认可。耶鲁癌症研究中心是美国国家癌症机构下属的41家综合性癌症研究中心之一。

耶鲁医学院下属的机构包括拥有944张病床的耶鲁纽黑文医院和康涅狄格州精神卫生中心、皮尔斯实验室（Pierce Laboratory）和位于西黑文的康涅狄格州退伍军人医疗卫生系统。耶鲁医学院常年在美国的各项医学院排名中名列前茅，是美国最顶尖的医学院之一。耶鲁医学院也是全美医学院联合会（AAMC）和学术医疗中心联合会（AAHC）的成员。

耶鲁医学院的教学大纲在全美医学院中独树一帜，被称为"医学教育耶鲁体系"。耶鲁医学院的教学由小班化的研讨会、会议和导师指导组成，要求学生有定期的自我评价、独立思考和独立调研。自1839年以来，耶鲁医学院要求学生必须在获得学位毕业前独立完成一项原创性研究。医学院的毕业生大多成了医学各领域的领导者，当然也有很多成了其他行业的领导者。

耶鲁医学院的历史可以追溯到耶鲁建校的1701年。在整个18世纪的耶鲁毕业生中，大约有将近10%（约224人）的本科毕业生从事过医学相关的工作。美国的第一个医学学位也是在耶鲁颁发的，耶鲁大学在1723年为了感谢伦敦医学工作者丹尼尔·特内尔（Daniel Turner）捐赠大量图书，而给他颁发了医学的荣誉学位。

1810年康涅狄格州议会通过决议，建立耶鲁本科学院医学研究所，从而赋予了耶鲁和康涅狄格州医学学会授予行医权和训练医生的资格。从1813年开始，耶鲁本科学院医学研究所的四名教授招收了37名学生，并在第二年授予了第一批毕业生学位。1887年随着耶鲁的名字由"耶鲁学院"更改为"耶鲁大学"，医学院的名字也发生了变化。1918年，耶鲁医学院正式采用了现在的名字。

在20世纪耶鲁医学院崛起成为顶尖医学院的过程中，有三位医学学者功不可没：亚伯拉罕·弗雷克勒（Abraham Flexner）、米尔顿·温特尼兹（Milton C. Winternitz）和哈维·库兴（Harvey Cushing）。弗雷克勒在1910年给卡内基基金的报告中建议哈佛和耶鲁保留其医学院（这两所医学院是当时新英格兰地区仅有的两家医学院）。受到弗雷克勒报告的激励，耶鲁决定将之前给医学院的预算增加一倍，并且加强耶鲁医学院同纽黑文医院的合作，使纽黑文医院成为耶鲁医学院重要的医学研究场所。温特尼兹在1920年到1935年期间担任耶鲁医学院院长，他是耶鲁独特教育目标和教育哲学"医学教育耶鲁体系"的构建者，该体系强调在不打分、非竞争的环境下进行批判性思考，并且要求学生必须提交原创性的研究报告。库兴被普遍认为是美国神经外科之父，美国医学的创新型人物之一。他在年纪较大时加入耶鲁医学院，并且向耶鲁捐赠了自己的大量藏书。以他的名字命名的医学院图书馆是世界上最出色的医学图书馆之一。

耶鲁学生克特兰·库利德（Cortlandt Van Rensselaer Creed）在1857年成为美国历史上第一位获得医学博士学位的非裔美国人。目前，亚裔美国人、非裔美国人和拉美裔美国人占耶鲁医学院学生总人数的40%。1916年耶鲁医学院开始招收女生，第一届招收的女生一共有三人，而现在耶鲁医学院，几乎一半都是女学生。

"二战"以后，随着美国国家卫生机构和其他联邦政府投资机构大大增加了在科学和医学方面的投资，耶鲁医学院也获得了飞速发展。耶鲁医学院发展之迅速从其聘用教授的数量中可见一斑：20世纪50年代耶鲁的医学院教授不足100人，而现在耶鲁的医学院教授人数将近2000人。耶鲁对于医学的主要贡献有：在美国第一次使用X射线，在美国第一次成功使用青霉素，在美国第一次使用化疗治疗癌症，引进了胎心监护技术，以及推动了新生儿生产医学。耶鲁的医学博士发明了人造心脏起搏器和治疗糖尿病的胰岛素泵。同样也是在耶鲁医学院，小儿麻痹症的病因在这里被探明，为治疗小儿麻痹症奠定了基础。而莱姆病[①]也是被两位耶鲁的医学博士发现的。

耶鲁医学院最新的一些里程碑式的发现还包括诞生了世界上第一只转基因老鼠；了解了蛋白质折叠的原理，从而为神经变性疾病的研究奠定了基础；发现了先天免疫的原理，这对传染性疾病和癌症的治疗有重大意义。

---

① 莱姆病（Lyme disease）是由伯氏疏螺旋体（Bolrelia burgdorferi）引起的一种慢性自然疫源性疾病，因在1977年最先发现于美国康涅狄格州的莱姆镇（Lyme town）而得名。

耶鲁管理学院

耶鲁管理学院是目前全美所有管理学院中排名上升最快的管理学院之一，2006年耶鲁的管理学院排名还在20名左右，但2012年，仅仅六年之后，耶鲁管理学院已经进入了全美前十名，一直稳定在七到九名。耶鲁管理学院现任的院长是爱德华·施耐德（Edward Snyder）。

耶鲁管理学院的目标是为商业和社会培养领袖。这一目标吸引着众多充满智慧且拥有开阔视野的人加入耶鲁。耶鲁的众多职业学院例如法学院、医学院、神学院、环境学院都在美国名列前茅。因而耶鲁管理学院的学生可以通过融入这样一个学术发达的大社区，让自己的MBA教育经历与众不同。这种与其他领域的互动也符合对商业领袖越来越综合性的要求。

当今世界需要的领袖是：第一，理解组织、团队、社交和领导力的复杂本质；第二，理解不同背景下的市场和竞争；第三，理解世界经济多样性以及商业和社会之间的关系。耶鲁大学管理学院拥有明确目标和成功导向型学习环境，整个学院就是为面对诸多领导力挑战新课题而设计的。耶鲁管理学院同耶鲁大学在精神上、学术好奇心以及经历上的联系可以说超过其他所有顶尖商学院与其母校主体的联系。学生选择课程不仅仅局限在管理学院，还能够和其他领域的同学一起学习，这样跨学科式的教育对开拓商业视角有极大帮助。自从几年前耶鲁管理学院开始实施综合型课程安排以来，新教学大纲已经趋于完善。管理学院的学生跨学科的学习经历能够让他们理解和处理各种烦琐的事情，而这些繁琐的事情恰恰是未来他们在商业机构中必然遇见的。耶鲁管理学院确保为学生提供高强度、多维度的职业发展平台，在这样的平台上，学生能够树立影响深远的价值观，这一定会对商业和社会产生积极的影响。

耶鲁管理学院目前正在新建一座教学大楼，爱德华·伊万斯[①]大楼（Edward. P. Evans）。该大楼的使用面积多达24万英尺（合22297平方米），教室的设计确保每一处细节都精雕细琢，大楼包含会议室、学生活动中心、能容纳350人以上的报告厅、最现代化的图书馆以及超大会议室。该大楼总共耗资1.5亿美元，预计2013年年底建成。

耶鲁管理学院毕业的杰出校友包括多家知名跨国企业高管，包括百事公司CEO卢英德（Indra Nooyi，又译英德拉·努伊）、高盛公司前主席，现任清华大学经济管理学院教授、EMBA全球领导力项目主任约翰·桑顿（John Thornton）、《新闻周刊》杂志CEO汤姆·阿沙姆（Tom Ascheim）、《时代》杂志公司CEO杰克·格里芬（Jack Griffin）以及哈佛大学和普林斯顿大学基金会的主席。除此之外，耶鲁管理学院在培养政府及非营利机构（NPO）管理人员方面在全美商学院中排名第一。

2012年，耶鲁管理学院还推出了高级管理硕士（Master of Advanced Management，MAM）学位，招收全球高端管理联盟（Global Network for Advanced Management）中的20家非美国知名商学院近两年内毕业的MBA学生，来耶鲁大学修读为期一年的课程。全球高端管理联盟中的中国院校包括复旦大学管理学院、

[①]爱德华·伊万斯是耶鲁大学1964年本科毕业的学生，他向耶鲁管理学院一次捐赠了5000万美元用于修建新大楼。

中国人民大学商学院以及香港科技大学商学院。高级管理硕士课程的学生将充分利用耶鲁大学的教学资源，与来自世界各地的同行交流管理理念，以期培养能够理解全球市场变化、掌握世界商业运行规律的国际商界领袖人物。

耶鲁建筑学院

19世纪晚期，作为艺术的一个分支学科，耶鲁开始在本科阶段教授建筑。早在1832年,耶鲁大学的杜伦巴尔画廊(Trumbull Gallery，美国第一座大学附属的艺术馆）就开始介绍关于建筑方面的艺术。该画廊的建立促使耶鲁在1869年建立了全美第一个艺术学院。建筑系则是作为艺术学院下属的一个系在1916年成立。1959年，耶鲁正式将建筑系从艺术学院中升格，改名为艺术与建筑学院。到了1972年，建筑学院正式从艺术学院分离出来成为一个独立的专业学院。如今，耶鲁建筑学院已经成为全美国最顶尖、最有声望的建筑学院之一。

耶鲁建筑学院坐落于前院长保罗·鲁道夫（Paul Rudolph）的粗野主义（Brutalism）混凝土大作——鲁道夫大楼内。保罗·鲁道夫是香港金钟的力宝中心（Lippo Center）双字楼的设计者。鲁道夫大楼建成于1963年，在七层楼中有30个不同高度的平面。建筑外墙是用凿石锤处理过的条纹状的粗犷水泥糙面。大楼最初建成的时候广受建筑学术界和评论界好评，获得了美国建筑界权威性组织美国建筑师学会（American Institute of Architects）颁发的荣誉奖，并被建筑界称为"壮观的建筑力作"。然而随着时间的推移，对鲁道夫大楼的评论转向负面，开始有建筑史学家认为它形似一座压抑的纪念碑。该大楼原为耶鲁建筑学院和艺术学院共用，2008年鲁道夫大楼由鲁道夫的弟子、耶鲁建筑学院校友查尔斯·格瓦德梅（Charles Gwathmey）主持翻修工作，翻修时还在北侧新盖了侧翼，由艺术史系使用，原建筑则归建筑学院独自使用，而艺术学院则已搬入了自己的新大楼。

耶鲁建筑学院提供三年学制的建筑硕士学位（Master of Architecture I），已有一定从业经验的学生可以选择两年学制的建筑学硕士学位（Master of Architecture II）；建筑学院还提供两年制的环境设计学硕士（Master of Environmental Design），以及由耶鲁研究生院颁发的建筑学博士学位（Ph.D. in Architecture）。同时建筑学院还和商学院合作，设立有联合学位项目，学生可以同时拿下建筑学硕士和MBA（Master of Architecture/MBA）。此外，建筑学院还和森林环境学院开设有联合项目（Master of Architecture/Master of Environmental Management）。耶鲁的本科生也可以学习非职业培训性质的建筑专业，该专业主要从通识教育的角度教授建筑设计、评论方面的课程。

耶鲁建筑学院的现任院长罗伯特·斯特恩（Robert Stern）被誉为后现代主义的奠基人之一，代表作有美联储亚特兰大支行（Federal Reserve Bank in Atlanta）、佛罗里达迪士尼世界度假村（Master Plan for Celebration, Florida）、香港中国农业银行大厦（Agricultural Bank of China Tower）等。目前罗伯特·斯特恩正和中国合作，在厦门设计新型住宅。2008年，斯特恩院长的建筑事务所被选中设计耶鲁计划新建的两座本科住宿学院。

耶鲁建筑学院最著名的校友包括世界级的建筑大师诺曼·福

斯特爵士（Norman Foster, Baron Foster of Thames Bank），他于1999年获得被誉为建筑界诺贝尔奖的普利茨克建筑奖（Pritzker Prize），他设计的著名作品有英国伦敦温布利大球场（Wembley Stadium）、德国柏林议会大楼玻璃圆顶（Reichstag）、香港汇丰银行总行大厦（HSBC Main Building）、香港国际机场（Hong Kong International Airport）以及轰动一时的北京首都国际机场三号航站楼（International Terminal, Beijing International Airport）。

前文介绍过，美国华盛顿的越战纪念碑的设计者林璎也是耶鲁建筑学院的校友。林璎是中国女建筑学家林徽因的侄女。她先是在耶鲁学院读的本科，后来又在耶鲁建筑学院获得建筑硕士学位。1981年林璎还在耶鲁读本科时，参加了越战纪念碑的设计比赛，并从1422件参赛作品中脱颖而出夺得第一名。林璎的设计理念是用一块黑色的V字形石碑嵌入地下，以一种"大地的裂痕"的形象展现出战争对于国家的创伤以及对阵亡将士的悲痛。纪念碑的一端指着华盛顿纪念碑，另一端指着林肯纪念堂。V字形代表越南的英文Vietnam的首字母，也是英语里胜利（Victory）的首字母，用以讽刺其实这场战争并没有胜利者，只有被白白牺牲的数万条生命。V字的中间下沉部分也代表美国在越战的泥沼中越陷越深。纪念碑上按时间顺序刻着美军在越战中阵亡的所有将士的姓名。当美国的种族主义者得知林璎是华裔后，对她这项超越传统的设计发起抵制，使得组织者不得不重新组织陪审团，结果第二次陪审她仍然获得第一名。美国国会后来决定采取折中方案，将比赛第三名获得者、美国著名雕塑家弗里德里克·哈特（Frederick Hart）的更传统的作品——三个美国越战士兵的雕像——放到林璎的设计旁。林璎对这种种族主义行径表示强烈反感,在国会听证会上为自己的设计进行了义正词严的辩护,并拒绝参加纪念碑的揭幕仪式。

如前所述,林璎还是耶鲁校园著名雕塑女人桌的设计者。奥巴马总统于2009年授予林璎国家艺术奖章。

耶鲁建筑学院的其他著名校友包括美国建筑理论大师、1991年普利茨克奖获得者罗伯特·文丘里(Robert Venturi)①;法国蓬皮杜艺术中心设计者、2007年普利茨克奖获得者理查德·罗杰斯爵士(Richard Rogers);美国圣路易斯市著名拱门的设计者埃罗·沙里宁(Eero Sarinen)等。

耶鲁森林与环境学院

耶鲁森林与环境学院由于其卓越的成绩而世界闻名。耶鲁环境学院成立于1901年,目前授予五种硕士和博士学位,是地区性、世界性环境问题研究的重要机构。耶鲁的学生和老师紧密合作,他们在最先进的实验室里工作,并且能够利用世界上最大的图书馆之一的耶鲁图书馆系统查询资料。森林与环境学院的学生除了能够选择本院的课程之外,还可以在研究生院和其他职业学院自由选修一定数量的课程。

耶鲁大学自1800年以来,就在美国环境保护事业和自然资源管理方面发挥着领导作用。在19世纪初期,耶鲁的毕业生威廉·布鲁尔(William Henry Brewer)、欧氏尼尔·玛莎(Othniel C.

---

①文丘里不是耶鲁校友,是耶鲁的教职人员。

Marsh)、克拉伦斯·金（Clarence King）和乔治·格林内尔（George Bird Grinnell）等人全身心投入到美国西部开发的事业中，提出了要合理利用美国西部的资源。1900年耶鲁建立了森林学院后，学校更加重视对于环境问题和资源问题的研究。当时负责建立环境学院的是吉福德·品恰特（Gifford Pinchout）和亨利·格拉维斯（Henry Solon Graves）。品恰特是第一位在欧洲大学获得环境方面学位的美国人，而格拉维斯则是第二位。他们两人先是作为森林咨询师工作一段时间后成为美国联邦政府森林管理局的工作人员，由于他们的出色工作，美国社会认识到了在私人土地上进行森林资源管理的重要性。耶鲁森林学院在得到品恰特家族的捐赠之后建立了起来，其目的就是确保美国有充足的专业森林管理人士继续发展森林事业。

品恰特后来成为西奥多·罗斯福总统政府里的关键人物，他创立了环境部门并且担任首任长官。他还是"保护自然资源"这一短语的发明者，在品恰特看来，保护的意思就是指考虑到现在和子孙的需要而明智地使用土地，这些观念都是后来可持续发展等观念的雏形。

环境学院自成立以来就把实践品恰特的保护观念融入教学和实践之中。环境学院第一任院长格拉维斯带领着环境学院为此目标奋斗，他一直担任院长到1939年。格拉维斯认为，森林学院的研究生教育最终会像法律和医学一样成为一个新的职业化教育。在过去的数十年里，耶鲁环境学院的教育目标已经扩展了很多，教学方法也发生了重大变化，几乎每过十年环境学院都会遇到一次重大的挑战，而每次环境学院都能够积极面对这些挑战，在挑战中充实壮大自己。

当耶鲁环境学院步入它的第二世纪的时候，环境学院的教学和科研已经集中到了更为宽广的领域：生态学、生态系统学、生物多样性研究、环境管理、发展中国家社会生态学、森林科学和管理、全球变化和政策、健康与环境、工业环境管理、政策、经济和法律、城市生态学、环境规划、设计和价值、沿海和分水系统等。在皮特·克莱恩院长的带领下，森林与环境学院决心进一步拓宽研究范围。环境学院已经将其对人才的培养定为：能面临全球性的环境挑战，把握和寻找可持续发展方案的机会，让地球上各处的人们都能获益。

为了实现这一目标，耶鲁环境学院同耶鲁整个学校的全球化战略保持一致，尽量确保学院学生和老师构成的国际化，每年都有来自20多个国家的学生加入环境学院，共同探讨人类面临的重大环境问题和挑战。

耶鲁音乐学院

1854年约瑟夫·巴特尔（Joseph Battel）向耶鲁学院捐赠了5000美元，希望能尽量支持教授音乐科学的老师教授课程。耶鲁批准了古斯塔夫·斯托克尔（Gustave Jacob Stoeckel，1819～1907）担任教堂音乐的指挥，教会合唱团的歌唱指导以及负责耶鲁学院的其他音乐活动。斯托克尔为说服耶鲁校方建立音乐系前后努力了几十年，终于，他的坚持不懈感动了耶鲁法人团体，1889年耶鲁正式成立了音乐系。

1890年耶鲁授予了斯托克尔教授职务，并让他从这年开始在耶鲁学院里开设第一门授予学分的音乐课程。1894年耶鲁首次授予了四位本科毕业生音乐学学士学位。1894年斯托克尔教授退休之后，耶鲁又聘请了两位教师教授音乐课：应用音乐学教授塞缪尔·圣福德（Samuel Simons Sanford）和音乐理论教授霍拉提欧·帕克（Horatio Parker）。塞缪尔·圣福德是美国著名的钢琴家和教育家，由于来自非常富裕的家庭，在耶鲁教书的16年期间，他拒绝接受耶鲁提供的工资，义务给学生讲课。

正是由于圣福德教授孜孜不倦的努力才使得耶鲁音乐学院能够在1894年正式建立。1904年，帕克教授开始担任音乐学院院长。霍拉提欧·帕克出生于马萨诸塞州，早年师从美国作曲家乔治·查德威克（George Whitefield Chadwick），后前往德国慕尼黑师从约瑟夫·赖因贝格尔（Josef Rheinberger）。他在1902年获得剑桥大学颁发的音乐博士学位。他也是Phi Mu Alpha Sinfonia协会的成员。

1917年，在斯普拉格（Sprague）女士和她女儿伊丽莎白·柯立芝（Elizabeth Sprague Coolidge）的捐赠下，耶鲁音乐学院新建了一座建筑：阿尔伯特·阿诺德·斯普拉格纪念大厅（Albert Arnold Sprague Memorial Hall）。这座建筑里容纳了音乐学院所有的机构和教师，包括办公室、音乐制作室、练习房、图书馆和音乐大厅。

帕克院长在1919年去世后，大卫·史密斯[①]（David Stanley Smith）接任该职务并担任至1940年。从1932年开始，音乐学

[①] 大卫·史密斯是帕克的学生，史密斯后来前往德国和法国学习，回到美国后担任耶鲁音乐学院院长。

院开始颁发研究生学历，并在这一年首次授予了音乐硕士学位。1941年布鲁斯·西蒙兹（Bruce Simonds）被任命为院长，为了能容纳迅速增长的音乐学院图书馆的藏书，斯普拉格音乐厅在1954年重新装修。音乐学院这一年新增的约克楼从一定程度上缓解了音乐设施不足和行政人员办公室不够的情形。约克楼后来被重命名为斯托克尔楼，来纪念耶鲁的首位音乐老师。

从1958年起，音乐学院作为一个研究生阶段的专业化学院只招收研究生，要求申请者必须要有学士学位，而耶鲁音乐学院颁发的学位也只有音乐学硕士。从1968年开始，音乐学院新开设了音乐艺术硕士和音乐艺术博士学位。音乐学家菲利浦·内尔森(Philip Nelson)1970年到1980年担任音乐学院院长。1973年，耶鲁圣乐学院作为研究音乐、礼拜仪式和艺术的研究生阶段的跨学科研究中心建立了起来。1980年，音乐学家和早期音乐研究专家弗兰克·蒂罗（Frank Tirro）从杜克音乐系来到耶鲁音乐学院担任院长。1989年，美国著名的作曲家鄂尔扎·拉德尔曼（Ezra Laderman）接替院长，从1995年起，耶鲁音乐学院的院长是著名的钢琴演奏家罗伯特·布洛克尔（Robert Blocker）。这期间，音乐学院接受过一笔1亿美元的匿名校友捐赠，以此捐款所设立的奖学金能够保障耶鲁音乐学院所录取的每个有音乐梦想的优秀学生都无须为学费担忧，顺利完成学业。

现在学院设置了音乐学硕士（Master of Music）、音乐演奏硕士（Master of Musical Arts）、音乐学博士（Doctor of Musical Arts）等研究生和博士生学位项目，致力于培养多元的音乐人才。此外，音乐学院还设置有为富有天赋的艺术家创立的艺术家项目

（Artist Diploma）和为没有获得本科学位的有天赋的表演艺术者设立的表演项目（Certificate in Performance）。音乐学院还和耶鲁的本科学院有着合作项目，设置了文学学士-音乐学硕士的联合项目（Bachelor of Art/Master of Music）。

凭借着上述优质的教学和研究资源，以及丰富的学位项目，学院吸引了世界知名的音乐家和学者来学院任教，如约翰·亚当斯（John Adams）、南希·阿伦（Nancy Allen）、伊曼纽尔·阿克斯（Emanuel Ax）、马丁·比佛（Martin Beaver）、西蒙·卡灵顿（Simon Carrington）、阿兰·迪恩（Allan Dean）、埃里克·弗里德曼（Erick Friedman）、彼得·弗兰克尔（Peter Frankl）等。同时也吸引了世界各地的优秀音乐学子来学院深造，其中就有杰出的华人青年音乐家王健。

王健于1968年出生于西安的一个音乐家庭，父母都是西安音乐学院的毕业生。王健的父亲是一名大提琴手，母亲是长笛手。王健出生那年，父亲被调往上海京剧样板团，王健三岁时跟随父亲到上海生活，住在上海音乐附中的一间6平方米的小屋里。王健小时候很爱玩，父亲就利用他爱玩的天性，给了他一把大提琴，用启发引导的方式，让王健对拉琴产生了兴趣。王健九岁时，以专业第一名的成绩考入上海音乐学院附小。1979年3月，美国波士顿交响乐团访华演出，其中的一项日程安排就是到上海音乐学院附小听学生们演奏。这个乐团里包括了著名的指挥家小泽征尔和著名的大提琴演奏家埃斯金。在世界级的大师面前，王健从容地拉完了两首曲子。听到他的演奏，小泽征尔诧异地问他多大了，当听说王健只有十岁时，小泽征尔肯定地对王健说："你已经是一位世界级的演奏家了。"并且对媒体表示:"将来的世界乐坛上,将有中国年轻人的一席之地。"

同年6月,在"乒乓外交"、国门初启的大环境中,美国著名小提琴家伊萨克·斯特恩(Issac Stern)以民间文化交流使者的身份来华访问,他专门通过文化部联系王健,点名要听王健的演奏。随斯特恩来华的摄制组将小王健的演奏全过程录制下来。后来,斯特恩的中国之行被制作成纪录片《从毛泽东到莫扎特——斯特恩在中国》,并获得1981年奥斯卡最佳纪录片奖。该片在全世界播放后引起强烈反响,世界也因此认识了影片中演奏大提琴的中国小男孩王健。在美国,王健被誉为"中国的大提琴神童"。

来自耶鲁大学的世界级大提琴演奏家阿尔多·帕里索教授(Aldo Parisot)访问上海时,听到了王健的演奏,他情不自禁地说:"果然名不虚传啊!"这时已经16岁的王健感到如果要继续学习大提琴,就必须出国。正巧香港大昌贸易公司总裁林寿荣先生看过这部片子后表示愿意资助王健到世界任何一个地方去学习。于是1985年年底,在林寿荣先生及家人的资助下,王健来到了美国,进入耶鲁大学音乐学院,在一个特殊项目中师从帕里索教授学习大提琴。他是当时耶鲁大学最年轻的留学生。帕里索教授的教学方式与王健的父亲很相近。他表示,他的教学方法是启发王健,帮助他塑造自己的风格,而并非造出第二个帕里索。1988年,王健结束了在耶鲁大学的学习,又考入了朱利亚音乐学院(Juilliard School),并获取了最高奖学金。林寿荣先生将自己家中一把300多年前制作的名贵的意大利阿玛蒂古琴(1622 A & H Amati)借给了王健,王健直到今天都在使用它。

1987年12月，王健第一次在纽约卡内基音乐厅威尔独奏厅和以色列耶路撒冷音乐中心举办了独奏音乐会，获得了强烈好评。从此，他开始了在全世界的演奏活动，足迹遍布全球30多个国家和地区，并在纽约林肯艺术中心、华盛顿肯尼迪艺术中心、巴黎香榭丽舍大厅、卢浮宫、阿姆斯特丹皇家音乐厅、米兰斯卡拉大剧院等世界著名的音乐厅举办过音乐会。1995年，王健签约代表世界古典音乐顶尖水平的德意志（DG）唱片公司，成为DG唱片公司自1898年成立之后的100年中第一位签约的中国音乐家。1995年王健与葡萄牙钢琴家玛丽亚·皮尔斯、法国小提琴家奥古斯汀·杜梅合作录制的勃拉姆斯钢琴三重奏获得了格莱美奖的提名。有圈内人士认为，这次提名应该是中国音乐家第一次获得格莱美提名（因为16次格莱美奖得主、华裔大提琴家马友友出生在法国，成长在美国）。2002年，王健与郑明勋、沙汉姆、梅耶尔联合录制的《末日四重奏》再获格莱美"最佳室内乐演奏奖"提名。

2008年7月，王健与母校耶鲁大学的爱乐乐团来到上海大剧院同台演出。在这场音乐会上，王健与母校合作献演了法国作曲家圣桑的《a小调第一大提琴协奏曲》。此外，耶鲁爱乐乐团还演奏了伯恩斯坦的《西区故事》交响舞曲和德沃夏克的《第九交响曲"自新大陆"》。在自己的故乡上海，王健与耶鲁通过音乐，再续前缘。

2012年2月，王健回到耶鲁大学音乐学院，参加了耶鲁爱乐乐团在斯普拉格大厅举行的室内交响音乐会的演出。在恩师帕里索教授的亲自指挥下，王健独奏了海顿的《C大调大提琴协奏曲》。从昔日的神童成长为如今的大师，王健的成就是对耶鲁培养的最好回报。

2012年2月，王健成为上海音乐学院管弦系教授。

耶鲁大学公共卫生学院

耶鲁公共卫生学院建立于1915年，是美国最早的致力于公共卫生的专门学院。耶鲁公共卫生学院始于1914年，这一年耶鲁大学收到了安娜·罗德尔（Anna M.R. Lauder）家族的捐助，利用该笔资金，耶鲁在医学院设立公共卫生院长一职。一年之后该职位由查尔斯-爱德华·温斯娄①（Charles-Edward Amory Winslow）担任，他被认为是耶鲁"公共卫生之父"。

在公共卫生学院建立的初期，它是康涅狄格州公共卫生改革和温思娄及其带领的师生所开展的健康调查的催化剂。温思娄带领的健康调查后来对公共健康组织的发展起到了极大的促进作用，他还成功游说州政府改进本州的健康法律，并且促成了州公共卫生部的创立。20世纪60年代，公共卫生系同传染病学系和预防医学系合并形成了新的内科系。此后传染病和公共卫生系（EPH）成立。耶鲁公共卫生学院是美国历史最悠久的公共卫生学院之一，同其他七所最早的公共卫生学院一样都正式创建于1946年，但实际上耶鲁公共卫生学院的历史作为耶鲁医学院的一部分可以追溯到在这之前的30多年。

温思娄吸取医学院已有的经验和专业知识，增加公共卫生方

---

① 温斯娄（1877～1957），美国细菌学家和公共卫生学家，毕业于麻省理工学院，后来在耶鲁医学院内创建了公共卫生学系，成为公共卫生学院的雏形。

面的课程，并且将其教育的重点放在了本科生阶段，尤其是本科生疾病预防教育。他还建立了一个为期一年、发放执业证书的公共卫生项目。温思娄的学生们主要学习细菌学、统计学以及医院管理等专业。在温思娄担任院长的30年里，耶鲁公共卫生学院因富有远见卓识和致力于跨学科教育而获得了全美社会的高度认可。

耶鲁戏剧学院

耶鲁大学戏剧学院前身是耶鲁大学艺术学院的一部分，1924年在耶鲁1897届毕业生爱德华·哈克尼斯（Edward S. Harkness）的捐助下独立出来。到了1925年，耶鲁戏剧学院开始建设的同时，戏剧系招收了第一届学生。当时处于全美国剧本写作最前沿的乔治·贝克[1]（George Pierce Baker）加入了耶鲁戏剧系并且成为第一任系主任，1931年耶鲁授予了第一个艺术硕士学位。

1955年，经由耶鲁校董事会投票，戏剧系正式被确定为一个独立的职业学院——戏剧学院，并且颁发艺术硕士学位、艺术博士学位以及戏剧表演证书（该证书颁发给那些完成了戏剧学院三年课程但是之前并没有本科学位的人）。

1966年戏剧学院在院长罗伯特·布鲁斯特恩[2]（Robert

---

[1] 乔治·贝克(1866~1935)，美国戏剧教育家。本科毕业于哈佛大学1887届，随后在哈佛大学英语系教学直到1924年。在来到耶鲁帮助创建戏剧学院前，贝克在哈佛帮助建立了哈佛图书馆里的哈佛剧场收藏集、哈佛戏剧俱乐部，他还被选为美国人文与科学院院士。由于在哈佛他没能说服校方开设剧本写作的学位，便来到耶鲁，担任系主任直到1933年退休。

[2] 罗伯特·布鲁斯特恩（1927~ ）是美国戏剧批评家、制作人、编剧和教育家。他创建了耶鲁常备剧目剧院和哈佛的美国常备剧目剧院。他本科毕业于安默斯特学院，后获哥伦比亚大学博士学位。从耶鲁卸任后，他前往哈佛大学任教。

Brustein)的领导下，正式建立了耶鲁常备剧目剧院（Yale Repertory Theatre）。该剧院作为戏剧学院的一部分，加强了学院与职业训练两者之间的互补性关系。罗伯特·布鲁斯特恩担任耶鲁常备剧目剧院领导，他的领导思想突出表现在他坚持要求一批艺术家居住在学校，而不是各自居住。在布鲁斯特恩领导下建立起的耶鲁常备剧目剧院开创了非营利性剧场的先河。

在罗伊德·理查德兹（Lloyd Richards）担任院长期间，耶鲁戏剧学院逐渐开始强调新剧本的创作。阿瑟尔·福格尔德（Athol Fugard）、李·布莱辛（Lee Blessing）和奥古斯特·威尔逊（August Wilson）都是在理查德兹任职期间在耶鲁开始创造他们的处女作。耶鲁常备剧目剧院是美国最早将严肃作品周期性搬上商业剧院的机构之一，并且在耶鲁常备剧目剧院还发展出了一套改变美国新兴剧本发展的专业运作模式。

斯坦·伍吉伍德斯基（Stan Wojewodski）于1991年到2002年担任院长，他以对个人艺术家事业发展的支持而享誉业界，在他的支持下而星途辉煌的演员、导演、艺术家、表演家不计其数，比如苏珊-罗莉·帕克斯[①]（Suzan-Lori Parks）、冷·杰克恩（Len Jenkin）和拉尔夫·雷蒙（Ralph Lemon）。

詹姆斯·邦迪（James Bundy）自2002年以来担任耶鲁戏剧学院的院长和艺术指导，他是耶鲁历史上最年轻的院长。他将耶鲁常备剧目剧院创作新剧本的传统继续发扬光大。自他担任院长以来，耶鲁常备剧目剧院将其主要的资源投入到了新剧本的创作

[①]苏珊-罗莉·帕克斯是非洲裔美国编剧和电视剧编剧，她曾获麦克阿瑟基金会颁发的"天才奖"（2001年）和普利策戏剧奖（2002年）。

之中，并且通过在2008年建立耶鲁新剧场中心将这一决策巩固下来。新剧场中心以创新为核心、以艺术性为驱动力的实践使耶鲁剧场成为新剧目创作的前沿。到目前为止，耶鲁剧场已经资助了超过24位艺术家的作品创作。

在仅仅半个世纪内，耶鲁常备剧目剧院到目前为止已经首演过超过100场剧目，其中包括两位普利策戏剧奖获奖者和其他四名普利策戏剧奖的最终提名候选人的作品。有11项耶鲁剧团创作的作品被搬到了百老汇剧场里表演，而耶鲁剧场的其他诸多剧目也在全美各大剧场上演。耶鲁剧场的表演剧目到目前为止已经荣获40次托尼奖[①]提名和8次托尼奖；而剧场本身也获得了托尼奖最佳地区剧场奖。

戏剧学院著名的校友有三届奥斯卡奖（1979年最佳女配角、1982年和2011年最佳女主角）和八届金球奖得主梅丽尔·斯特里普（Meryl Streep）、1986年奥斯卡最佳男主角奖获得者保罗·纽曼（Paul Newman）、五届托尼奖和美国国家艺术奖章获得者朱莉·哈里斯（Julie Harris）、四届艾美奖获得者大卫·海德·皮尔斯（David Hyde Pierce），以及其他众多美国知名剧作家、导演和演员。其他在耶鲁求学的著名演员还有两届奥斯卡最佳女主角获得者朱迪·福斯特（Jodie Foster），她毕业于耶鲁本科学院，并以极优等（magna cum laude）荣誉获得文学学士学位。另外，金球奖获得者、《蜘蛛侠》中哈利·奥斯本（反面人物，蜘蛛侠的敌人"绿魔"）的扮演者詹姆斯·弗兰科（James Franco）则也

[①]托尼奖（Tony Award）是美国戏剧界最高荣誉，参选剧目包括话剧类和音乐剧类。美国剧院联盟于1946年设立本奖项，现在由美国剧院联盟与百老汇联盟举办。

在耶鲁研究生院攻读英语文学博士学位。

耶鲁神学院

耶鲁大学的起源与神学密不可分,早在耶鲁本科学院建立的1701年,建校宗旨就是为宗教培训服务,特别是向康涅狄格州的教堂提供服务。耶鲁当时的校章里明确说明了这一点:耶鲁是为了让年轻人通过接受文科和理科的教育,接受到万能上帝的祝福,最终能够在教会或者世俗国家里发挥自己的特长。而早在1746年耶鲁就成立了专门的神学职业培训项目。到了1822年,耶鲁专门为神学院建立了独立的院系,成为神学院的雏形。目前耶鲁神学院提供神学硕士(M.DIV.),宗教学文学硕士(M.A.R.),和神圣神学硕士(S.T.M.)三种学位。

1971年耶鲁神学院吸纳了伯克利神学学校(Berkeley Divinity School at Yale),尽管伯克利神学学校保留了其英国国教的传统,但是伯克利的学生同其他耶鲁神学院的学生受到的待遇是一样的。乔纳森·爱德华[①](Jonathan Edwards)中心作为耶鲁大学神学院的一个分支机构,保留了大量各种关于乔纳森·爱德华的原始资料,他是耶鲁1720届毕业的校友。近些年来,神学院兴起了对叙事神学、后自由主义等领域的研究。耶鲁神学院的许多毕业生成了这些新兴研究的弄潮儿。

乔治王朝风格的斯特林神学方庭(Sterling Divinity Quadrangle)建于1932年,部分建筑元素的灵感来源于弗吉尼亚大学。神学

---

① 乔纳森·爱德华(1703~1758),美国神学家,18世纪美国大觉醒运动的领导者,也同时被视为美国哲学思想的开拓者。

院的主体建筑是以耶鲁法学院毕业生约翰·威廉·斯特林的名字命名的，他曾经是纽约希尔曼和斯特林律师事务所的合伙人。向耶鲁捐赠了大量的资金用于各项建设，在耶鲁的校园有不少建筑都以他的名字命名，耶鲁的荣誉教授的称号也是以他的名字来命名的。

近年来，耶鲁大学神学院和英国前首相托尼·布莱尔（Tony Blair）设立的托尼·布莱尔信仰基金（Tony Blair Faith Foundation）合作开展了耶鲁信仰与全球化行动（Faith and Globalization Initiative）来探讨宗教信仰对于政治、经济、社会领域的深远影响以及关于信仰和全球化方面的重大议题，更好地理解世界在21世纪所需的和解与共存。从2008至2009学年开始，耶鲁信仰与全球化行动连续三个学年在秋季学期开设课程，讨论包括宗教与民族国家、价值观如何影响经济发展、信仰与消除全球贫困等话题。该课程由耶鲁神学院和耶鲁管理学院共同开设，前两个学年都以25人的小型讨论课形式开展，其中招收耶鲁本科生、神学院学生、管理学院学生各六名，以及七名其他学院学生；后来改为80人的大课，同样在本科学院、神学院、管理学院和其他学院学生中基本等额招收。布莱尔前首相亲自教授其中三分之一的课程，其余课程由耶鲁神学院著名教授米罗斯拉夫·沃尔夫（Miroslav Volf）以及其他经济、政治和国际关系领域的顶尖教授担纲。

耶鲁艺术学院

耶鲁大学艺术学院是全美首屈一指的艺术学院，也是全美最早成立的艺术学院之一。耶鲁大学的艺术气息极其浓郁，可以说是全美综合性大学之翘楚，耶鲁大学的艺术学院于是拥有了一片肥沃的土壤和强大的根基来支持它的发展。

学院的前身可以追溯到1864年成立的艺术学校。该校于1869年归入耶鲁大学，也标志着耶鲁大学艺术学院的诞生。这也是全美最早的艺术学院之一。此后，在1972年，学院的建筑学项目独立出去，变成了耶鲁的建筑学院。近年来，学院在耶鲁大学和校友的支持下，不断壮大。2009年，格林楼（Green Hall）落成；同年，雕塑学系也入驻位于埃吉伍德（Edgewood）街上的新大楼。2013年刚刚修缮完成的耶鲁大学艺术馆和与之隔街相望的耶鲁大学英国艺术中心，都是蜚声世界的艺术品收藏中心。而且这些教学和展览中心，都与艺术学院仅有几步之遥，为艺术学院学生和教职工学习、研究和欣赏艺术作品提供了无与伦比的资源。在学术方面，耶鲁大学亦设有艺术图书馆（位于斯特林图书馆内部）专门服务于学院的教学研究。

学院设置的艺术学硕士（Master of Fine Arts）学位被《美国新闻与世界报道》（*U.S. News and World Report*）评为2013年全美第一。其中，绘画和摄影专业更是执全美艺术学院之牛耳，图形设计和雕塑均列全美第二。艺术学硕士也是学院设置的唯一一个硕士项目。该项目依托学院强大的师资和设施，开设有基础艺术理论课程，以及图形设计（Graphic Design）、绘画（Painting/Paintmaking）、摄影（Photophraphy）、雕塑（Sculpture）等专业课程。与此同时，耶鲁大学的本科生也可以修读艺术学院的相关艺术专业，并获得文学学士学位（Bacholor of Art）。与之相得益彰的是，学院致力于在提升学生艺术修养的同时提升其思维品质，并在夯实学生基础艺术素质的同时，鼓励学生探索个性化的艺术追求，并为之提供协助。

正是在这样悠久的历史、丰富的课程设置、强大的教学资源、开放的学习和科研环境以及耶鲁大学独特的艺术氛围的熏陶下，学院孕育了为数众多的杰出的艺术家：画家珍妮弗·巴特利特（Jennifer Bartlett）、埃默里·波普（Emery Bopp）、查克·克洛斯（Chuck Close）、约翰·库林（John Currin）和拉克斯卓·道恩斯（Rackstraw Downes）；摄影家格雷格里·克鲁森（Gregory Crewdson）和菲利普-罗卡·迪卡西亚（Philip-Lorca diCorcia）；雕塑家理查德·塞拉（Richard Serra）、南希·格拉弗斯（Eva Hesse）和伊娃·黑塞（Nancy Graves）。他们是校友中的杰出代表。这些艺术家不仅具有高超的艺术表现力，深厚的艺术功底，更是风格迥异，开风气之先，深刻体现了耶鲁大学艺术学院的宗旨和追求。

耶鲁工程与应用科学学院

耶鲁大学工程和应用科学学院是学校12个专业学院之一，历史悠久，人才辈出。自学院1852年成立以来，一直秉承"小而精"的教学和研究特色，经过几代人的不懈努力，工程和应用科学学院现已发展成为有本科生205人，研究生以及博士生218人，专职教授52人的优秀工程学院。学院现任院长为杰弗瑞·F.布洛克（Jeffrey F.Brock）教授。

依托耶鲁大学首屈一指的人文和社会科学学科以及名列前茅

的自然科学学科，工程学院力求将耶鲁钟灵毓秀的人文精神和蓬勃发展的基础科学研究成果有机结合，帮助实现研究成果的产业转化，并在前沿科学领域占据一席之地。学院 2001 年到 2005 年之间的人均引用影响因子列全美联邦资助大学之冠，这无疑反映了学院卓越的科研水平和雄厚的师资力量。这一殊荣在 1997 年到 2001 年之间也一直属于工程学院。在学院学生和教师人数不足一些学校十分之一的情况下，这些成绩就更显得难能可贵，同时也展示了耶鲁工程人不凡的创造力。

这些创造力的取得并非偶然，而是和学院倡导的价值和追求密不可分。正如字母"Y"有三条"臂膀"一样，耶鲁的工程人追求的是"宽度""深度"和"目的"三足鼎立——通过应用知识的宽度和深度，达到解决社会问题的目的。这三者相辅相成，缺一不可，也是耶鲁工程人孜孜以求的境界。

如今，结合学院的资源特色，学院开设四个本科专业：生物医学工程（Biomedical Engineering），化学与环境工程（Chemical and Environment Engineering），电子工程（Electrical Engineering），机械工程和材料科学（Mechanical Engineering and Material Science）。值得一提的是，这些专业，除生物医学工程以外，都是经工程和技术评审委员会（ABET）认证的优质课程。学院还开设六个研究生专业：生物医学工程（Biomedical Engineering），化学工程（Chemical Engineering），机械工程（Mechanical Engineering），环境工程（Environmental Engineering），电子工程（Electrical Engineering），材料科学（Material Science）。在博士生阶段，学院则提供了一个科研上更为宽松，财政上更为慷慨，鼓励交叉学科研究的研究和学习环境，充分发挥博士生的主观能动性和创造力。

回首历史，学院更是星光璀璨，桃李天下。一个半世纪以前，在这里走出了美国第一个工程博士生乔赛亚·威拉德·吉布斯（Josiah Willard Gibbs），他也是日后热力学界的泰斗。信息学家哈里·奈奎斯特（Harry Nyquist），计算机科学家丹尼尔·S.维德（Daniel S. Weld），和新近获得麦克阿瑟天才奖的丹尼尔·斯皮尔曼（Daniel Spielman）等人，无一不是耶鲁工程人的杰出代表。

耶鲁护理学院

耶鲁护理学院成立于1923年，是全世界第一所依托于大学的，以教育为目的而非学徒制的护理学院。自建院以来，耶鲁护理学院始终秉承着为所有人提供更好的医疗服务的理念。耶鲁护理学院一直是护理界的重要力量。很多在耶鲁护理学院产生的新观念有助于重新定义护理这个行业。护理学院第一任院长安妮·古德里奇（Anne Goodrich）坚持她的学生来到耶鲁，是为了学习具有高度技巧性的专业，而不是让学院为那些已经得到很好训练的护士提供进一步的帮助。这被护理学界许多人认为是革命性的理念。而安妮·古德里奇也是耶鲁历史上第一位专业学院的女性院长。随后，在历任院长与学院教授的带领下，耶鲁护理学院进行了一系列创新性尝试，在人才培养、科学研究与创新以及提高医疗水平等方面作出了重要的贡献。今天，护理学院被公认是护理业界的领导者。耶鲁护理学院被《美国新闻与世界报道》评为2013年护理学院第七名。

耶鲁护理学院现在设置有护理学硕士学位（Master of Science in Nursing），护理学博士学位（Ph.D in Nursing），为已获得护理学硕士学位的注册护士设置的各种培训项目、博士后培训项目（Postdoctoral Training）以及研究项目（Research）。同时，护理学院也和神学院与医学院有着联合培养项目（Joint Degree Program）。2012年，耶鲁的护理学硕士学位设置有超过十个不同方向的专业，其中还包括为无护理背景的本科毕业生设计的研究生项目（Graduate Entry Pre-specialty in Nursing program，GEPN）。有着优秀的环境，出色的师资和一流的设施，耶鲁护理学院在其近100年的历史中为美国护理界输送了大量的人才。

一代代护理学界的精英在耶鲁护理学院良好的环境下成长，得益于一代代护理学界的重量级人物在耶鲁护理学院授课。耶鲁护理学院的著名校友与教授有：第一届克里斯丁·雷曼奖（Christiane Reimann Prize）获得者维吉尼亚·汉德森（Virginia Handerson），杰克·罗宾逊基金会成立者蕾切尔·罗宾逊（Rachel Robinson），美国救济院运动之母、耶鲁护理学院院长弗洛伦斯·瓦尔德（Florence Wald），以及著名护理学教育家欧内斯汀·威登巴奇（Ernestine Wiedenbach）。除此以外，耶鲁护理学院还培养了许多获得美国以及世界级护理学奖项的优秀护理学人才。

耶鲁护理学院也致力于全球化合作。在全球化的年代，耶鲁护理学院与全球多个医疗卫生组织与学术机构展开合作。秉承为所有人提供更好的医疗服务的精神，耶鲁护理学院希望通过国际交往与合作使更多的人获得更好的医疗服务。同时耶鲁护理学院与纽黑文本地的医疗机构紧密合作，为纽黑文的医疗水平提高作出了巨大的贡献。在未来，耶鲁护理学院将始终致力于与医疗机构和基层社区的合作，为更多的人提供更好的医疗服务。

第二十二章
骷髅会

耶鲁校园里有超过300个学生组织。雷文校长访问中国的时候，经常会被问及耶鲁学生的秘密社团骷髅会①（Skull and Bones），因为骷髅会是耶鲁众多秘密社团中最有名的，许多骷髅会的成员后来担任了美国政府的重要职务。校长总是回答说，耶鲁校园里的所有学生组织，包括筹款、管理等事务都完全自治，并由成员自行民主选举社团的领导人员，学校以此来鼓励学生培养、实践自己的活动能力和领导能力。正是因为所有学生组织都完全自治，校方从不干预学生组织的活动，尤其是像骷髅会这样的秘密组织更有自己严格的章程，会员恪守诺言，对自己的活动严格保密，所以他也不知道骷髅会具体内情。其实耶鲁有一家学生主办的校园小报，名叫 *Rumpus*（《喧闹》），这家小报以报道校园内的花边新闻而出名。每年四月，*Rumpus* 都会有一整版专门刊登他们搜集来的这一年将要毕业的耶鲁的秘密社团的成员名

---

①关于骷髅会有不少专门的著作，其中比较好的有《美国秘密组织：骷髅会简介》（*America's Secret Establishment: An Introduction to the Order of Skull & Bones*），匿名出版于1985年；《骷髅会详解》（*Fleshing out Skull and Bones*），作者是克里斯·米乐根（Kris Millegan），出版于2003年。

▲骷髅会标志

单。虽然没有人能够核实这些名单的真实性，因为没有一个学生会犯忌公开承认自己是秘密社团的成员，但是一般认为这些名单的信息还是可信的。然而即使知道了秘密社团的成员，他们在秘密社团里到底干些什么还是无人知晓。以下是从一些公开的信息整理得来的关于骷髅会的介绍，从中我们可以对这个美国最著名的秘密社团管中窥豹。

骷髅会是耶鲁一个专门吸收大四本科生①的秘密精英组织。骷髅会创建于1832年，最初叫作"骷髅骑士团"。据公开信息表明，骷髅会的耶鲁校友组织是拉瑟尔信托（Russell Trust Association），该组织拥有骷髅会的财物并监管骷髅会。拉瑟尔信托组织以骷髅会创始人之一的威廉·亨廷顿·拉瑟尔（William Huntington Russell）的名字命名。他和同学阿方索·塔夫脱（Alphonso Taft）共同建立了骷髅会，阿方索·塔夫脱的儿子是后来成为美国第27任总统的威廉·塔夫脱（William Taft）。而拉瑟尔信托组织则是由拉瑟尔和另一位耶鲁校友丹尼尔·吉尔曼②（Daniel Coit Gilman）一起建立起来的。

骷髅会的标志代码是322。但关于为什么骷髅会采用322作为代码，却有着不同的说法，有的学者认为，这是因为322代表的是"32，第二德国学生协会（32，2nd corps）"。它指代德国某大学里不为人知的第一个德国学生协会。另一种说法是322代表

---

① 关于骷髅会，早在1871年里曼·巴格写的《在耶鲁的四年》里就有详细论述，书中说："骷髅会存在的传闻已经成了本科生永不厌烦的一个谈论话题。"有人认为骷髅会的神秘感在于一般大学里是大一到大三的学生保留他们社团身份，而大四的学生往往不会，但骷髅会却正好以大四学生为招收对象。

② 吉尔曼后来成为加州大学的校长，约翰斯·霍普金斯大学首任校长以及卡内基机构的创建者。

的是德摩斯梯尼①（Demosthenes）的去世，这一点尤其可以被骷髅会资料记录时间的方式所证明，因为骷髅会的资料被故意记载成"德摩斯梯尼纪元"（Anno-Demostheni）。也有人认为这是因为骷髅会在1832年成立，所以代码的前两位是32。

骷髅会的著名成员据称有美国前总统、前最高法院首席大法官威廉·塔夫脱（William Taft），前总统老布什（George H. W. Bush），前总统小布什（George W. Bush），前最高法院法官波特·斯图尔特（Potter Stewart），前中央情报局领导人詹姆斯·安吉列敦（James Jesus Angleton）、前美国国务卿亨利·施汀逊（Henry Stimson）、前美国国防部长罗伯特·洛维特（Robert A. Lovett）等。2004年美国大选的两位候选人，民主党候选人约翰·克里（John Kerry）和共和党候选人小布什都是耶鲁校友也都是骷髅会的成员。小布什在他的自传中说："我在大四的时候加入了骷髅会，一个秘密组织；它是如此神秘以至于我不能再说什么。"而当克里被问及两位总统候选人都是骷髅会成员意味着什么的时候，克里回答道："这没有什么，因为这些都是秘密。"

骷髅会曾经是耶鲁校园生活的非常重要的组成部分。然而，20世纪60年代、70年代以来，骷髅会在校园的影响力有所减弱。自1879年，骷髅会每年会在春天耶鲁的"Tap Day"挑选新成员。据资料显示，2009年的"Tap Day"是4月20日，而2010年则是4月15日。骷髅会每年会选择共15名将要升入大四的优秀学生入会。在校园影响力较大的领袖或在某方面有卓越成就的大三

---

① 德摩斯梯尼是古希腊著名的演说家，民主派政治家。

学生更有可能被骷髅会邀请加入。在确定骷髅会成员后，会员会在每周四晚和周日晚聚会。聚会的形式以及内容则不被外人所知晓。

在纽约州的圣劳伦斯河边（St. Lawrence River）有一座名叫"鹿岛"（Deer Island）的美丽小岛。骷髅会拥有这个小岛的产权。这个环境幽雅的40公顷的小岛是骷髅会成员活动的重要地点，为骷髅会成员的聚会提供了平台。据称，在一个世纪以前，岛上奢华的网球场和垒球场还被各种灌木包围着，独桅艇停在附近的湖面上，而服务员则给会员们准备好各类美食。现在"尽管新加入骷髅会的成员还会造访'鹿岛'，但是这个地方已经少了某种东西。现在剩下来的只不过是从大火中残留下来的废墟。"（《大西洋网》，亚历山大·罗宾斯）。我曾于2001年乘船访问千岛湖，途经鹿岛的时候，导游问船上的游客是哪个学生组织拥有这个小岛。令我吃惊的是，几乎所有的游客都异口同声地说出了骷髅会的名字，由此可见骷髅会在美国一般民众中的知名度和影响力。

骷髅会的会址叫作骷髅会堂，但外界普遍称其为"坟墓"。关于该建筑的建筑风格起源有诸多争议，其设计师很可能是亚历山大·达维斯（Alexander Davis）或者亨利·奥斯丁（Henry Austin）。骷髅会堂的修建经历了三个阶段：1856年初步建成，1903年完成了第二个侧翼大楼的修建，1911年戴维斯设计的新哥特式塔楼在大堂的后花园里建成。1912年新增加的塔楼修好之后，在后院内部又隔出了一个封闭的院子。骷髅会堂是一个全封闭建筑，没有窗户。许多人尝试着猜测骷髅会堂的内部结构，但是除了骷髅会成员，没有人清楚会堂内到底是怎样的情形。据说没有人看到过骷髅会成员进出骷髅会堂的情形，但是也有耶鲁学生说他们看到过有人从骷髅会堂里走出。

骷髅会往往被视为是通往"权力精英"之路的一个秘密组织。据公开资料，骷髅会对新成员的选拔十分严格，被选中的新成员大多数是耶鲁学生中在各个领域执牛耳者。如果被邀请的学生都选择加入，最后进入骷髅会的往往会是：橄榄球队队长、《耶鲁日报》[①]社社长、学校知名的激进主义者、游泳队队长、电影制作人、政治时评专栏写手、宗教组织的领袖等。由此可见，骷髅会吸纳的绝大部分都是耶鲁校园在各个方面最出色的领袖人物。耶鲁图书馆的首席档案管理员说："其实骷髅会成员的名单并不是什么秘密，而真正的秘密是他们开会的内容和行动的内容。"

骷髅会在历史上大多是由信仰新教的男性教徒组成。天主教信徒加入骷髅会有过不少算成功的，但是犹太教信徒的加入更困难一些，其他信仰的学生则非常难。然而随着时代的发展，骷髅会也面临着招收少收族裔以及女生的压力。最初有少数族群成员通过在体育方面杰出的表现逐渐加入骷髅会。根据公开资料，首个依靠体育才能加入骷髅会的是耶鲁本科1938级的犹太人埃尔·赫斯伯格（Al Hessberg），而首个加入骷髅会的非洲裔美国人是1950级的列维·杰克逊（Levi Jackson）。骷髅会长期只招收男生，直到1992年才第一次有女生入会。当时的骷髅会成员一共招收了七位女会员。但是这一行动没有得到拉瑟尔信托组织的理解和支持。拉瑟尔信托组织单方面更换了骷髅会堂的锁。由

---

① 《耶鲁日报》（Yale Daily），创建于1878年，是全美最早的大学校报。该报每日出版，学生和老师可以在校园多处免费领取。

于骷髅会成员不能进入骷髅会堂，只得到附近的曼努斯利普特会堂（Manuscript Society）聚会。在随后召开的骷髅会全体成员会议中，骷髅会全体会员以368票同意，320票反对，通过了允许女性成为骷髅会成员的决议。可是由威廉·柏克莱（William F. Buckley）领导的骷髅会成员反对以投票方式允许女性成为骷髅会成员。他们坚持只有通过修改骷髅会会章后，骷髅会才能合法吸纳女会员。这次的争执事件曾经轰动一时，甚至后来还登上了《纽约时报》的社论。最终，双方达成妥协并修改了骷髅会会章，骷髅会的多样性得到进一步加强。

由于骷髅会的神秘色彩以及众多骷髅会成员的显赫地位，关于骷髅会的阴谋论一直流传于世。然而并没有资料可以证实骷髅会参与了这些阴谋，这些阴谋论的提法大多仅仅是为了满足大众的猎奇之心，并没有直接的证据。在美国，有些畅销书作者认为骷髅会控制着中央情报局。还有一些人认为骷髅会是共济会的一个分支，但是没有人能举出决定性的证据。还有一些学者根据公开资料对骷髅会进行了一些研究，比如克里斯·米利甘（Kris Millegan）。他在2003年出版的著作中指出，根据已有的公开资料，确实有几个大家族在骷髅会中占有特别高的比例。这其中包括了大名鼎鼎的塔夫脱家族（The Taft Family）、布什家族（The Bush Family）以及洛克菲勒家族（The Rockefeller Family）。虽然我们不能从其中推出任何有关阴谋论的结论，但这些显赫的世家与骷髅会的关系确实为公众提供了很大的想象空间。

从公开资料可以看出，许多骷髅会的成员成了影响美国政治、经济、文化和社会的重要人物。比如，美国历史上有三位总统是骷髅会成员，洛克菲勒家族大部分成员加入过骷髅会，美国中央情报局有众多骷髅会的成员，美国传媒大亨亨利·卢斯（Henry Luce，《时代》杂志创始人）是骷髅会成员，历史上有些耶鲁教授也有过骷髅会相关经历。世人公认骷髅会是一个为其成员提供社交平台并相互扶助的组织。

耶鲁大学组织结构图

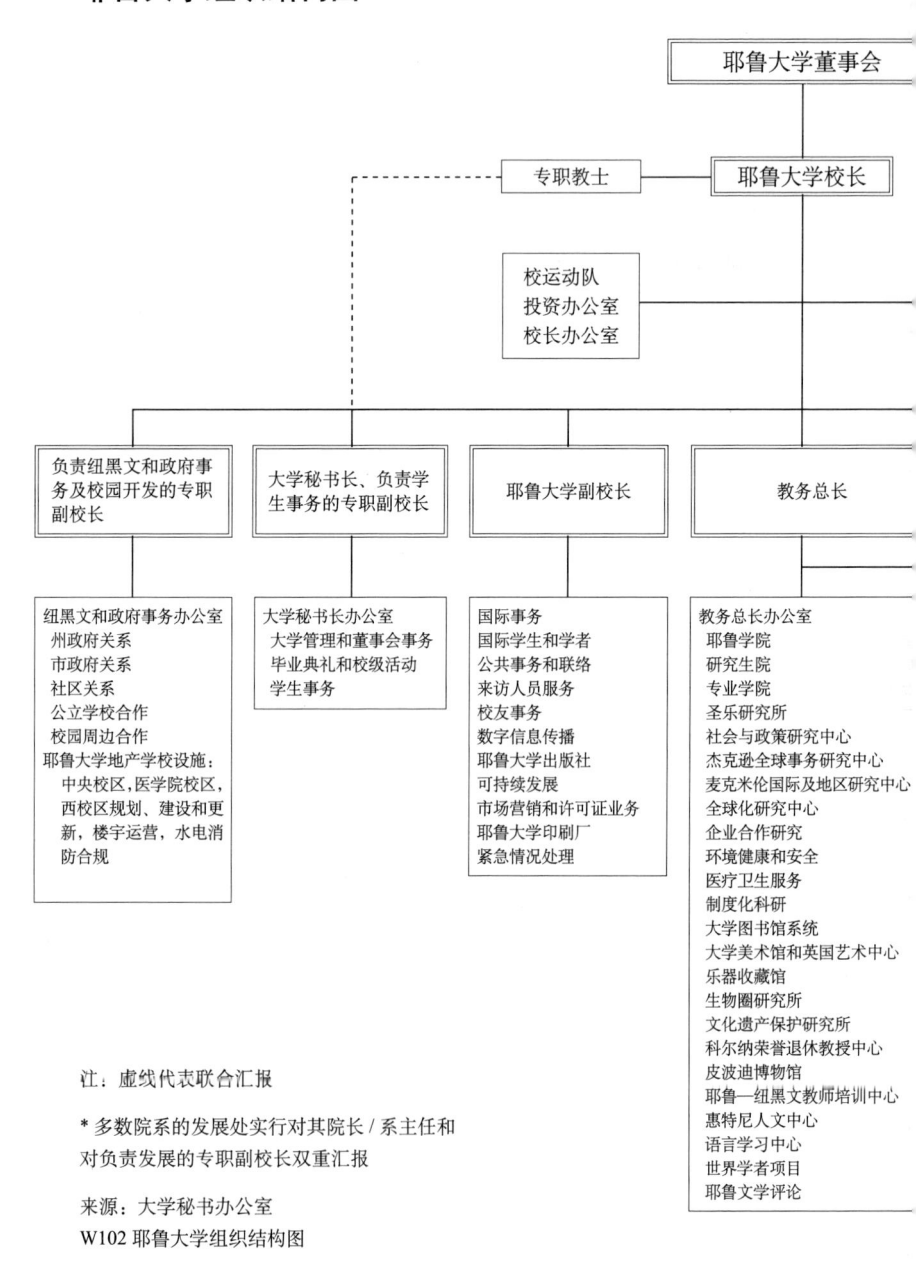

```
                                                    耶鲁大学董事会
                                                         │
                          专职教士 ────────────────── 耶鲁大学校长
                                                         │
                                                    校运动队
                                                    投资办公室
                                                    校长办公室
```

负责纽黑文和政府事务及校园开发的专职副校长	大学秘书长、负责学生事务的专职副校长	耶鲁大学副校长	教务总长
纽黑文和政府事务办公室 　州政府关系 　市政府关系 　社区关系 　公立学校合作 　校园周边合作 耶鲁大学地产学校设施： 　中央校区，医学院校区， 　西校区规划、建设和更新，楼宇运营，水电消防合规	大学秘书长办公室 大学管理和董事会事务 毕业典礼和校级活动 学生事务	国际事务 国际学生和学者 公共事务和联络 来访人员服务 校友事务 数字信息传播 耶鲁大学出版社 可持续发展 市场营销和许可证业务 耶鲁大学印刷厂 紧急情况处理	教务总长办公室 耶鲁学院 研究生院 专业学院 圣乐研究所 社会与政策研究中心 杰克逊全球事务研究中心 麦克米伦国际及地区研究中心 全球化研究中心 企业合作研究 环境健康和安全 医疗卫生服务 制度化科研 大学图书馆系统 大学美术馆和英国艺术中心 乐器收藏馆 生物圈研究所 文化遗产保护研究所 科尔纳荣誉退休教授中心 皮波迪博物馆 耶鲁—纽黑文教师培训中心 惠特尼人文中心 语言学习中心 世界学者项目 耶鲁文学评论

注：虚线代表联合汇报

* 多数院系的发展处实行对其院长／系主任和对负责发展的专职副校长双重汇报

来源：大学秘书办公室
W102 耶鲁大学组织结构图

最后更新：2012 年 8 月 23 日

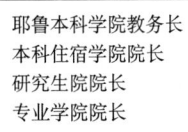

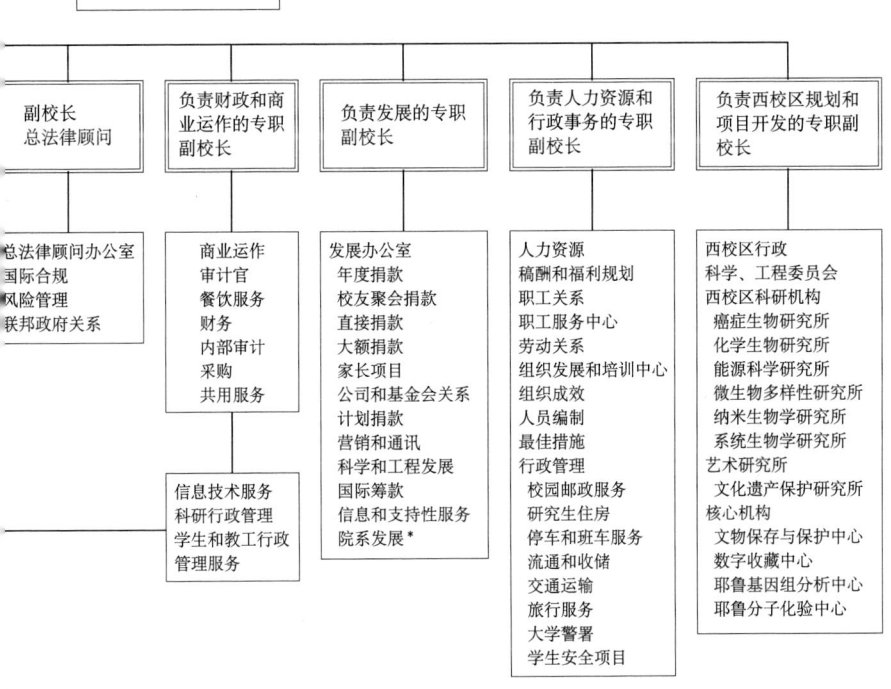

	耶鲁本科学院教务长			
	本科住宿学院院长			
	研究生院院长			
	专业学院院长			

副校长 总法律顾问	负责财政和商业运作的专职副校长	负责发展的专职副校长	负责人力资源和行政事务的专职副校长	负责西校区规划和项目开发的专职副校长
总法律顾问办公室 国际合规 风险管理 联邦政府关系	商业运作 审计官 餐饮服务 财务 内部审计 采购 共用服务	发展办公室 年度捐款 校友聚会捐款 直接捐款 大额捐款 家长项目 公司和基金会关系 计划捐款 国际筹款 营销和通讯 科学和工程发展 信息和支持性服务 院系发展*	人力资源 稿酬和福利规划 职工关系 职工服务中心 劳动关系 组织发展和培训中心 组织成效 人员编制 最佳措施 行政管理 校园邮政服务 研究生住房 停车和班车服务 流通和收储 交通运输 旅行服务 大学警署 学生安全项目	西校区行政 科学、工程委员会 西校区科研机构 癌症生物研究所 化学生物研究所 能源科学研究所 微生物多样性研究所 纳米生物学研究所 系统生物学研究所 艺术研究所 文化遗产保护研究所 核心机构 文物保存与保护中心 数字收藏中心 耶鲁基因组分析中心 耶鲁分子化验中心
	信息技术服务 科研行政管理 学生和教工行政管理服务			

参考文献

1. 查尔斯·W·赫佛德（Charles W. Hayford）：《为人民：晏阳初与中国乡村》，纽约，哥伦比亚大学出版社，1990年。

2. 冯迪凡：驻华大使是美国政府最好的职务，《第一财经日报》，2009年1月21日。

3. 林徽因：《设计和幕后困难问题》，《北平晨报剧刊》，1931年8月2日。

4. 容闳：《西学东渐记》，《走向世界丛书》第二卷，长沙，岳麓书社，2008年。

5. 吴相湘：《晏阳初传》，长沙，岳麓书社，2001年。

6. 熊争艳：《"美中关系的明天将更加美好"——专访美国驻华大使雷德》，新华网，2009年1月1日。

7. 熊争艳：《美国驻华大使雷德：奥巴马知道台湾问题敏感》，《国际先驱导报》，2009年1月6日。

8. 晏阳初：《晏阳初全集》，长沙，湖南教育出版社，1992年。

9. Hannah Pakula: The last empress: Madame Chiang Kai-shek and the birth of modern China (illustrated ed.). Simon and

Schuster,2009。

10.Yan Phou Lee(李恩富):The Chinese Must Stay(中国人必须留下),The North American Review,Volume148,Issue 389,April 1889,transcribed by Cassandra Bates,2006。

11.Yan Phou Lee(李恩富): When I Was a Boy In China,Boston,Lothrop,Lee&Shepard Company,1887。

图书在版编目（CIP）数据

耶鲁中国缘：跨越三个世纪的耶鲁大学与中国关系史：1850～2013 /（美）王芳著 . — 2版 . — 北京：新星出版社，2024.3
ISBN 978-7-5133-5575-9

Ⅰ. ①耶… Ⅱ. ①王… Ⅲ. ①耶鲁大学 - 校史②中美关系 - 友好往来 Ⅳ. ① G649.712.8 ② D822.271.2

中国国家版本馆 CIP 数据核字 (2024) 第 011859 号

耶鲁中国缘：跨越三个世纪的耶鲁大学与中国关系史(1850～2013)
[美] 王芳 著

责任编辑	林 琳		**特约编辑**	李金学
责任校对	刘 义		**责任印制**	李珊珊
装帧设计	@broussaille 私制			

出 版 人 马汝军
出版发行 新星出版社
　　　　　（北京市西城区车公庄大街丙 3 号楼 8001　100044）
网　　址 www.newstarpress.com
法律顾问 北京市岳成律师事务所
印　　刷 北京天恒嘉业印刷有限公司
开　　本 910mm×1230mm　1/32
印　　张 10.875
字　　数 160 千字
版　　次 2024 年 3 月第 2 版　2024 年 3 月第 1 次印刷
书　　号 ISBN 978-7-5133-5575-9
定　　价 68.00 元

版权专有，侵权必究。如有印装错误，请与出版社联系。
总机：010-88310888　　传真：010-65270449　　销售中心：010-88310811